고려사지와 건축고고

• 조원창

　공주사범대학 역사교육과 졸업
　공주대학교 대학원 사학과 졸업(문학석사)
　상명대학교 대학원 사학과 졸업(문학박사)
　현 한얼문화유산연구원 원장

　주요 논저
　『백제 건축기술의 대일전파』, 『한국 고대 와당과 제와술의 교류』,
　『백제의 토목 건축』, 『기와건물지의 조사와 해석』, 『백제사지 연구』,
　『역사고고학자와 함께 찾아가는 스토리가 있는 사찰, 문화재 1 · 2』,
　『백제 사원유적 탐색』, 『수수께끼의 대통사를 찾아서』
　「황룡사지 출토 대형 치미의 편년과 사용처 검토」,
　「법천리 4호분 출토 청동개 연화돌대문의 의미」,
　「보령 천방사지 건물지의 성격과 가람배치의 검토」,
　「백제 판단첨형 연화문의 형식과 편년」,
　「몽촌토성 출토 전 백제와당의 제작주체 검토」,
　「기와로 본 백제 웅진기의 사비경영」 등

高麗寺址와 建築考古

고려사지와
건축고고

초판인쇄일　2016년 6월 20일
초판발행일　2016년 6월 25일
지 은 이　조원창
발 행 인　김선경
책 임 편 집　김소라
발 행 처　도서출판 서경문화사
　　　　　　주소 : 서울시 종로구 이화장길 70-14 105호
　　　　　　전화 : 743-8203, 8205 / 팩스 : 743-8210
　　　　　　메일 : sk8203@chol.com
등 록 번 호　제 300-1994-41호
ISBN　978-89-6062-187-9　93610
ⓒ 조원창, 2016

정가 24,000

고려사지와 건축고고

조원창 지음

서경문화사

1999년 백제사지와 관련된 논문을 처음으로 작성한 후 지금까지 이 작업을 진행하고 있다. 이 과정에서 백제사지의 토목·건축기술과 이와 연계된 중국 남북조 및 신라, 일본 등과의 대외관계를 주로 검토해 왔다.

백제의 토목·건축기술은 연약지반 개량공법을 비롯해 대지조성토, 기단, 적심토, 축기부 등에서 다양한 특징을 보이고 있다. 그리고 이러한 기술은 백제 멸망 후 통일신라 및 고려에까지도 그 맥이 이어지고 있다.

고려시기의 사지 발굴은 백제와 비교할 수 없을 정도로 많은 수가 이루어졌다. 우리에게 익숙한 회암사지를 비롯해 고달사지, 보원사지, 실상사지, 숭선사지, 미륵대원지 등 그 수를 헤아릴 수 없을 정도로 많은 유적이 발굴되었다.

하지만 이에 대한 건축고고학적 연구는 문헌사나 미술사 분야에 비해 턱없이 부족함이 작금의 현실이라 할 수 있다. 이에 필자는 고려사지의 건축고고학적 측면에 대한 연구를 오래전부터 생각하게 되었다.

이에 고려시기의 잡상 및 라마탑, 그리고 월정사팔각구층석탑 아래의 가구기단 성격에 대한 논고를 틈틈이 작성하게 되었다. 또한 금번 기회에 고려사지의 건축기단을 개략적이나마 정리하고픈 욕심이 생겼다. 이는 그 동안 연구해온 백제 및 통일신라기의 건축기단과 유사점 및 차이점을 확인해 보고 싶은 필자의 의욕에서 비롯되었다.

이 책은 고려사지에 대한 의문점을 풀기 위한 필자의 시작점이라 할 수 있다. 향후, 문헌이나 탑비와 같은 명문을 통해 고려사지의 건물 성격과 건축 특성, 그리고 그 의미에 대한 연구를 진행하고자 한다.

   그 동안 필자가 건축고고라는 분야를 진행하면서 많은 선학들의 도움을 받았다. 먼저 대학 은사님이신 고 안승주 선생님께는 지면으로 표현할 수 없을 정도로 많은 은혜를 입었다. 그리고 대학원 박사 과정을 통해 장경호·김동현 선생님으로부터도 많은 학은을 입었다. 아울러 바쁜 연구원 업무 속에서도 항상 학문의 중요성을 일깨워 주시는 최석원 전 공주대학교 총장님께도 지면으로나마 심심한 감사를 드린다. 앞으로도 학문적 초심을 잊지 않고, 꾸준한 연구 자세를 이어가는 것이 선생님들에 대한 도리라 생각된다.

   이제 갓 고등학생이 된 아들 나한과 아내 은희, 그리고 부모님께도 항시 고마움을 느낀다. 끝으로 상업성이 없는 전공 서적임에도 불구하고 좋은 책자로 만들어주신 서경문화사 김선경 사장님 및 관계자 분께도 심심한 감사를 드린다.

2016년 6월
조원창

제1부

제2부

제3부

제1부

제1장 高麗寺址 發掘調査의 現況과 向後 課題

제1부 제1장

高麗寺址 發掘調査의
現況과 向後 課題

I. 머리말

　고려시기 전국 각지에는 많은 사탑과 대불이 건립되었고, 국사와 왕사 또한 다수 배출되었다. 아울러 선종과 교종이 이전 시기에 비해 더욱 발전하면서 고려 사회를 이끄는 정신적 지주가 되었다.

　고려 태조 왕건은 후백제 신검과의 전투에서 승리를 거두자 논산시 연산면 천호산 아래에 개태사를 창건하고, 화엄법회를 열어 친히 소문을 지었다.[1] 그리고 그의 아들 광종은 자신의 어머니였던 신명순성왕후의 명복을 빌기 위해 그녀의 고향인 충주지역에 숭선사를 건립하였다.

　이처럼 고려시기에는 국왕 및 왕실뿐만 아니라 중앙귀족 또는 지방호족들에 의해 사원의 창건 및 중창, 그리고 원찰[2] 조성 등이 그 어느 때보다도 활발하였다. 창사 목적은 기복과 호국적인 측면[3]이 기본이었겠지만 院으로서의

---

1)　『新增東國輿地勝覽』 卷18 連山縣 佛宇條.

2)　태조의 안화사, 광종의 불일사·봉은사, 현종의 현화사, 문종의 흥왕사, 숙종의 국청사, 우왕의 보제사 등을 들 수 있다.

3)　당진 安國寺址를 예시할 수 있다. 이곳에는 대형 석조삼존불입상을 비롯해 석탑, 건물지 등이 입지하고 있다. 출토 유물 중에서는 「安國寺」명 기와를 비롯해 암·수막새, 잡상 등이 검출되었다. 잡상은 고려사지 중에서도 그 출토예가 많지 않아 고품격의 유

성격 및 애민, 구휼도 포함되었다. 예컨대 파주 혜음원이 국왕의 안위와 휴식을 위해 조성된 것이라면, 천안 봉선홍경사4)는 산적들로부터 일반 백성들을 보호하기 위해 창건되었다.

이처럼 고려시기의 사원은 다양한 창사 목적을 가지고 건립되었다. 그리고 이의 대시주는 국왕이나 왕비 등 왕실뿐만 아니라 중앙 귀족과 지방 호족들까지도 광범위하게 포함되었던 것으로 생각된다.

이러한 판단은 아마도 최근까지 발굴 조사된 지방의 무명 사지를 통해 유추해 볼 수 있다. 예컨대 오산 지곶동사지의 경우 이의 창건 주체와 창건 시기, 그리고 사명에 관한 문헌적 자료가 오늘날까지 알려진 것이 전혀 없다. 하지만 이곳에서는 청동제 소탑이나 귀목문 와당, 청자 등 품격 높은 유물이 다수 출토되어 어느 정도의 사세를 갖춘 사원이었음을 짐작하게 한다. 다만 사역의 규모로 보아 왕실 사찰일 가능성은 없고, 오산 지역 지방호족의 원찰로 추정할 수 있을 뿐이다.

그 동안 발굴 조사된 고려사지 중 사명과 창건 주체, 운영 시기 등이 명확하게 밝혀진 사례는 그리 많지 않다. 문헌에 남아 있지 않는 사원의 경우 이의 창건과 폐기는 사지에서 수습된 유물을 중심으로 그 시기가 대략적으로 결정되었고, 사명은 사지가 위치하고 있는 해당 지역의 지명을 차용하는 것이 다반사였다.

고려시기의 사지는 여느 시기보다 압도적으로 많이 발굴조사 되었다. 이 중에는 국가 및 지방문화재로서 충주 미륵리사지나 남원 만복사지, 여주 고달사지, 양주 회암사지, 파주 혜음원지, 논산 개태사지, 서산 보원사지 등과 같이 연차적으로 발굴조사가 이루어지는 경우도 적지 않다.

하지만 여주 원향사지나 안성 장릉리사지, 용인 불당골사지, 이천 갈산동

물로 분류할 수 있다.
4) 『新增東國輿地勝覽』卷16 稷山縣 驛院條.

안흥사지 등과 같이 터파기 공사와 관련하여 발견되는 고려사지의 사례도 최근 들어 계속적으로 늘어가고 있는 실정이다.

이처럼 고려사지는 학술적 목적이나 정비복원 혹은 터파기 공사와 관련하여 앞으로도 계속적으로 발굴될 것이다. 하지만 이와 같은 고려사지의 점진적인 발굴조사 증가세와는 달리 이에 따른 건축고고학적 연구는 그리 활성화 되어 있지 않다. 이는 최근까지 학계에 발표된 고려사지 관련 학위논문이나 학술논문을 통해서도 여실히 확인할 수 있다.

이에 본고에서는 그 동안 우리나라에서 발굴 조사된 고려사지의 현황을 개략적으로 살펴보고자 한다. 아울러 초창은 삼국 및 통일신라기이지만 고려시기에 중창된 사찰 건물의 경우도 고려사지의 범주에 포함시켜 알아보도록 하겠다.

본고는 고려사지의 건축고고학적 연구에 앞서 이의 지역적 혹은 시기적 분포를 살펴보기 위한 기초 작업에 불과하다. 하지만 이와 같은 작업이 그 동안 거의 이루어지지 않았다는 점에서 많은 아쉬움을 느낀다. 늦은 감이 없진 않지만 향후 고려사지를 매개로 한 문헌사 및 건축학과의 연계도 기대해 본다.

Ⅱ. 고려사지의 발굴조사 현황

현재 고려사지 중 학술적으로 가치가 높은 유적은 국가 및 지방자치단체에 의해 사적 및 지방문화재(기념물)로 보호·관리되고 있다. 그리고 이러한 사지들은 정비 복원과 관련하여 연차적인 학술조사가 진행되기도 한다.

하지만 사원이 폐기되면서 사명이나 위치가 불명확하게 된 것들은 위의 사례와 달리 지표나 시굴조사를 통해 확인되는 것이 일반적이다. 이러한 구제조사를 통해 검출된 고려사지는 1990년대 이후 2000년대에 들어 점차 증가하는 추세에 있다.

여기에서는 그 동안 발굴조사된 고려사지를 연차별로 살펴보고자 한다. 다만 국내의 모든 사지를 대상으로 하기엔 지면의 한계가 있기에 대표적인 것만 선별해 기술하고자 한다. 아울러 단일 사지에 여러 시기의 가람이 중첩되었을 경우에는 고려사지 만을 추출하여 살펴보도록 하겠다.

1. 1960~1979년도 고려사지 발굴조사

우리 손으로 시작한 최초의 사지 발굴은 1959년에 실시한 경주 감은사지[5]이다. 그런데 이 사지는 주지하듯 신문왕대에 창건된 것으로서 현재 학계에선 통일신라기의 사지로 분류하고 있다.

그런 점에서 고려사지 최초의 발굴은 1964년의 부여 금강사지를 손꼽을 수 있다. 그러나 이 사지는 백제 사비기 이후 통일신라, 고려시기까지 유구가 중복되어 고려시기 단일층만이 검출된 것은 아니었다[6].

이처럼 삼국시기 이후 통일신라 및 고려시기에 이르기까지 유구가 중복되어 조성된 사례는 경주 분황사지[7]를 비롯한 익산 미륵사지[8], 부여 왕흥사지[9]

---

5)   國立博物館, 1961, 『感恩寺址發掘調査 報告書』.
6)   國立博物館, 1969, 『金剛寺』.
7)   국립경주문화재연구소·경주시, 2015, 『芬皇寺 發掘調査報告書II』. 고려 명종대에 원효를 기리는 和諍國師碑를 세운 것으로 보아 이 시기에 건물 증축이나 확장도 충분히 고려해 볼 수 있다.
8)   國立扶餘文化財研究所, 1996, 『彌勒寺 遺蹟發掘調査報告書II』. 사역 서편지역 및 서북편 지역에서 14동의 건물지가 검출되었는데 이 중 6·7건물지(공방지)만 통일신라기로 추정되었고, 나머지는 고려시기의 유구로 편년되었다. 고려시기의 대표적인 유구로는 온돌 건물지와 기와 가마 등을 들 수 있다. 특히 가마 출토 기와와 건물지 수습 기와가 동일하여 자체 생산-수급되었음을 파악할 수 있다.
9)   國立扶餘文化財研究所, 2002, 『王興寺 發掘中間報告I』. 숭령중보(송대 동전, 1102~1106년), 고려청자, 중국자기(백자 완), 「왕흥」명 기와 등으로 보아 12세기경에 왕흥사는 중흥을 맞이한 것으로 추정되었다.

사진 1 | 충주 미륵리사지 정비 후 전경

· 정림사지10) 등에서도 살필 수 있다. 이들 사지는 유구가 중복된 만큼 상대적
으로 법등이 오랫동안 유지되었음을 확인할 수 있다.

　　고려시기를 중심으로 한 사지로서 발굴조사가 이루어진 최초의 사례로는
충주 미륵리사지(사진 1)11)를 들 수 있다. 이는 1977년 제1차 발굴조사가 진
행된 이후 1990년대에 이르기까지 여러 차례에 걸쳐 조사가 실시되었다. 그
리고 당해에는 대전 마산동의 미륵원지12) 및 충주 김생사지13) 등이 대청댐 수
몰지구와 관련하여 발굴조사가 진행되었다.

---

10) 국립부여문화재연구소, 2011, 『扶餘 定林寺址』. 백제시기 및 고려시기의 유구가 중첩
　　되어 있다. 고려시기 유구의 경우 초석 아래에 적심석이 시설되어 있음을 볼 수 있다.
11) 필자 사진.
　　淸州大學 博物館, 1978, 『彌勒里寺址發掘調査報告書』; 淸州大學 博物館, 1979, 『彌
　　勒里寺址 2次發掘調査報告書』; 梨花女子大學校博物館, 1983, 『彌勒里寺址 3次發掘
　　調査報告書』; 淸州大學校 博物館, 1992, 『中原彌勒里寺址 -4次發掘調査報告書-』; 淸
　　州大學校 博物館, 1993, 『中原彌勒里寺址 5次發掘調査報告書 大院寺址·彌勒大院址』.
12) 忠淸南道·忠南大學校博物館, 1978, 「彌勒院址 發掘調査」『大淸댐 水沒地區 發掘調
　　査報告書』.
13) 忠北大學校博物館·文化財管理局 文化財硏究所, 1979, 『大淸댐 水沒地區 發掘調査
　　報告書-忠淸北道篇』.

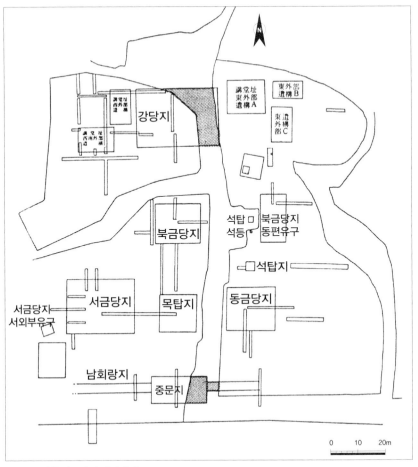

도면 1 | 남원 만복사지 가람배치도

　　1970년대 후반기부터 실시된 고려사지의 발굴 중 마지막을 장식한 사례는
1979년도의 남원 만복사지를 들 수 있다. 만복사는 조선 초기 생육신의 한 분
이었던 김시습의 소설에도 등장하는 사원으로 목탑을 중심으로 한 1탑 3금당
식의 가람배치로 확인되었다(도면 1)[14]. 이 사지는 1985년까지 7차에 걸쳐

14) 全羅北道·全北大學校 博物館, 1986, 『萬福寺 發掘調査報告書』, 圖面 3.

조사가 진행되어 고려~조선시기의 유구가 조사되었다.

2. 1980~1999년도 고려사지 발굴조사

1980~1999년도까지는 전국적으로 다수의 고려사지가 발굴조사 된 시기였다. 그 중에는 주자소 성격의 청주 운천동사지(도면 2)[15]와 고려 우왕 3년 (1377) 백운화상이 초록한 「佛祖直指心體要節」을 주자 인시한 청주 흥덕사지

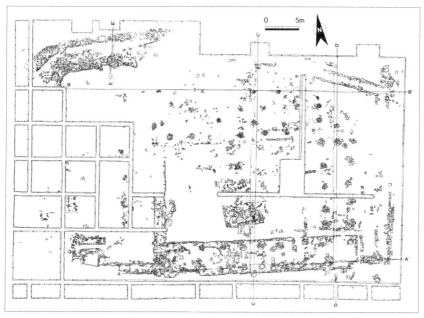

도면 2 | 청주 운천동사지 가람배치도

---

15) 청주대학교박물관, 1985, 『淸州雲泉洞寺址發掘調査報告書』, 도면 4. 사원의 초창 시기는 통일신라 말~고려 초기, 폐기는 14~15세기 초로 추정되었다. 2~3회의 중수 내지는 개축이 있었던 것으로 보았고, 강당지는 확인되지 않았으며, 흥덕사에 부속된 암자(주자소)로 판단되었다.

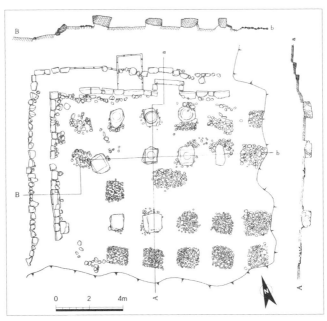

도면 3 | 청주 흥덕사지 금당지

사진 2 | 논산 개태사지의 미조사 지역

(도면 3)16)도 포함되어 있다.

아울러 초조대장경이 봉안된 대구 부인사지17), 그리고 혈사로 유명한 공주 남혈사지18) 및 주미사지19), 천불천탑으로 유명한 화순 운주사지20) 등이 이 시기에 발굴조사 되었다. 특히 태조 왕건의 어진이 봉안되었던 논산 개태사지 (사진 2)21)의 경우는 1986년 제1차 발굴조사가 진행된 이후 앞으로도 계속적 으로 조사가 진행될 예정이다.

한편, 1990년대 들어서는 군위 인각사지22)와 강화 선원사지23), 여주 고 달사지24), 양주 회암사지25) 등과 같은 대규모 발굴조사가 첫 삽을 뜨게 되었

16) 清州大學校 博物館, 1986, 『清州 興德寺址 發掘調査報告書』, 109쪽 圖面 6.
17) 大邱直轄市·大邱大學校 博物館, 1989, 『符仁寺址一次發掘調査報告書』; 大邱直轄 市·大邱大學校 博物館, 1991, 『符仁寺址二次發掘調査報告書』; 大邱直轄市·慶北大 學校 博物館, 1993, 『夫人寺 三次 發掘調査 報告書』.
18) 國立公州博物館 외, 1993, 『南穴寺址』. 사원의 초창은 통일신라기이며, 고려 및 조선 시기에 번창하였던 것으로 추정된다.
19) 公州大學校 博物館·忠淸南道 公州市, 1999, 『舟尾寺址』. 사원의 초창은 통일신라 기, 재건 및 중창은 고려시기, 그리고 사원의 폐기는 조선 중·후기로 추정되었다.
20) 全南大學校 博物館, 1984, 『雲住寺』; 全南大學校 博物館·和順郡, 1988, 『雲住寺 Ⅱ』; 全南大學校 博物館·和順郡, 1990, 『雲住寺 Ⅲ』; 全南大學校 博物館·和順郡, 1994, 『雲住寺 Ⅳ』.
21) 필자 사진.
   忠南大學校博物館·論山市, 1993, 『開泰寺(I)』; 충청남도역사문화연구원·논산시, 2015, 『論山 開泰寺址 3차 시굴조사 보고서』.
22) 慶北大學校博物館·軍威郡, 1993, 『華山麟角寺』; 佛教文化財研究所·군위군, 2010, 『麟角寺 -軍威麟角寺 2·3·4차 발굴조사 보고서Ⅱ』; 佛教文化財研究所·군위군, 2011, 『麟角寺 -軍威麟角寺 5차 발굴조사 보고서』.
23) 東國大學校 博物館·江華郡, 2003, 『史蹟 259號 江華 禪源寺址 發掘 調査 報告書』.
24) 京畿道博物館 외, 2002, 『高達寺址 Ⅰ』; 京畿文化財團 附設 畿甸文化財研究院·驪州 郡, 2007, 『高達寺址 Ⅱ』.
25) 경기도, 2002, 『부활하는 조선 최대의 국찰 회암사』; 경기도 외, 2003, 『檜巖寺Ⅱ 7·8단지 발굴조사 보고서』; 경기도 외, 2009, 『檜巖寺Ⅲ 5·6단지 발굴조사 보고서』.

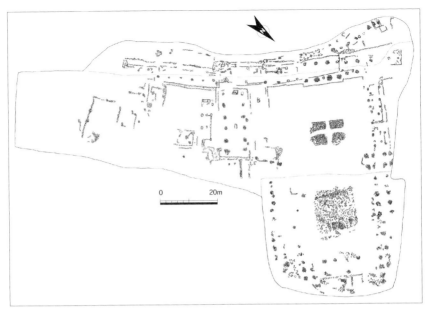

도면4 | 여주 원향사지 가람배치도

고, 제주도의 법화사지[26] 및 존자암지[27] 등도 조사가 진행되었다. 아울러 도로 및 아파트 건설의 일환으로 실시된 구제조사를 통해 여주 원향사지(도면 4)[28] 및 용인 마북리사지[29] 등이 발굴되기도 하였다.

특히 회암사지(사진 3·4)[30]에서는 주불전인 보광전지를 비롯해 수료전지,

26) 西歸浦市, 1983, 『法華寺址 發掘調査 報告書』; 濟州大學校博物館·西歸浦市, 1992, 『法華寺址』; 西歸浦市·濟州大學校博物館, 1997, 『法華寺址』.

27) 濟州道·濟州大學校博物館, 1993, 『尊者庵址 -發掘調査中間報告-』. 고려 및 조선시기의 유구가 중복되어 있다. 濟州道·濟州大學校博物館, 1996, 『尊者庵址』.

28) 畿甸文化財研究院·韓國道路公社, 2003, 『元香寺』, 19쪽. 1999년 8월에 착수되어 2001년 8월까지 발굴조사가 진행되었다. 9~13세기에 걸쳐 유물이 수습되고 있으나 고려시기인 11~12세기에 집중되어 있다. 이로보아 11세기 무렵에 원향사의 대대적인 중창이 있었음을 판단케 한다.

29) 한신大學校博物館, 2003, 『龍仁 麻北里 寺址』. 1999년 8~10월에 발굴조사가 실시되었다. 유적은 院의 기능을 겸비한 사원의 법당과 숙박시설로 추정되었다.

30) 필자 사진.

사진 3 | 양주 회암사지 보광전지 북쪽 건물지군

사진 4 | 양주 회암사지 보광전지 남쪽 건물지군

사진5 | 양주 회암사지 출토 용두

설법전지, 서승당지 등 고려~조선시기의 여러 전각지가 발굴조사 되었다. 이는 고려 말 유학자였던 목은 이색의 「天寶山檜巖寺修造記」의 내용과도 상통하는 것이어서 이 시기 가람배치를 연구하는데 있어 중요한 자료가 되고 있다. 그리고 이곳에서 수습된 청기와와 잡상, 금탁, 용두(사진 5)[31], 용문토수 등은 회암사가 당시 왕실 사찰이었음을 보여주는 고품격의 유물로 파악되고 있다.

한편, 1980~1990년대에는 이상의 사지 외에 광주 원효사(도면 5)[32], 강릉 굴산사지[33], 합천 죽죽리사지[34], 경주 굴불사지[35], 거창 천덕사지[36], 완

31) 필자 사진.
32) 國立光州博物館·元曉寺, 1983, 『元曉寺』, 90쪽 도면 2. 신라 하대에 창건된 사찰로 알려져 있으나 유구의 중복과 출토 유물로 보아 고려시기에 중창되었음을 추정할 수 있다.
33) 白弘基, 1984, 「溟州 屈山寺址 發掘調査 報告書」 『考古美術』 161호, 考古美術同人會. 江原文化財研究所·江陵市, 2006, 『江陵 屈山寺址 發掘調査 報告書』.
34) 慶尙南道·國立晉州博物館, 1986, 『陜川竹竹里廢寺址』.
35) 文化財研究所·慶州古蹟發掘調査團, 1986, 『掘佛寺 遺蹟發掘調査報告書』.
36) 부산여자대학박물관, 1987, 『居昌壬佛里天德寺址』.

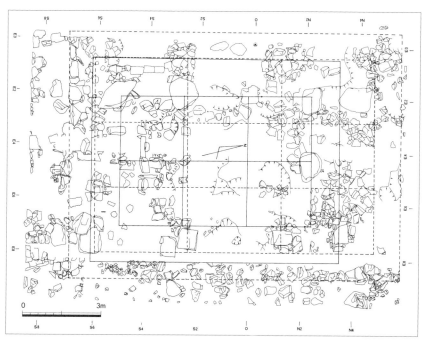

도면 5 | 광주 원효사 추정 천불전지

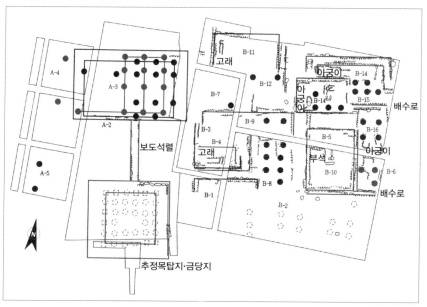

도면 6 | 안성 봉업사지 가람배치도

도 법화사지37), 원주 금대리사지38), 부산 만덕사지39), 익산 사자암40), 공주 구룡사지41), 고창 선운사 동불암42), 강릉 신복사지43), 충주 청룡사지44), 대구 북지장사 대웅전지45), 공주 수원사지46), 대전 보문사지47), 과천 일명사지48), 남원 실상사 백장암49), 안성 봉업사지(도면 6)50), 산청 단속사지51) 등도 발굴조사 되었다.

이 중 광주 원효사나 합천 죽죽리사지, 공주 구룡사지, 강릉 신복사지, 대전 보문사지 등은 전체 사역 중 일부만 발굴 되어 향후 전면 조사가 요구되기

37) 文化財硏究所, 1992, 『莞島 법화사지』. 12~13세기의 고려사지와 17세기의 조선사지가 중복되어 검출되었다.
38) 관동대학교박물관, 1992, 『中央高速道路 建設區間內 文化遺蹟發掘調査報告書』.
39) 釜山直轄市立博物館, 1993, 『釜山萬德寺址』; 釜山廣域市立博物館, 1998, 『釜山萬德寺址 Ⅱ』; 福泉博物館, 2007, 『釜山萬德寺址 Ⅲ』.
40) 扶餘文化財硏究所·益山郡, 1994, 『獅子菴 發掘調査報告書』. 상층의 석축 내 탐색트렌치에서 백제시기 및 통일신라기의 유물포함층이 확인되었다. 아울러 고려 초기~조선 후기의 건물지가 축대상에서 발굴조사 되었다.
41) 公州大學校 博物館·公州市, 1995, 『九龍寺址』.
42) 扶餘文化財硏究所·高敞郡, 1995, 『禪雲寺東佛庵 발굴 및 마애불 실측조사 보고서』.
43) 江陵大學校 博物館·江陵市, 1996, 「神福寺址 試掘調査 報告」『江陵 文化遺蹟 發掘調査報告書(試掘 및 緊急 收拾調査)』; 江原文化財硏究所·江陵市, 2007, 『江陵 神福寺址』.
44) 충주산업대학박물관, 1996, 『忠州靑龍寺址發掘調査報告書』.
45) 嶺南文化財硏究院 외, 1996, 『八公山北地藏寺 -大雄殿址 發掘調査-』.
46) 公州大學校博物館·忠淸南道公州市, 1999, 『水源寺址』.
47) 韓國文化財保護財團·大田廣域市, 2000, 『大田 普門寺址 Ⅰ』.
48) 충청대학교박물관, 2000, 「일명사지 시굴 및 발굴조사」『과천 관악산 관악·일명사지 시굴 및 발굴조사보고서』. 유구의 중첩과 출토유물로 보아 통일신라 말~12세기 초에 창건된 것으로 보았다. 14~15세기, 16~17세기에 중건된 것으로 파악되었다.
49) 南原市·圓光大學校 馬韓·百濟文化硏究所, 2001, 『南原 實相寺 百丈庵 試掘 및 金堂址周邊 發掘調査報告書』.
50) 京畿道博物館·安城市, 2002, 『奉業寺』, 73쪽 도면 2.
51) 國立昌原文化財硏究所, 2002, 『山淸 斷俗寺址 發掘調査 報告書』.

도 한다. 그리고 공주 수원사지의 경우는 백제시기가 아닌 통일신라기 이후의 사지로 판명되어 새로운 백제사지의 탐색을 필요로 하고 있다.

3. 2000년대 이후 고려사지 발굴조사

이 시기는 1990년대에 이어 학술조사 및 구제조사가 활발히 진행되던 시기였다. 특히 후자의 경우는 도로 건설이나 아파트 및 골프장 조성, 댐·제방 건설 등에 힘입어 그 수효가 급격히 증가하였다. 이에 따라 발굴된 고려사지의 경우도 수적인 면에서 확실히 늘어났음을 확인할 수 있다. 여기에서는 학술조사와 구제조사로 나누어 그 사례를 살펴보고자 한다.

1) 학술조사

원주 거돈사지(도면 7)[52]나 성주 심원사지[53], 영월 창령사지[54], 파주 혜음원지(도면 8)[55], 충주 숭선사지(도면 9)[56], 당진 안국사지[57], 안동 조탑리사

---

52) 무진종합건축사사무소, 2001, 『거돈사지 3층석탑 정밀실측 및 수리공사보고서』, 원주시, 163쪽 ; 原州市·翰林大學校博物館, 2000, 『居頓寺址 發掘調査 報告書』. 거돈사는 통일신라 말기에 창건되어 고려 초기에 중창되었다.

53) 中央僧伽大學校 佛教史學研究所, 2001, 「星州 深源寺址 發掘調査 指導委員會 資料」. 통일신라기 건물지(추정 금당지)는 고려 초기에 한 차례 중건이 있었던 것으로 보았다.

54) 文化財廳 외, 2004, 『蒼嶺寺』. 석축 1호, 탑지, 폐기 유구, 샘터 등이 제1기(12세기 이후)로 추정되었고, 나머지 유구는 조선시기로 편년되었다.

55) 단국대학교 매장문화재연구소·파주시, 2006, 『파주 혜음원지 발굴조사 보고서 -1차 ~4차-』 ; 파주시·한백문화재연구원, 2010, 『파주 혜음원지 5차 발굴조사 보고서』 ; 파주시·한백문화재연구원, 2014, 『파주 혜음원지 -6·7차 발굴조사 보고서-』 ; 단국대학교 石宙善紀念博物館·한백문화재연구원, 2015, 『고려행궁 혜음원』, 17쪽.

56) 충청대학교박물관·충주시, 2006, 『충주 숭선사지(시굴 및 1~4차 발굴조사 보고서)』, 247쪽 도면 2 ; 충청대학교박물관·충주시, 2011, 『충주 숭선사지 5차 발굴조사 보고서』.

57) 忠淸南道歷史文化院·唐津郡, 2006, 『唐津 安國寺址』.

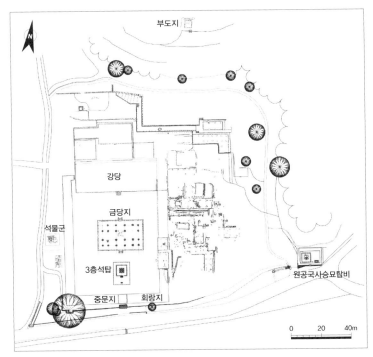

도면 7 | 원주 거돈사지 가람배치도

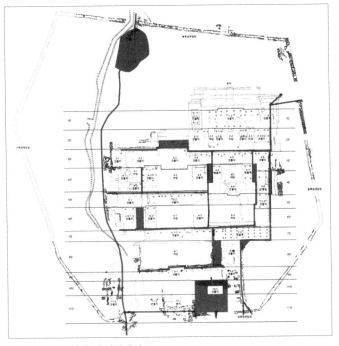

도면 8 | 파주 혜음원지 가람배치도

도면 9 | 충주 숭선사지 가람배치도

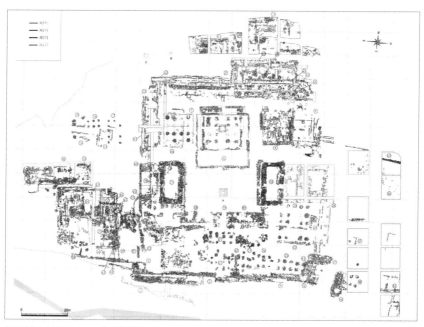

도면 10 | 서산 보원사지 가람배치도

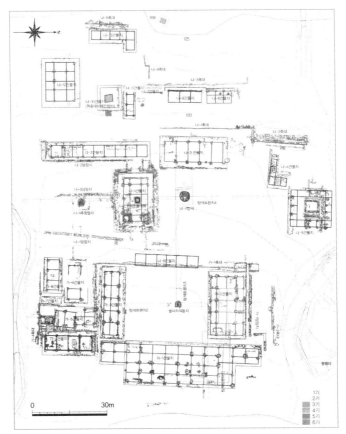

도면 11 | 여주 고달사지 가람배치도

지58), 영동 영국사지59), 원주 법천사지60), 서산 보원사지(도면 10)61), 서울

58) 경상북도문화재연구원, 2007, 『安東 造塔里寺址』. 고려시기 유구로는 건물지 8동과 담장지 2기, 구, 수혈주거지, 집석유구 4기 등이 조사되었다. 이 외에 삼국~통일신라기 구·탑지 및 통일신라기 건물지·수혈주거지·집석유구 그리고 고려~조선시기의 건물지·주거지·담장지·적석유구 등이 검출되었다.

59) 忠淸大學 博物館·永同郡, 2008, 『永同 寧國寺』.

60) 江原文化財研究所·原州市, 2009, 『原州 法泉寺I 第』 I區域 發掘調査 報告書』 ; 原州市·江原考古文化研究院, 2014, 『原州 法泉寺II -III구역 발굴조사 보고서-』.

61) 국립부여문화재연구소, 2010, 『瑞山 普願寺址 I』 ; 국립부여문화재연구소, 2012,

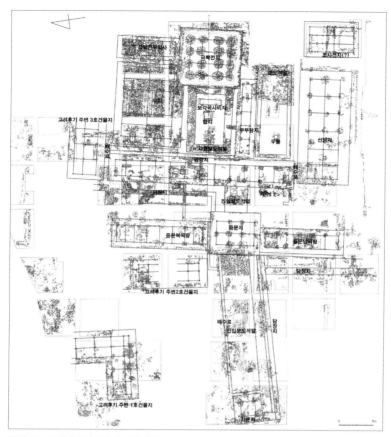

도면 12 | 군위 인각사 구지 가람배치도

삼천사지[62], 창녕 술정리사지[63], 천안 봉선홍경사[64], 안양 안양사지[65], 청

『瑞山 普願寺址 Ⅱ』, 45쪽 도면 7.

62) 서울역사박물관, 2011, 『북한산 삼천사지 발굴조사보고서』.

63) 국립가야문화재연구소 · 창녕군, 2011, 『창녕 술정리사지 동 · 서삼층석탑 발굴조사보고서』. 10~13세기 초에 조성된 것으로 추정되는 건물지④가 있다.

64) 忠淸南道歷史文化硏究院, 2011, 『天安 奉先弘慶寺址 시굴조사 보고서』. 고려시기의 초석 및 적심, 석렬유구 등이 「奉先弘慶寺」명 기와 및 귀목문 와당과 함께 검출되었다.

65) 안양시 · 한울문화재연구원, 2013, 『安養寺址』. 조사지역에서 「安養寺」명 기와가 수습되었으며, 중문-전탑-금당-강당-승방이 남북 장축으로 조성되었다. 전체 사역 중 일

사진6 | 보령 성주사지 고려시기 가람배치도(좌측 발굴된 지역). 오른쪽 정비된 지역은 통일신라기의 성주사지

양 도림사지[66], 예산 가야사지[67], 영국사지[68] 등과 같이 새롭게 발굴조사가 실시된 것이 있는 반면, 1980~2000년대에 이어 계속적으로 진행된 사례도 살필 수 있다. 예컨대 합천 영암사지[69], 남원 실상사지[70], 여주 고달사지(도

부만 확인되었으며, 안양사지 아래 층위에서 중초사지가 검출될 가능성이 제기되었다.

66) 충청남도역사문화연구원·청양군, 2013, 『靑陽 道林寺址 2차 발굴조사 보고서』. 1·2건물지가 고려시기로 편년되었다.

67) 충청남도역사문화연구원·예산군, 2014, 『禮山 伽倻寺址 I 시·발굴조사 보고서』. 1·4건물지가 고려시기에 조성된 것으로 보았다.
예산군·충청남도역사문화연구원, 2015, 『禮山 伽倻寺址 II 2차 발굴조사 보고서』.

68) 도봉구·서울문화유산연구원, 2014, 『道峯書院』. 도봉서원은 1574년 정암 조광조의 학문과 덕행을 기리기 위해 목사 남언경이 유림들의 뜻을 모아 寧國寺址에 건립하였다.

69) 경상문화재연구원·경상남도 합천군, 2011, 『陜川 靈巖寺址』.

70) 國立扶餘文化財硏究所, 1999, 『實相寺 發掘中間報告』; 국립부여문화재연구소, 2006, 『實相寺 II 發掘調査報告書』; 佛敎文化財硏究所, 2014, 「남원실상사 양혜당 및 보적당 신축예정부지 내 유적 발굴조사」.

면 11)71), 양주 회암사지, 군위 인각사지(도면 12)72), 강릉 굴산사지73), 영암 도갑사74), 연천 심원사지75), 보령 성주사지(사진 6)76), 대구 부인사지77) 등이 여기에 해당되고 있다.

이들 사지는 대부분 정비·복원을 전제로 연차 발굴되었으며, 법천사지, 굴산사지, 실상사 구지, 보원사지의 경우는 최근까지도 발굴조사가 진행 중에 있다. 특히 선종사찰이었던 실상사 구지에서는 여느 고려사지에서 볼 수 없었던 타원형의 연지가 확인되어 학계의 주목을 받기도 하였다.

아울러 법천사지, 삼천사지, 개성 원통사지의 부도전지 발굴을 통해 고려시기 건축·토목기술 및 부도전의 건물 배치 등을 파악케 된 점은 큰 성과라

71) 京畿文化財團 附設 畿甸文化財研究院·驪州郡, 2007, 『高達寺址 Ⅱ』.
72) 佛教文化財研究所·군위군, 2010, 『麟角寺 -軍威麟角寺 2·3·4차 발굴조사 보고서 Ⅰ』, 53쪽 도면 7.
73) 굴산사는 신라 문성왕 13년(851) 범일에 의해 창건된 구산선문의 하나이다. 이곳에서는 12~13세기에 해당되는 고려시기의 굴산사 중창 가람이 발굴된 바 있다(도의철, 2013, 「강릉 굴산사지(사적 제448호) 가람의 고고학적 성과와 고려 굴산사」 『한국선학』 제36호, 한국선학회).
74) 木浦大學校博物館·靈巖郡, 1999, 『靈巖 道岬寺 Ⅰ』; 목포대학교박물관·영암군, 2000, 『道岬寺 Ⅱ』; 木浦大學校博物館·靈巖郡, 2001, 『道岬寺』.
75) 중앙승가대학교 불교사학연구소, 2003, 「연천군 심원사지 시·발굴조사 지도위원회 자료」; 한백문화재연구원·연천군 선사문화관리사업소, 2009, 『연천 심원사지』; 佛教文化財研究所·연천군, 2011, 『漣川 深源寺址 遺蹟』.
76) 보령시·백제문화재연구원, 2011, 『聖住寺址 -7次 發掘調查 報告書-』. 고려시기로 편년되는 기와 가마 2기, 소성유구 5기, 수혈유구 3기, 담장시설 3기, 적석유구 1기 등이 확인되었다.
    보령시·백제문화재연구원, 2012, 『聖住寺址 -8次·8次연장 發掘調查 報告書-』. 고려시기 건물지 14동과 남회랑 및 출입시설 등이 조사되었다.
    보령시·백제문화재연구원, 2013, 『聖住寺址 -9次 發掘調查 報告書-』. 고려시기 건물지 9동이 조사되었다.
77) 佛教文化財研究所·대한불교조계종 부인사, 2013, 『대구 부인사Ⅱ(추정 경판고지)』. 1-3호, 1-4호, 2·3호 건물지의 경우는 통일신라기에 축조되었다. 그리고 1호, 1-2호, 3호 건물지의 경우 고려 초기에 중건되었고, 5·6·7호 건물지는 초축되었다. 하지만 이들 건물지 모두 1232년(고종 19) 몽고 전란기에 소실되었다.

할 수 있다. 특히 이들은 광양 옥룡사지의 부도전지와 배치상 큰 차이를 보이고 있어 이의 사상적 배경이 주목되고 있다.

이 외에도 부여 무량사78) 및 평창 월정사79), 장흥 천관사80), 합천 백암리 폐사지81), 아산 용담사 구지82), 안성 칠장사83), 구례 연곡사84), 금산 미륵사85) 등의 발굴조사를 통해 현 사원 이전의 고려시기 유구 및 유물이 확인된 바 있다. 하지만 월정사와 진관사, 칠장사, 백암리 폐사지의 경우 전체 사역에 비해 일부분만 발굴조사 되어 고려시기 사역의 전모는 파악하기 힘들다.

2) 구제조사

전술한 바대로 도로나 저수지 조성, 아파트 건설 등의 도시개발사업과 관련

---

78) 忠淸南道歷史文化院·扶餘郡, 2005, 『扶餘 無量寺 舊址 I』; 忠淸南道歷史文化硏究院, 2009, 『扶餘 無量寺 舊址 II』.

79) 월정사·대한불교조계종 유지재단 문화유산발굴조사단, 2004, 『五臺山 月精寺 석조보살좌상 주변지역 문화유적 시·발굴조사보고서』; 월정사·대한불교조계종 유지재단 문화유산발굴조사단, 2005, 『五臺山 月精寺 석조보살좌상 주변지역 발굴조사 보고서II』.

80) 佛敎文化財硏究所·대한불교조계종 천관사, 2013, 『장흥 천관사 주불전지 정비사업 부지 내 유적』. 현 천관사 3층석탑의 서쪽 인접부를 발굴하였다. 금당지로 추정되는 1호 건물지와 방형의 탑지가 확인되었다. 초축 시기는 나말여초로 추정되나 1호 건물지 하단부에서 통일신라 말~고려초기의 기와편이 수습되는 것으로 보아 초축은 고려 이후로 판단된다.

81) 陜川郡·慶南文化財硏究院, 2009, 『陜川 伯岩里 石燈 周邊 整備事業敷地內 陜川 伯岩里 廢寺址』.

82) 忠淸南道歷史文化硏究院·牙山市, 2009, 『牙山 龍潭寺 建物址』. 조사지역 주변에는 보물 제536호로 지정된 평촌리 석조약사여래입상이 자리하고 있다.

83) 기호문화재연구원, 2012, 「칠장사 혜소국사비 주변 정밀발굴조사 학술자문회의 자료」.

84) 佛敎文化財硏究所·대한불교조계종 연곡사, 2013, 『구례 연곡사』. 고려시기의 유구로는 건물지 1동, 석렬 2기, 배수로 2기 등이 조사되었다.

85) 충청남도역사문화연구원·금산군, 2014, 『錦山 彌勒寺』. 통일신라 말에서 고려시기로 추정되는 건물지가 확인되었다.

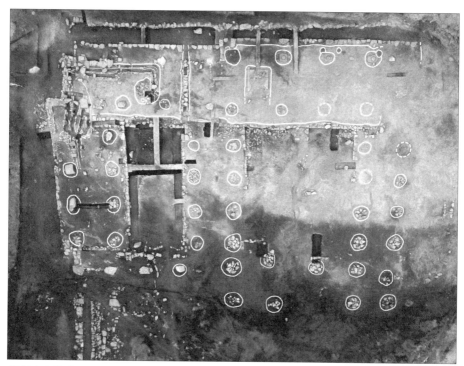

사진7 | 오산 지곶동사지

하여 고려사지가 발굴조사 되었다. 이전 시기와 비교해 구제조사로 확인된 사지의 수가 확연하게 증가하였음을 알 수 있다. 사지는 고려시기에 조성되었지만 출토 유물로 보아 조선시기까지도 그 법맥이 유지되었던 것으로 생각된다.

사(지)명은 기록으로 남아 있는 것이 없어 대부분 지명이나 출토 유물의 명문을 근거로 하여 붙이곤 하였다. 유구는 오산 지곶동사지(사진 7)[86]와 같이 한 시기의 단일 층위로 조성된 경우와 서천 개복사지처럼 다양한 시기를 포함한 중복된 경우로 구분해 볼 수 있다.

구제조사 과정에서 검출된 대표적인 고려사지로는 고창 연기사지[87]를 비롯

---

86) 기호문화재연구원 제공.
87) 湖南文化財研究院, 2004, 『高敞 烟起寺址』. 고려시기 및 조선 중기 이후의 유구가 중복되었다. 10여 동의 건물지와 부석시설, 연지, 석축, 기단열 등이 조사되었다.

해 예천 동본리유적88), 이천 갈산동 안흥사지89), 안성 장릉리사지90), 서울 전 청담사지91), 오산 지곶동사지92), 용인 불당골사지93), 여주 연라리유적 (도면 13)94), 안동 운흥동 247-58번지 유적95), 남원 대율리유적96), 서천 개 복사지97) 등을 들 수 있다.

특히 서천 개복사지에서는 백제시기 이후 조선시기까지의 항축유구98) 및 건물지, 중정, 우물 등이 확인되었다. 그리고 사원의 입구에서 서쪽으로 약간 떨어진 지점에서는 기와 가마가 검출되어 기와의 생산, 수습관계가 밝혀지기

---

88) 慶尙北道文化財硏究院, 2004, 『예천 동본리 공동주택 신축부지내 醴泉 東本里遺蹟』. 사지와 관련된 공방유구로 추정된다.

89) 中央文化財硏究院, 2007, 『利川 葛山洞遺蹟』.

90) 中央文化財硏究院, 2008, 『安城 長陵里 골프장豫定敷地內 安城 長陵里寺址』.

91) 한강문화재연구원 외, 2010, 『서울 진관동 유적Ⅲ』. 4동의 고려시기 건물지가 확인되었으며, 명문와 중 「三角山 靑覃寺 三宝草」명 기와가 있다.

92) 기호문화재연구원·경기고속도로(주), 2010, 『烏山 紙串洞遺蹟』. 금당지 및 승방지로 추정되는 유구 8동과 청동소탑편, 청자, 와당 등이 수습되었다.

93) 佛敎文化財硏究所·(주)아주인베스트먼트, 2010, 『용인 공세동 불당골 사지 및 사기막골 요지』.

94) CJ건설주식회사·한백문화재연구원, 2011, 『여주 연라리유적』, 49쪽 도면 2. 고려후기의 석탑을 비롯해 건물지 4동과 중정, 담장, 축대 등이 확인되었다. 고려~조선시기의 유물과 중국 경덕진요 출토 자기가 수습되었다.

95) 동국문화재연구원·우영개발, 2013, 『안동 운흥동 247-58번지 유적』. 이 유적은 안동 동부동 5층전탑(보물 제56호) 및 운흥동 당간지주(시도유형문화재 제100호)의 서쪽 약 100여m 지점에 위치하고 있다. 「卍」자 및 「官」자명 기와, 그리고 전돌의 사용으로 보아 유적은 사찰과 관련된 부속 건물로 추정되었다.

96) 전라문화유산연구원·익산지방국토관리청, 2014, 『오수-월락 도로확장공사 구간 내 문화재발굴조사 南原 大栗里遺蹟』.

97) 한국농어촌공사·국강고고학연구소, 2015, 「서천 종촌지구 농업용저수지 둑높이기 사업부지 내 유적」. 삼국시기부터 조선시기에 이르기까지 여러 시기의 건물지가 확인되었다. 이 중 고려시기의 것으로는 초석 건물지와 중정, 외곽 배수로 등이 검출되었다.

98) 축기부가 시설된 것으로 그 내부가 마치 판축토와 같이 정교하게 축토된 유구를 의미한다.

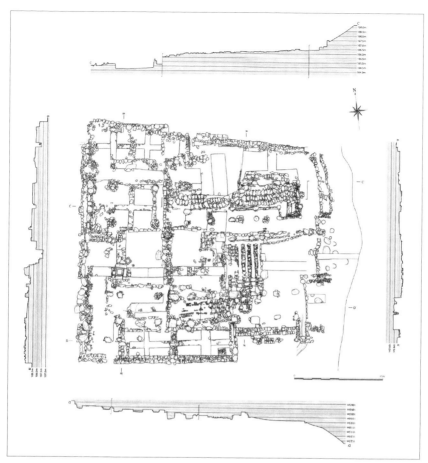

도면 13 | 여주 연라리유적 유구 평·단면도

도 하였다. 유적의 중요성으로 말미암아 개복사지는 보존조치 되었다.

Ⅲ. 고려사지 발굴조사의 향후 과제

1959년 경주 감은사지가 발굴된 이후 최근에 이르기까지 각지에서 많은 사
지들이 조사되고 있다. 이는 학술조사뿐만 아니라 구제조사 등을 통해서도 확

인되고 있는데, 최근 들어 후자의 증가세가 눈에 띄게 늘어나는 실정이다.

시기적으로는 고려·조선시기의 사지가 삼국·통일신라기의 사지에 비해 상대적으로 많이 조사되었다. 특히, 고려사지는 평지 및 산지가람을 포함하여 선종 및 교종 사원, 법사사와 니사, 그리고 왕사·국사들의 하산소 등 다른 시기의 사지에 비해 다원적으로 조성되었음을 확인할 수 있다.

물론 선종과 교종 사원은 통일신라기에도 그 형적을 살필 수 있으나 창건 이후 중창 불사가 주로 고려시기에 이루어졌음을 볼 때 현재 남아 있는 건축유구의 경우 이 시기의 것이 대부분을 차지하고 있다.

이처럼 1960년대 이후 근 60여 년동안 고려사지가 발굴되어 오면서 학술적으로 검토하여야 할 사항 또한 결코 적지 않았으리라 생각된다. 이러한 난제는 아마도 문헌사 뿐만 아니라 고고학, 건축학 등 여러 분야에서 함께 풀어야 할 과제라 생각된다.

요컨대 사원의 대시주와 창건 목적, 사원 경제 및 교리를 바탕으로 한 전각배치와 내부 시설, 사원에서 소비되는 물품들의 생산지와 공급망, 그리고 몽골 침입이후 원과의 교류를 통해 수입된 불교문화 등이 주요 내용일 것이라 판단된다.

고려사지를 중심으로 한 이상의 과제는 어느 한 순간에 명쾌하게 해결될 수는 없다. 앞으로도 여러 분야에 걸쳐 계속적으로 고민해야 할 부분이라 생각된다. 이에 부족하지만 필자의 관점에서 건축고고학적 측면에 국한하여 그 과제와 해결 방안을 적기해 보도록 하겠다.

첫째, 가람배치 상에 드러난 건축 유구의 성격을 규명한다.

사원은 불·법·승이 함께 머무르고 있는 신성 공간으로서 소형 암자를 제외하면 대부분 금당과 탑, 경판고, 승방, 승탑원[99] 등을 갖추고 있다. 이 중 금당과 탑은 사원의 중심부에 위치해 있을 뿐만 아니라, 기단 및 건축·토목기술 등에서도 다른 건축물들과 차이를 보이고 있어 그 존재를 어렵지 않게 인지할

---

99) 고려시기에 법사사가 아닌 니사인 경우 승탑의 존재를 거의 찾아볼 수 없다.

사진8 | 해인사 법보공간의 법보전 및 동사간판전

수 있다.

하지만 경판고(사진 8)[100]의 경우는 목판이나 건물의 상부 구조가 모두 멸실되었을 때 다른 전각의 하부 구조와 큰 차이가 없어 이의 식별이 쉽지 않을 수 있다. 따라서 기단토 및 대지조성토의 절개 작업을 통해 습기 제거를 위한 별도의 성분(炭)이나 시설, 혹은 미묘한 토층 변화 등을 확인해 볼 필요성이 있다.

승방은 스님들이 잠을 자는 공간 이외에 식당, 목욕탕(도면 14, 사진 9)[101], 화장실, 창고 등을 포함한 별도의 권역을 형성하고 있다. 이 중 취침이 이루어지는 공간은 아궁이[102]나 고래 등이 시설되어 있어 발굴조사 과정에

---

100) 필자 사진.

101) 京畿文化財團 附設 畿甸文化財研究院 · 驪州郡, 2007, 『高達寺址 Ⅱ』.
필자 사진.

102) 불을 지피는 공간으로서 이것이 건물 내부에 있는지, 그렇지 않으면 외부에 있는지를 잘 관찰한다. 건물 내외의 기준은 壁으로 이는 초석과 초석 사이를 의미한다. 아궁이가 건물 내부에 있으면 이때의 생활은 입식이고, 외부에 있으면 좌식으로 이해할 수 있다. 아궁이의 위치가 곧 생활방식의 차이를 구분 짓는 것이기에 발굴조사 과정에서 확실하게 찾아볼 필요가 있다.

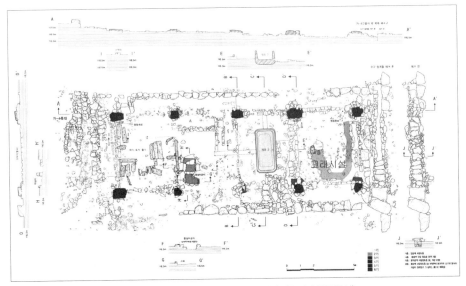

도면 14 | 여주 고달사지 내 가-4건물지 평·단면도(오른쪽 두 번째 건물지가 추정 욕실)

사진9 | 여주 고달사지 내 가-4건물지 추정 욕실 내 석조

서 어렵지 않게 확인할 수 있다. 그러나 나머지 성격의 유구들은 유물이나 특징적인 건축물이 남아 있지 않을 경우 고고학적으로 증명하기란 쉽지 않다. 이는 결국 건물지 간의 축조기법 차이, 출토 유물의 분석을 통해 해결할 수밖에 없을 것이라 생각된다.

승탑은 왕사·국사의 경우 별도의 부도전에 모셔지는 것이 일반적이나 다수의 승려들인 경우는 흔히

사진 10 | 구례 화엄사 승탑원(사원 입구부에 위치)

승탑원(사진 10)[103]이라는 묘역에 안장되곤 한다. 이는 사원의 경내가 아닌 그 외부에 위치하고 있어 발굴조사 중 주변에 대한 탐사도 함께 겸할 필요가 있다. 만약, 이러한 과정을 거쳤음에도 불구하고 승탑원이 검출되지 않았을 시에는 니사의 추정도 가능할 것으로 생각된다.

둘째, 고려사지에 감추어진 토목·건축기술을 발현한다.

산지에 가람을 조성할 경우 여기에 적용되는 토목기술은 절토나 삭토기법이 대부분이지만 평지에 사원을 축조할 경우에는 정지나 성토작업이 중심을 이루게 된다. 하지만 저습지를 매립하고 사원을 창건하는 경우에는 위의 토목기술 외에 다양한 연약지반 개량공법이 적용될 수 있다. 예컨대 부엽공법을 비롯해 말뚝지정, 암거시설(기와, 석축), 자갈석렬 등이 시설될 가능성이 적지 않다.[104] 따라서 이러한 유구들을 확인하기 위해서는 반드시 시굴조사 과정이나 발굴조사의 말미에 토층조사를 진행하는 것이 바람직하다.

그리고 하중이 많이 나가는 금당이나 탑파의 경우는 기단 하부에 별도의 축

---

103) 필자 사진.
104) 이러한 토목기술은 이미 백제 사비기 사지에서 확인되고 있다.

기부를 시설하는 사례가 많아 이의 존재 파악을 위한 층위조사도 반드시 필요하다. 역으로 건물의 성격이 불명확할지라도 이러한 축기부 시설이 확인되었을 경우에는 그렇지 않은 건물에 비해 격이 높고, 성격상의 차이가 있었음을 고려할 필요가 있다.

셋째, 대몽항쟁기 이후의 고려 사원(지)에서 원대 건축문화를 검출한다.

공주 마곡사 5층석탑 상륜부에서 살펴지는 금속재 라마탑과 고려 후기 사지에서 수습되는 귀목문·범자문 와당은 원과의 문화교섭을 확연하게 보여주고 있다. 그리고 추녀마루에 올리는 잡상 중 바닥면에 넓은 기판(사진 11)[105]이 있고, 가운데에 이를 고정시키기 위한 구멍(사진 12)[106]이 설치된 경우는

사진 11 | 양주 회암사지 출토 인물형 잡상

사진 12 | 양주 회암사지 출토 잡상 기판 세부

105) 필자 사진.
106) 필자 사진.

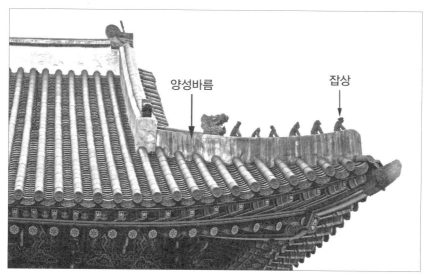

사진 13 | 추녀마루의 양성바름과 잡상

마루에 양성바름(사진 13)107)이 이루어졌음을 알 수 있는데 이 역시도 원대의 건축문화로 파악할 수 있다108).

이 외에 고고학적으로 드러나지 않은 기단이나 고래시설, 건물 배치 등에 대해선 향후 원의 건축고고자료와 비교하여 그 계통을 밝혀낼 필요가 있다.

넷째, 동일 건물지에서 건축기단의 다양성을 인정한다.

원주 법천사지 부도전지 동·서건물지의 경우는 정면과 측면이 가구기단인 반면, 후면기단은 지대석과 면석으로만 시설되어 있다. 그리고 북건물지의 경우도 정면과 측면에만 탱주가 시설되어 있을 뿐, 후면에서는 이러한 조각을 확인할 수 없다. 이는 상층과 하층기단 사이의 판석에서도 마찬가지이다.

이처럼 동일 건물지 내에서의 이질적인 기단 형식은 삼국시기나 통일신라기

---

107) 필자 사진.

108) 조원창, 2013, 「고려시기 잡상 연구」, 『지방사와 지방문화』 제16권 1호.

의 건축기단에서 쉽게 찾아볼 수 없어 고려시기 기단축조술의 한 특징으로 이해할 수 있다. 이러한 사례들을 참조 할 때 고려사지의 기단 조사 과정에서 축조기법이 다르다 하여 이를 중복이나 선후차가 있는 것으로 쉽게 확정하여서는 곤란할 것이다.

다섯째, 지역학과 건축학과의 연계를 도모한다.

발굴조사 과정에서 드러난 고려사지 중 구제조사를 통해 확인된 사지는 문헌에 등장하지 않는 것이 대부분이다. 그렇기 때문에 동 시기의 가람 현황이나 중창 및 폐기 등의 상황을 파악하기가 쉽지 않다.

따라서 이러한 난제를 조금이나마 해결하기 위해선 사지가 위치해 있는 지역의 지방사 및 지방문화에 대한 연구가 반드시 병행되어야 한다. 그리고 인근 지역의 승탑비 연구도 함께 진행된다면 일명 사지에 대한 사명이나 혹은 이에 대한 가람배치 및 전각명 등의 정보도 획득할 수 있을 것이다.

이러기 위해선 사지 발굴 시 지역사나 문헌사, 금석학 등을 연구하는 전문가의 도움이 절실하다. 만약, 짧은 조사기간으로 인해 이러한 절차가 생략된다면 발굴 완료 후에라도 학술회의나 세미나 등을 통해 규명하는 자리를 갖는 것이 바람직할 것으로 사료된다.

그리고 건물지는 사지의 대부분을 차지하는 것이므로 이를 해석하고, 분석할 수 있는 전공자와의 연계도 반드시 필요하다. 이를 통해 유구의 성격과 특징 등이 밝혀진다면 해당 사지뿐만 아니라 고려사지를 이해하는 데에도 중요한 토대를 마련할 수 있을 것이다.

여섯째, 발굴조사자의 관심을 고취한다.

고려사지의 조사는 동 시기의 고분이나 성곽, 수혈 주거지, 가마 등에 비해 조사 방법이나 유구 이해가 난해한 것으로 알려져 있다. 그렇기 때문에 이를 전공으로 하는 연구자 또한 부족한 실정이다. 물론 전공자에 의해 건물지 조사가 진행되는 것이 바람직하나 현실은 그렇지 않을 수 있어 사지를 조사하는 연구원들의 관심이 무엇보다도 중요하다고 볼 수 있다.

일곱째, 연차 발굴인 경우 조사기관의 연속성을 담보한다.

최근 들어 지방자치단체에 의한 입찰이 성행하면서 하나의 유적에 여러 기관이 참여하는 상황이 빈번하게 발생하고 있다. 이럴 경우 전체 유적의 평면도나 단면도 등을 연계하기가 쉽지 않다. 발굴기관이 많이 참여할수록 이러한 폐단은 더욱더 가중될 것으로 생각된다.

따라서 연차 발굴이 예상되는 고려사지인 경우는 하나의 발굴기관이 참여하여 이를 마무리하는 것이 당연하다. 만약, 현실 상황이 따르지 못한다면 보고서 작성 시 기존 발굴기관의 자료들을 수합하여 하나의 도면에 통합시키는 작업이 반드시 필요하다.

Ⅳ. 맺음말

고려사지에 대한 발굴조사는 1960년대 이후 현재에 이르기까지 전국에서 실시되고 있다. 이는 대부분 학술조사에 의존하고 있지만 최근 들어 구제조사를 통해 발견되기도 한다. 특히, 후자인 경우 2000년대에 들어 대폭 증가하는 추세를 보이고 있는데, 여주 원향사지·연라리유적, 오산 지곳동사지 등이 이에 해당한다.

고려시기는 국교가 불교인 관계로 많은 사원이 창건되었다. 이의 대시주는 국왕을 비롯한 왕실뿐만 아니라 중앙 귀족, 지방 호족들까지도 대거 포함되었을 것으로 생각된다. 그리고 삼국시기 및 통일신라기에 창건된 사원들의 경우 고려시기에 대대적인 중창 불사가 이루어졌음을 유구 중복을 통해 쉽게 확인할 수 있다.

고려 사원은 통일신라기와 마찬가지로 산지 및 평지 등에 조성되었다. 특히 산지에 축조된 사원들의 경우는 축대 등을 적극 활용하여 대지를 마련하였다. 따라서 평지에서 흔히 볼 수 있는 회랑은 거의 찾아보기 어렵다. 그리고 탑이 없는 무탑식 가람도 어렵지 않게 살필 수 있다.

이처럼 고려시기의 사원은 이전 시기에 비해 좀 더 다원적으로 변화 발전하고 있음을 파악할 수 있다. 이에 따라 많은 전각이 증축되고, 선종·교종이라는 종파의 성격에 따라 전각의 의미도 달랐을 것으로 생각된다. 그리고 이러한 차이는 고려사지를 구성하는 건물지에도 그대로 투영되었을 것으로 판단된다.

고려 사원 중에는 천안 봉선홍경사 및 파주 혜음원과 같이 사원의 성격뿐만 아니라 院의 성격도 겸하고 있었음을 알 수 있다. 이 때 원은 사용 주체에 따라 청자나 백자, 청동제품, 토기 등 식음기에서 분명한 차이가 있었을 것으로 생각된다. 그리고 그들이 머물렀던 건물에 대해서도 기와 건물이었는지, 초가 건물이었는지, 그리고 기와 건물이었다면 와당을 사용했는지, 사용하지 않았는지 등 건축고고학적으로 밝혀야할 부분 또한 적지 않을 것으로 사료된다. 이는 고려시기 원 발굴의 증가에 따라 건축고고학 이외의 도자사 연구자들에게도 좋은 자료가 될 듯싶다.

몽고전란기 이후 고려 사회에 유입된 몽고 및 티베트의 불교문화는 고려의 토착 문화와는 다른 이질적인 요소를 간직하였음이 확실하다. 아직까지 전문적인 연구가 진행되지 않아 이의 범주가 어느 정도일지는 알 수 없으나 와당, 탑파 등 건축문화에서는 이미 간취되고 있다. 향후 고려사지의 연구 진전에 따라 좀 더 다양한 건축 요소가 발견될 수 있을 것이라 생각된다.

최근까지 많은 고려사지가 전국에서 발굴조사 되었다. 앞으로도 새로운 고려사지의 발굴은 계속될 것이라 생각된다. 이는 남한 지역뿐만 아니라 고려의 수도였던 개성 및 북한 지역에서도 마찬가지일 것이다. 이에 따라 고려사지를 연구하는 전문가의 증가 및 폭넓은 교류도 함께 기대해 본다. 아울러 고려사지를 매개로 한 건축고고학회 및 한국중세사학회와의 연계도 염원해 본다.

고려사지와 건축고고

제2부

高麗 崇善寺系 架構基壇의 時期的 變遷과 位相 變化

I. 머리말

가구기단은 치석된 석재로 조성한 석축기단의 일종으로 지대석과 면석, 갑석 등으로 이루어져 있다[1]. 이러한 기단 형식은 백제 사비기 불적인 능산리사지와 왕흥사지, 금강사지, 미륵사지(사진 1)[2], 제석사지 및 신라의 황룡사지 당탑지 등에서 확인된 바 있다. 이

사진 1 | 익산 미륵사지 강당지 가구기단

들 유적을 통해 볼 때 백제와 신라의 가구기단은 대체로 6세기 3/4~4/4분기 무렵에 출현하였음을 알 수 있다[3].

---

1) 가구기단과 관련된 최근의 논고는 조원창, 2014, 「사찰건축으로 본 가구기단의 변천 연구」『백제 사원유적 탐색』, 서경문화사 참조.
2) 필자 사진.
3) 고구려의 경우는 발굴조사의 미비와 자료의 비공개로 인해 그 존재를 파악하기가 쉽지 않다.

사진2 | 경주 감은사지 금당지 이중기단(상층-가구기단)

가구기단은 보통 단층으로 조성되지만, 일부에선 이중기단의 상층4)에 축조되는 경우도 있다. 아울러 흔치 않지만 석재만이 아닌 전돌을 혼축하여 가구기단을 조성한 사례도 찾아볼 수 있다5).

그 동안의 발굴자료를 검토해 볼 때 가구기단은 강당지6) 및 회랑지7) 등에도 일부 조성되고 있으나 대부분은 당탑지에 시설되었음을 확인할 수 있다. 이는 가구기단의 장엄성과 권위성을 대변하는 것으로 석축기단 중에서도 그 위계가 최상급에 해당하였음을 의미한다.

가구기단은 삼국시기에 등장한 이후 조선시기에 이르기까지 내재적인 변화와 새로운 건축기술의 도입8)에 따라 여러 형식으로 변천해 왔다. 특히 고려시기의 가구기단 축조술은 왕조 및 종교를 초월한 건축기술의 교감을 통해 조선

---

4) 백제의 경우 부여 능산리사지 당탑지 및 익산 미륵사지·제석사지 금당지 등에서 찾아볼 수 있고, 신라는 경주 황룡사지 중금당지에서 확인할 수 있다. 아울러 통일신라기에는 경주 감은사지 금당지(사진 2, 필자 사진)에서 살필 수 있다.

5) 통일신라기의 경주 사천왕사지 탑지 및 고려시기의 합천 죽죽리사지 금당지 등에서 찾아볼 수 있다.

6) 부여 왕흥사지 및 익산 미륵사지 등의 백제사지에서 주로 관찰되며, 통일신라기의 경주 감은사지에서도 살펴지고 있다.

7) 고려시기의 충주 숭선사지 서회랑지가 이에 해당된다. 동회랑지는 장대석으로 조성된 치석기단으로 이루어졌다.

8) 삼국시기 및 통일신라기의 경우 중국 위진남북조와 당의 영향을 받은 바가 있다(조원창, 2014, 「사찰건축으로 본 가구기단의 변천 연구」 『백제 사원유적 탐색』, 서경문화사).

시기에까지 전파되기도 하였다[9].

가구기단에 사용된 지대석과 면석, 갑석 등은 대부분 겉 표면이 매끄럽게 치석되어 있다. 그리고 지대석과 갑석이 대개 1매의 석재로 조성되는 것에 반해, 면석은 1단 혹은 2~3단으로 축석되어 구조적 차이를 보이기도 한다. 아울러 고려시기에 조성된 당탑지를 보면 지대석 아래로 별도의 지복석[10]을 놓는 경우가 있는데 이는 기단의 장엄성을 좀 더 강조하기 위한 기단축조술로 이해된다.

가구기단의 면석은 삼국시기 이후 대체로 1매의 橫長石

사진 3 | 원주 거돈사지 삼층석탑 대지기단의 지복석

사진 4 | 보령 성주사지 금당지 가구기단 면석(종장석)

을 사용하고 있다[11]. 그러나 고려 및 조선시기의 가구기단을 보면 전술한 바대로 2단, 혹은 3단의 장대석으로 조성된 경우도 쉽게 확인할 수 있다. 이는 후술하겠지만 기능성을 우선으로한 가구기단의 변화형으로 판단할 수 있다[12].

----

9) 이는 고려시기의 사찰(지)에서 관찰되는 가구기단이 조선시기의 종묘 및 왕릉의 기단에서 확인되는 것을 의미한다.
10) 충주 숭선사지 금당지 및 원주 거돈사지 금당지·삼층석탑 대지기단(사진 3, 필자 사진) 등의 가구기단을 보면 지대석 아래에 별도의 지복석이 놓여 있는 것을 볼 수 있다.
11) 이들과 달리 성주사지 금당지는 면석이 縱長石(사진 4)으로 이루어져 있다.
12) 이는 기단토의 토압을 직접적으로 면석이 받고 있다는 점에서 1매의 얇은 판석보다는

이처럼 가구기단은 삼국시기부터 조선시기에 이르기까지 당탑지를 중심으로 한 다양한 권위건축에 사용되어 왔다. 특히 고려 초기에 접어들면 상하 2단의 면석이 숭선사지 서회랑지에서 처음으로 등장하는데, 이는 삼국 및 통일신라기의 유적에서도 검출된 바 없기에 새로운 기단 형식으로 분류할 수 있다. 이에 필자는 본고를 통해 이러한 가구기단 형식을 '숭선사계 가구기단'으로 부르고자 한다.

본고는 '숭선사계 가구기단'을 중심으로 이러한 기단 건축이 고려 및 조선시기를 거치면서 어떠한 형태로 변화해 갔는지 기존의 건축고고학적 자료를 검토해 보는데 목적이 있다. 아울러 고려 후기에 유행하는 '결구기단'과의 비교를 통해 양자의 관련성도 함께 추출해 보고자 한다.

Ⅱ. 숭선사계 가구기단의 자료 검토

1. 고려시기

1) 충주 숭선사지 서회랑지

서회랑지는 금당지의 서쪽으로 약 5m 30cm 떨어진 지점에 남북으로 조성되었다. 강당지를 선축한 후 이의 전면 축대에 붙여 북쪽에서 남쪽으로 축조하였다. 서회랑지는 후축된 창건 금당지 서쪽 건물지[13]와 중복된 관계로 북단부 약 11m 정도만 발굴조사 되었다(사진 5, 도면 1)[14].

여러 매의 장대석을 이용하는 것이 건축기법상 유리하다는 결과로 받아들여진다.

13) 동서 폭 12m 30cm, 남북 길이 21m 40cm의 대형 건물지이다. 이 유구가 축조되면서 창건기의 회랑은 폐쇄된 것으로 보았다. 건물지의 성격은 금동보살상, 백호, 토제 연봉장식 등의 출토유물로 보아 금당지로 추정되었다. 건물의 조성 시기는 1182년(명종 6)으로 보았다(충청대학교 박물관·충주시, 2006, 『충주 숭선사지』, 651쪽).

14) 필자 사진.

사진 5 | 충주 숭선사지 서회랑지 및 창건 금당지
　　　　서쪽 건물지(후축)

도면 1 | 충주 숭선사지 서회랑지 평면도　사진 6 | 충주 숭선사지 서회랑지 동면기단

　　서회랑지의 기단은 지대석과 2단의 면석, 갑석으로 이루어진 가구기단이다
(사진 6, 도면 2)[15]. 기단 상부의 갑석 하단 외연에는 1단의 호형 모접이가 이

　　충청대학교박물관·충주시, 2006, 『충주 숭선사지』, 256쪽 도면 13.
15) 필자 사진.
　　국립문화재연구소, 2013, 『한국 고대건축의 기단 Ⅱ 경기·강원·충북·충남·전
　　북·전남 편』, 106쪽.

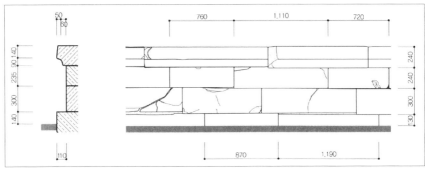

도면 2 | 충주 숭선사지 서회랑지 가구기단

루어져 있다. 기단 면석에는 금당지와 달리 우주나 탱주가 시설되지 않았다. 면석의 높이는 상단이 23.5~24cm, 하단이 30cm로 상단에 비해 하단이 약간 더 높고, 상단과 하단 면석의 높이 비는 1 : 1.28이다.

서회랑지의 가구기단은 발굴조사 과정에서 증축이나 중복 관계가 검출되지 않은 것으로 보아 창건기의 기단으로 판단된다. 숭선사가 고려 광종 5년인 954년에 창건되었음을 볼 때 서회랑 역시 동 시기에 조성되었음을 알 수 있다.

2) 원주 법천사지 부도전지 동·서건물지

동·서 건물지는 부도전지 북(중앙)건물지의 동·서쪽에 위치하고 있다. 건물지의 기단은 전면과 북측면 그리고 후면에서 일부 확인되고 있다[16]. 여기에서는 기단 상태가 양호한 서건물지(사진 7)[17]를 중심으로 살펴보고자 한다.

서건물지의 기단은 동면(전면)과 북면, 그리고 서면에서 살필 수 있다. 동

---

16) 동·서건물지 모두 남측면 기단의 경우 대부분 유실된 상태이다.
17) 필자 사진.

사진7 | 법천사지 부도전지 서건물지

면기단은 석계 북쪽면에 양호한 상태로 남아 있다. 기단은 갑석[18] 아래에 2단의 면석이 축석되어 있고, 그 아래에 지대석이 시설되어 있다(사진 8)[19]. 2단의 면석 중 상단은 30cm, 하단은 19cm로 제작되었으며, 상단과 하단의 높이 비는 1.58 : 1이다.

이러한 2단 면석의 가구기단은 북면에서도 찾아지고 있으나 남면기단은 현재 거의 붕괴되어 기단의 형적을 살피기가

사진8 | 법천사지 부도전지 서건물지 동면(전면) 기단

불가능하다. 다만, 북면기단과의 대칭 관계 속에서 남면기단 역시도 전자와 마찬

---

18) 약 20cm의 높이를 보이고 있다.
19) 필자 사진.

사진 9 | 법천사지 부도전지 서건물지 북서
모서리부 기단 축조 상태

사진 10 | 법천사지 부도전지 동건물지 북면
(측면) 가구기단

가지 형식이었을 것으로 생각된다.

하지만 서면(후면)기단의 경우는 갑석이 없이 2단의 면석과 지대석으로만 조성되어 전면(동면) 및 측면(남·북면) 기단과 큰 차이를 보이고 있다. 즉, 기단의 잔존 상태가 양호한 북서 모서리를 보면 북면기단과 서면기단이 교묘하게 축석되어 있음을 확인할 수 있다(사진 9)[20].

여기서 북면기단은 동면(전면)과 마찬가지로 갑석과 2단 면석, 지대석 등으로 조합되어 있다. 그런데 이러한 기단 구조는 서면(후면)으로 넘어가면서 각각 32~35cm[21] 높이의 2단 면석으로 축석되고 갑석은 생략되어 있음을 살필 수 있다[22].

서건물지와 같은 기단 형식은 한편으로 동건물지의 북면(측면)과 동면(후면)기단 북단부에서도 살필 수 있다. 북면기단(사진 10)[23]은 갑

---

20) 필자 사진.
21) 이는 필자가 계측한 것이기에 자로 측정하는 위치에 따라 약간의 오차가 있을 수 있다.
22) 갑석이 유실되었을 가능성도 고려하였으나 기단의 높이, 그리고 현재 남아 있는 초석과 기단토의 높이로 보아 서건물지의 서면(후면)기단 갑석은 건축기법상 축약된 것으로 판단되었다.
23) 필자 사진.

석 아래에 2단 면석 및 지대석 등이
시설되어 있고, 상단 면석(31cm)
과 하단 면석(19cm)의 높이 비는
1.63 : 1이다. 그리고 동면기단(사
진 11)[24]은 서건물지와 마찬가지로
갑석이 생략되어 지대석과 면석으로
만 조합되어 있다.

**사진 11 | 법천사지 부도전지 동건물지 북면(측면) 및
동면(후면) 기단**

이렇게 볼 때 법천사지 부도전지
동·서건물지의 가구기단은 전면과
측면에만 시설되었다는 건축 특성을
내포하고 있다. 그리고 2단 면석 중 상단의 것이 하단보다 높은 上高下低의
구조로 축석되었음을 확인할 수 있다. 기단의 축조 시기는 지광국사현묘탑비
와 동 시기로 추정되어 11세기 후반경으로 파악된다[25].

3) 춘천 청평사[26] 대웅전

대웅전의 전면 기단은 지대석과 2단의 면석, 갑석으로 조합된 단층의 가구
기단(사진 12~14)[27]이다. 갑석 하단에는 1단의 각형 모접이가 조각되어 있

---

24) 필자 사진.

25) 탑비는 1085년(선종 2) 8월 鄭惟産이 글을 짓고, 安民厚가 써서 완성하였다.

26) 고려 문종 23년(1068)에 李資玄의 부 李顗가 청평사의 고토에 普賢院을 조성하였고,
   이자현은 이곳에 10여 동의 건물을 증축하여 淸平山 文殊院이라 불렀다. 이자현이 인
   종 3년(1125)에 사망한 것으로 보아 대웅전은 적어도 12세 이전에 축조되었음을 알
   수 있다. 이하 문헌적인 내용은 아래의 자료를 참조하였다.
   江原大學校 附設 産業技術研究所, 1984, 『江原道 春城郡 淸平里 淸平寺 實測調査報
   告書』, 春城郡.

27) 필자 사진.
   이에 비해 측면과 후면에 해당되는 동·서·북면기단(사진 15, 필자 사진)은 기반토인

사진 12 | 춘천 청평사 대웅전 전면 가구기단

사진 13 | 춘천 청평사 대웅전 계단 동단부 가구기단

사진 14 | 춘천 청평사 대웅전 계단 서면 가구기단

고, 면석에서의 우주나 탱주는 살필 수 없다. 2단으로 된 면석의 높이는 상단이 63cm, 하단이 40cm로서 양자의 높이 비는 1.58 : 1이다. 법천사지 부도전지 동·서건물지와 같이 上高下低의 면석 구조를 보이고 있다.

청평사 대웅전에서 면석의 축조 기법은 크게 두 가지로 살필 수 있다. 첫째는 봉정사 극락전과 같이 상단과 하단 면석을 일직선상으로 축석하는 방법이

암반을 굴착하고 장대석을 올려놓아 전면의 가구기단과는 큰 차이를 보이고 있다.

사진 15 | 춘천 청평사 대웅전 동면(측면) 및 북면(후면) 기단 세부

사진 16 | 서울 종묘 정전 기단 하층 면석 세부

고, 둘째는 종묘 정전(사진 16)[28]처럼 하단 면석의 끝단에 얕은 턱을 주고 그 위에 상단 면석을 올리는 방법이다.

그런데 이러한 축석 방법의 차이가 곧 시기차를 반영하는 것인지, 아니면 기단을 조성하였던 조사공의 기술력 차이인지 현재로선 정확히 판단할 수 없다. 이에 대해선 향후 발굴 자료의 증가에 따라 자연스럽게 해결될 수 있으리라 생각된다.

대웅전 가구기단의 축조 시기는 원 황실의 후원이 있었던 14세기 전반 무렵으로 추정할 수 있다. 그러나 잔존 상태가 양호한 일부 가구기단의 경우는 승보우와 관련하여 16세기 전반 무렵에 후축되었을 가능성도 배제할 수 없다.

4) 안동 봉정사 극락전

봉정사 극락전의 전면 기단은 지대석과 면석, 갑석으로 조합된 가구기단이

---

28) 필자 사진.

도면 3 | 안동 봉정사 극락전 가구기단(□부분이 탱주 및 우주)

사진 17 | 안동 봉정사 극락전 가구기단

다(도면 3, 사진 17)[29]. 기단 갑석의 하단 외연에는 약하게 1단의 모접이가 이루어져 있다. 면석은 상하 2단으로 축석되었고, 상단은 하단에 비해 높이가 높은 횡판석으로 조성되었다. 석탑에서 흔히 관찰되는 우주와 탱주는 별석의 縱長石에 시문되어 있다(사진 18)[30]. 우주와 탱주는 중앙의 석계를 중심으로 좌우에 하나씩 배치되어 있다.

우주와 탱주[31]에 시문된 문양은 일종의 종선문으로 호형 및 각형으로 몰딩 처리 되었다. 특히 남동 및 남서 모서리에 조성된 우주(사진 19)[32]에는 정면뿐만 아니라 측면에도 종선문이 조각되어 있다.

그런데 이러한 장식적인 치석 기법은 회암사지 보광전지 및 조선 초기의 종묘 정전 동·서 익사에서도 살필 수 있다. 아울러 우주의 경우 중앙의 편평한 면을 기준으로 좌우에 2조씩의 호형 몰딩이 세로로 치석되어 있는데, 이는 법

---

29) 文化財管理局 文化財研究所, 1992, 『鳳停寺 極樂殿 修理工事報告書』, 230쪽 기단 세부. 필자 사진.

30) 필자 사진.

31) 중앙 계단 좌우 인접한 곳에 하나의 탱주석이 별도 조성되어 있다.

32) 필자 사진.

사진 18 | 안동 봉정사 극락전 상단
면석의 탱주

사진 19 | 안동 봉정사 극락전 상단 면석의 우주

천사지 부도전지 북건물지의 탱주와도 친연성을 보이고 있다.

봉정사 극락전 기단 면석의 높이는 상단이 49.7cm이고, 하단은 35.1cm으로 상단과 하단 면석의 높이 비가 1.41 : 1을 이룬다. 이는 하단 면석에 비해 상단 면석을 상대적으로 높게 조성한 것으로서, 법천사지 부도전지 동·서건물지 및 청평사 대웅전 기단과 같은 구조의 면석임을 확인케 한다.

봉정사 극락전은 1973년 해체 수리 당시 1363년(고려 공민왕 12) 3월에 지붕 중수가 이루어졌다는 묵서명이 발견되었다. 이렇게 볼 때 봉정사의 창건은 적어도 12세기 말이나 13세기 초에는 가능하였을 것으로 생각된다[33].

한편, 봉정사에는 극락전의 동

사진 20 | 안동 봉정사 대웅전 기단

33) 文化財廳, 2001, 『國寶篇 文化財大觀(建造物)』, 45쪽.

사진21 | 양주 회암사지 보광전지 전경(중앙의 건물지)

쪽으로 주불전인 대웅전이 위치하고 있다. 이의 기단(사진 20)[34]은 갑석 아래에 크고 작은 할석들이 점토와 혼축되어 소박하게 조성되어 있다. 극락전 기단이 횡장석 및 별석, 우주, 탱주로 조합된 가구기단으로 조성된 반면, 대웅전 기단은 크고 작은 할석으로 축조되어 있어 두 건물 간에 시기적 차이 및 격의 차이가 있었음을 확인할 수 있다.

5) 양주 회암사 보광전지

보광전지(사진 21)[35] 기단은 북면의 경우 1단의 장대석으로 조성되어 있고, 동·서면기단은 2단의 면석 위에 갑석을 올려놓아 결구기단의 형식을 취하고 있다. 현재 육안으로 확인되는 보광전지의 남면기단(사진 22)[36]은 월대와 마찬가지로 일견 가구기단으로 파악되고 있다. 본고에서는 유구의 잔존 상태가 양호한 월대의 가구기단을 중심으로 살펴보도록 하겠다.

월대는 본전의 전면에 한 단 정도 낮게 덧대어져 있다. 바닥은 전면적으로 부석되어 있으며, 동서 장축에 평면 장방형으로 조성되어 있다. 기단은 2m

---

34) 필자 사진.
35) 필자 사진.
36) 필자 사진.

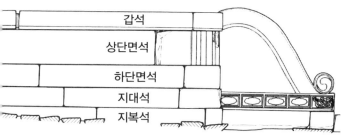

갑석
상단면석
하단면석
지대석
지복석

도면 4 | 양주 회암사지 보광전지 월대 서면 가구기단

사진 22 | 양주 회암사지 보광전지
남면기단 동단부

정도로 상당히 높은 편이고, 지복석과 지대석, 2단의 면석, 갑석 등 가구기단
으로 조성되었다(도면 4, 사진 23·24)[37]. 지복석 위의 지대석은 약 3~5cm

---

37) 필자 사진.
경기도 외, 2009, 『檜巖寺Ⅲ 5·6단지 발굴조사 보고서 -본문-』, 31쪽 그림 7 중.
이 유구에 대해 발굴보고서에서는 4단의 면석과 갑석의 구조로 파악하였다(경기도
외, 2009, 『檜巖寺Ⅲ 5·6단지 발굴조사 보고서 -본문-』, 30~31쪽). 그러나 최하단
의 장대석(지복석)이 위의 장대석(지대석)보다 앞으로 내밀어 쌓여졌고, 지대석 위의
2단 면석은 반대로 안으로 들여쌓기 한 점을 고려할 때 지대석을 중심으로 지복석과
면석이 내외로 놓여 졌음을 볼 수 있다. 따라서 이들 석재를 동일한 성격의 면석으로
파악하는 것은 취신하기 어렵다.
이런 점에서 비교될 수 있는 유적이 충주 숭선사지 금당지이다. 구조적으로 면석에
서만 차이가 날뿐, 아주 유사한 기단 구조를 보이고 있다. 즉, 숭선사지 금당지의 경
우 지표면에 지복석이 놓여 있고, 그 위로 약간 들여쌓아 지대석을 놓았다. 그리고 지
대석 위로는 퇴물림하여 橫長石의 면석을 올려놓았다. 생활면(구지표면)은 지복석
이 놓인 층위에서 금동연봉형와정이 수습된 것으로 보아(충청대학교박물관·충주시,
2006, 『충주 숭선사지』, 93쪽 사진 36) 이 층으로 파악된다. 회암사지 보광전지 역시
최하단석이 놓인 층위에 계단석과 박석 등의 유구가 존재하는 것으로 이 면이 생활면
임을 알 수 있고, 층위 양상에 따라 최하단석은 지복석으로 판단할 수 있다.
가구기단에서의 지복석은 원주 거돈사지 금당지(통일신라~고려 초기), 남원 만복사

사진 23 | 양주 회암사지 보광전지 월대 가구기단

사진 24 | 양주 회암사지 보광전지 월대 남면
가구기단 상단 면석의 우주 문양

정도 들여쌓았으며, 갑석 하단 외연에는 1조의 각형 모접이가 표현되어 있다.

보광전지 기단의 면석은 상하 2단이며, 이 중 상단 면석에만 우주가 시문되어 있다. 이는 봉정사 극락전과 같은 別石의 형태가 아닌 세로가 긴 橫長石의 끝단에 우주를 조각하였다. 우주의 문양은 전면에서 볼 때 대소의 겹우주와 종선문으로 이루어져 있으며, 겹우주는 모서리의 것을 상대적으로 크게 치석하여 사선 방향에서 보았을 때 안정감 및 균형감을 들게 하였다. 이러한 겹우주와 종선문은 문양의 구성면에서 약간의 차이만 발견될 뿐 봉정사 극락전과 친연성이 찾아지고 있다. 상단 면석에서 관찰되는 문양의 상관성은 하나의 석재에 양면을 조각하는 치석기법에서도 확인할 수 있다. 2단의 면석 중 상단은 하단보다 높은 판석을 사용하였다.

2. 조선시기

1) 종묘 정전의 동·서 익사

종묘에서의 가구기단은 정전 동·서 익사에서 검출되었는데, 본고에서는 서

지 서금당지(11세기), 보은 법주사 원통보전(조선 후기) 등에서도 확인할 수 있다.

사진25 | 서울 종묘 정전 서익사 남면기단(상단 면석 동서 모서리에 우주 시설)

사진26 | 서울 종묘 정전 서 익사 서면 가구기단

사진27 | 서울 종묘 정전 서 익사 가구기단 남서 모서리 우주

익사를 중심으로 살펴보고자 한다(사진 25)[38]. 서익사는 지대석과 2단의 면석, 갑석으로 조합된 가구기단으로 이루어져 있다. 갑석 상단 외연에는 1조의

----

38) 필자 사진.

각형 모접이가 조성되어 있다.

서 익사의 가구기단은 서면(사진 26)[39]에서 가장 양호하게 살필 수 있다. 이곳의 지대석은 동·남면에 비해 상대적으로 많이 앞으로 내어져 있다[40]. 이처럼 동일 건축물에서 축조 기법의 차이를 보이는 기단 시설이 관찰된다는 사실은 결과적으로 서 익사에서의 기단 조성이 여러 차례에 걸쳐 중창되었음을 추정케 한다[41].

서 익사의 기단 우주(사진 27)[42]는 회암사지 보광전지와 같이 가로로 긴 상단 면석의 끝단에 조각되어 있다. 우주의 문양은 직경이 다른 호형의 양각대로 치석되어 회암사지 보광전지와 같은 형식임을 보여주고 있다.

기단 면석의 높이는 우주가 시설된 상단의 경우 47cm이고, 하단은 44~47cm이다. 상단과 하단 면석의 비는 1 : 0.93~1로 높이 차가 거의 없음을 살필 수 있다.

2) 여주 신륵사 극락보전

신륵사는 1472년(성종 3) 세종의 능인 英陵의 원찰로 지정되면서 대규모의 중창불사가 이루어졌다. 그러나 임진왜란이 발발하면서 극락보전을 비롯한 대부분의 목조건축물이 소실되었고, 현재의 극락보전은 1800년(정조 24)에 중창되었다.

---

39) 필자 사진.

40) 이는 지대석 위에 놓여 있는 면석이 상대적으로 많이 들여 쌓여졌음을 의미한다.

41) 이러한 기단 축조술의 차이는 정전에서도 찾아지고 있다. 첫 번째 기법은 최하단석의 상면 외연에 약간의 턱을 두고 그 위에 면석을 올리는 방법이고, 두 번째는 이러한 턱을 두지 않고 면석을 올리는 방법이다. 첫 번째 기법으로 조성된 정전의 기단은 마치 고구려의 성벽과 같이 약간 들여 쌓은 듯한 인상을 준다. 두 번째 기법의 기단은 정전 월대 기단에서도 살필 수 있다. 이러한 정전 기단 축조의 이질성은 조성 시기의 차이를 반영하는 것이라 할 수 있다.

42) 필자 사진.

사진 28 | 여주 신륵사 극락보전

극락보전의 기단은 지대석과 2단의 면석, 갑석으로 시설된 가구기단이다(사진 28)[43]. 갑석 하단 외연에서 1조의 각형 모접이를 살필 수 있으나 면석에서의 우주나 탱주는 확인할 수 없다. 기단 면석은 봉정사 극락전 및 청평사 대웅전 등과 같이 상단 면석이 하단 면석에 비해 높게 제작되었다.

극락보전 기단의 축조 시기는 면석 및 갑석 등에서 관찰되는 석재의 훼손 상태로 보아 1472년 무렵으로 추정된다[44].

3) 보은 법주사 팔상전·대웅전

법주사에서의 숭선사계 가구기단은 팔상전과 대웅보전에서 살필 수 있다.

팔상전의 기단은 지대석과 2단의 면석, 갑석으로 구성된 가구식으로 조성되어 있다(도면 5)[45]. 기단 면석

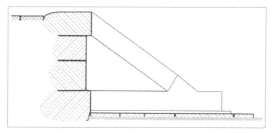

도면 5 | 보은 법주사 팔상전 가구기단

---

43) 필자 사진.

44) 면석이나 갑석 등을 관찰해 보면 석재가 깨어지거나 검게 변색된 부분을 여러 곳에서 찾아볼 수 있다. 특히 석재의 표면 일부가 벗겨져 있는 것을 살필 수 있는데 이는 화재에 의한 손상으로 추정된다.

45) 국립문화재연구소, 2013, 『한국 고대건축의 기단 Ⅱ 경기·강원·충북·충남·전북·전남 편』, 77쪽.

도면 6 | 보은 법주사 대웅보전 가구기단

에는 우주나 탱주가 조각되지 않고, 갑석에서의 1단 모접이도 확인할 수 없다. 기단 면석은 상단이 33cm, 하단이 40.4cm로 1 : 1.22의 비율을 보이고 있다. 1605년에 팔상전이 축조되었으므로 기단의 조성시기 또한 이와 동일할 것으로 판단된다.

대웅보전의 가구기단(도면 6)[46] 역시 팔상전과 동일한 기단구조로서 면석은 상하 2단으로 축조되어 있다. 면석의 높이는 상단이 47cm, 하단이 48.8cm로 약 2cm 정도의 차이를 보이고 있다(1 : 1.03). 면석 동단부에 시설된 장방형의 별석은 다른 면석과 달리 1매로 이루어져 있어 우주를 연상시킨다.

대웅보전이 조선 인조 2년인 1624년에 조성된 것으로 보아 기단 역시도 이 무렵에 축조되었음을 알 수 있다.

4) 양산 통도사 영산전

영산전 기단은 지대석과 2단의 면석, 갑석 등으로 축석된 가구식으로 조성되어 있다(사진 29)[47]. 법주사 팔상전 및 대웅보전과 마찬가지로 갑석 하단의 1단 모접이나 면석에서의 우주, 탱주는 확인할 수 없다.

기단 면석의 높이는 상단이 54cm, 하단이 36cm로 상단 면석이 하단에 비

---

46) 국립문화재연구소, 2013, 『한국 고대건축의 기단 II 경기·강원·충북·충남·전북·전남 편』, 80쪽.
47) 필자 사진.

해 높게 제작되었다. 상단과 하단 면석의 높이 비는 1.5 : 1이다. 영산전 기단은 전체적인 구조가 고려 말에 창건된 청평사 대웅전의 것과 친연성을 보이고 있다. 1704년(숙종 30)에 영산전이 축조된 것으로 보아 기단의 조성시기 역시 이와 동일할 것으로 추정된다.

사진29 | 양산 통도사 영산전 가구기단(1704년)

5) 안성 칠장사 대웅전

대웅전의 기단은 지대석과 3단의 면석, 갑석 등으로 이루어진 가구기단이다(사진 30)[48]. 기단의 갑석 하단 외연에는 1단의 각형 모접이와 수 조의 횡선이 장식되어 있다. 기단의 전체적인 구조가 회암사지 보광전지 월대를 연상시킨다.

기단 면석은 3단으로 축석되어 있고, 이 중 상단 면석이 중·하단의 것에 비해 낮게 제작되어 있다. 면석에는 우주와 탱주가 시문되지 않았다. 대웅전 기단 면석이 이전에 살핀 2단에 비해 3단이라는 점에서 외형적 차이를 살필 수 있으나 이로 인한 시

사진30 | 안성 칠장사 대웅보전 가구기단

---

48) 필자 사진.

기적 차이는 없을 것으로 생각된다49).

대웅전은 본래 다른 곳에 세워져 있었으나 1828년(순조 28) 현재의 장소로 옮겨온 것이라고 한다. 이렇게 볼 때 기단의 조성 시기는 조선 후기인 19세기 초경으로 추정할 수 있다.

Ⅲ. 구조 및 성격의 시기적 변화

1. 구조적인 변화

기단 형식 중 가구기단은 치석된 지대석과 면석, 갑석 등을 조합한 것으로 백제 사비기부터 그 존재가 확인되고 있다. 가장 대표적인 사례로 익산 미륵사지 금당지 및 강당지의 기단을 들 수 있다.

미륵사지 금당지는 이중기단으로서 하층이 면석과 갑석으로 이루어진 결구기단인 반면, 상층은 가구기단으로 조성되었다. 세장한 장대석과 넓은 橫長石(사진 31)50)을 사용하여 지대석과 면석을 조성하였으나 갑석은 멸실되어 살필 수 없다. 면석은 1매로 조성되어 있는데, 이는 백제뿐만 아니라 신라·통일신라기에도 공통적인 가구기단의 속성으로 파악되고 있다.

그런데 고려 광종 5년(954) 무렵에 창건된 숭선사를 보면 금당지와 달리 서회랑지에서 특이한 가구기단 구조를 확인할 수 있다. 즉, 금당지(사진 32)51)의 가구기단 면석이 1매의 횡장석으로 조성된 반면, 서회랑지의 가구기단 면

---

49) 면석에서 2단이나 3단의 차이는 건축물 입지에 따른 기단토와 밀접한 관련이 있다. 즉, 경사도가 급한 곳에 가구기단을 조성할 경우에는 상대적으로 기단토의 깊이가 깊을 수밖에 없다. 이는 자연스럽게 면석 단수의 증가를 요구하는 것이기에 시기적 변천과는 직접적인 관련성이 없다고 생각된다.
50) 필자 사진. 가로로 긴 판석이나 장대석을 의미한다.
51) 필자 사진.

석은 상하 2단의 횡장석(혹은 장
대석)으로 축석되어 있다.

이처럼 가구기단 중 면석이 상
하 2단으로 조성된 예는 목조건
축물이나 발굴 자료 등을 검토해
볼 때 그 사례가 많지 않다. 현재
까지의 건축고고학적 자료로 추
정컨대 그 시초는 아마도 숭선사
지 서회랑지로 파악할 수 있다52).

숭선사지 서회랑지의 가구기
단에서는 면석 구조의 이질성 외
에 금당지 가구기단에서 볼 수
있는 지복석53)이나 우주, 탱주
등의 요소들이 전혀 확인되지 않
고 있다. 이는 적어도 금당지 가
구기단과 格의 차이를 보여주는

사진31 | 익산 미륵사지 동원 금당지 가구기단 면석
(백제 7세기 전반)

사진32 | 충주 숭선사지 금당지 가구기단

것으로서54) 금당과 회랑이라는 유구 성격의 차이와도 밀접한 관련이 있을 것
으로 생각된다55).

---

52) 이는 최근까지의 건축고고학적 자료를 기반으로 한 것이다. 따라서 향후 발굴조사의
   성과에 따라 선축된 면석 2단의 가구기간이 등장할 가능성도 완전 배제할 수 없다.
53) 지대석 아래에 시설되는 장대석으로 기단의 높이를 전체적으로 높여주는 역할을 한다.
   건물의 장엄성을 표현해 주는 것으로 주로 사찰의 불전(지) 등에서 검출되고 있다.
54) 이는 삼국시기 이후의 가구기단에서도 공통적으로 확인되고 있다. 다만, 백제 사비기 미
   륵사지 강당지의 경우 우주가 시설되어 있어 다른 가구기단과 차이를 보이고 있다.
55) 이는 통일신라기의 감은사지 금당지 및 강당지를 통해서도 확인할 수 있다. 금당지는
   이중기단으로 갑석이 화려하게 장식된 반면, 강당지는 단층의 가구기단으로 어떠한
   장식도 확인할 수 없다.

숭선사지 서회랑지의 2단 면석 중 상단은 23.5~24cm이고, 하단은 30cm 정도의 높이를 보이고 있다. 비율상 1 : 1.25로 上低下高의 면석 구조로 축석되어 있음을 볼 수 있다. 이는 10세기 중엽에 조성된 가구기단이라는 점에서 편년 설정의 절대적 기준으로도 삼을 수 있을 것이다.

이에 반해 11세기 후반경의 법천사지 부도전지 서건물지는 상단이 30cm, 하단이 19cm로 비율상 1.65 : 1(上高下低)을 보여 상단 면석이 하단에 비해 상대적으로 높게 조성되어 있다. 이러한 上高下低의 사례는 14세기 전반 무렵으로 추정되는 청평사 대웅전에서도 살펴지는데, 여기서 상단 면석의 높이는 63cm, 하단 면석은 40cm로 법천사지 부도전지 동·서 건물지와 동일한 면석 구조를 보이고 있다. 아울러 12세기 말~13세기 무렵에 조성되었을 것으로 추정되는 안동 봉정사 극락전에서도 역시 上高下低의 면석 구조를 살필 수 있다.

이처럼 고려시기 숭선사계 가구기단은 10세기 중엽의 숭선사지 서회랑지를 제외하면, 모두 上高下低의 면석 구조로서 상단 면석에 무게중심을 두고 있다. 이는 기단의 설치 목적이 기본적으로 기단토의 토압을 지탱하는 '止土施設'이라는 점을 고려할 때 좀 더 효율적인 건축기술로 이해할 수 있다[56].

이러한 판단은 발굴조사 과정에서 드러난 숭선사지 서회랑지의 면석 현황을 통해서도 확인할 수 있다. 즉 기단과 관련된 발굴 사진을 보면 상단 면석이 하단 면석보다 대부분 앞으로 밀려나 있음을 살필 수 있다. 이는 상단 면석이 하단 면석과 비교해 기단토의 토압을 원활하게 지탱하지 못하였음을 실증케 하는 것이다.

---

56) 2단의 면석 중 하단의 것은 지대석 상면의 홈에 맞추어 있기 때문에 상단 면석에 비해 안전성이 높다. 반면, 상단 면석은 하단 면석 바로 위에 올려 있어 기단토의 토압을 지탱할 수 있는 아무런 시설이 없다. 따라서 2단 이상의 면석을 조성할 시에는 하단 보다는 상단의 면석을 보강함이 효율적이라 생각된다. 만약 3단 이상의 면석을 조성할 시에는 예산 수덕사 대웅전에서와 같이 횡판석이 아닌 장대석을 사용하는 것도 좋은 방법이라 할 수 있다.

따라서 이의 보완책으로 등장한 기단은 하단 보다 상단 면석을 보강한 법천사지 부도전지 동·서 건물지, 봉정사 극락전, 청평사 대웅전 등과 같은 上高下低의 면석 구조였다. 아울러 이러한 기단 형식은 조선 전기의 여주 신륵사 극락보전 및 조선 후기의 양산 통도사 영산전 등에서도 확인되고 있어 고려 전기부터 조선 후기에 이르기까지 오랜 기간 사용되었음을 파악할 수 있다.

이들 유적 외에 숭선사계 가구기단은 조선 초기의 종묘 정전 동·서 익사 및 17세기의 법주사 팔상전·대웅보전 등에서도 찾아볼 수 있다. 이 중 종묘 정전의 익사 및 법주사 대웅보전의 경우는 상·하단 면석의 높이 차가 거의 나타나지 않는 장대석을 사용하고 있다.

이에 반해 법주사 팔상전은 상단 및 하단 면석의 높이 차가 1 : 1.22(上低下高)로 하단 면석이 약 7cm 정도 더 높게 제작되어 있다. 이는 고려 전기~조선 후기로 편년된 숭선사계 가구기단의 면석 구조와는 확연한 차이를 보이는 것으로 고려 초기 숭선사지 서회랑지와 같은 형식임을 알게 한다.

조선 후기의 법주사 팔상전에서 관찰되는 이러한 이질성은 한편으로 두꺼운 장대석을 이용하여 上低下高에서 오는 내구적 취약성을 충분히 극복할 수 있다는 당시 조사공들의 기술력으로 이해할 수 있다.

면석에서의 2단 구조는 지형에 따라 3단 구조로도 축조되고 있다. 조선 후기 안성 칠장사 대웅전의 가구기단을 보면 지대석과 갑석 사이에 3단의 면석이 築石되어 있음을 볼 수 있다.

이러한 면석 단수의 증가는 기본적으로 건물이 입지한 지형과 밀접한 관련이 있는 것으로 판단해 볼 수 있다[57]. 즉, 평지나 완경사가 아닌 급경사 지역에 가구기단을 조성한다면 경사도만큼 기단의 높이도 함께 높여주어야만 한다.

그런데 지대석이나 갑석의 경우 장엄적 측면과 건축공학적 측면에서 이의

---

57) 이처럼 면석의 단수를 증가하였다는 것은 보광전이 입지한 곳의 지형이 급경사에 가까웠음을 의미한다. 즉, 경사도가 급한 곳에 기단을 조성하기 위해서는 경사도만큼 기단의 높이를 조정하는 방법밖에 없는 것이다.

높이를 무한정 높일 수만은 없었을 것이다. 이 때 가장 손쉬운 방법이 바로 면석 높이의 조정이다. 이는 면석 단수의 증가를 통해 가능한 것으로 경사도만큼 면석의 높이를 2단에서 3단으로 높여주는 방법이다.

이런 점에서 산지가람이 활발하게 조성되었던 고려시기에 위와 같은 형식의 기단이 축조되었을 가능성은 매우 높았을 것으로 생각된다[58].

한편, 발굴 보고자의 경우 회암사지 보광전지 월대 기단(도면 7)[59]을 가구식이 아닌 결구식[60]으로 이해하고 있다. 하지만 지복석과 지대석, 면석 등이 축조기법상 확연히 구별되기에 이들을 모두 면석으로 보기에는 무리가 있다. 따라서 이는 지표상의 지복석, 그 상면의 지대석, 그리고 퇴물림하여 쌓은 2

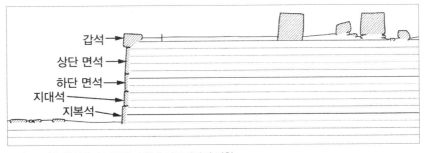

도면 7 | 여주 회암사지 보광전지 월대 가구기단의 명칭

---

58) 이러한 점에서 주목되는 유구가 바로 원주 법천사지 석축 1호이다. 석축 상면으로 지광국사현묘탑 및 탑비, 건물지 3동이 입지한 것으로 보아 기능상 축대임을 알 수 있다. 축대는 지대석 위에 4단의 면석이 놓여지고, 최상부에는 34cm 높이의 갑석을 올려놓았다(江原文化財研究所·原州市, 2009, 『原州 法泉寺I −第 I區域 發掘調查 報告書−』, 63~66쪽). 기단이 아닌 축대라는 점에서 유구 성격의 차이는 있겠으나 똑같이 가구식으로 조성되었다는 측면에서 향후 3단 면석 이상의 고려시기 가구기단 또한 등장할 가능성이 높겠다.

59) 경기도 외, 2009, 『檜巖寺 III 5·6단지 발굴조사 보고서 −본문−』, 31쪽 그림 7 중.

60) 이러한 형식의 기단은 가구기단 요소 중 지대석이 없이 면석과 갑석만으로 만 이루어진 것을 말한다. 필자의 조어임을 밝혀둔다.

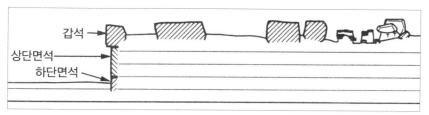

도면8 | 양주 회암사지 5단지 '라'건물지 결구기단

단의 면석으로 보는 것이 좀 더 타당하지 않을까 생각된다. 그런 점에서 보광전지 월대의 기단은 결구식 보다는 가구식이라는 표현이 좀 더 타당할 것으로 사료된다.

실제로 회암사지 5단지 '라'건물지에 조성된 기단을 보면 갑석 아래에 2단의 면석이 축석되어 있음을 볼 수 있다. 여기서 면석은 일자로 쌓여 있는데 이는 단면도(도면 8)[61]를 통해 확실히 살필 수 있다. 그리고 이러한 기단 형식(결구식)이 단면 구조상 보광전지 월대의 기단과 일견 차이가 있음도 분명하게 확인할 수 있다.

따라서 기단 형식은 기단에 사용된 부재, 즉 지대석이나 지복석, 혹은 면석에 대한 성격 파악이 완료된 후에 분류함이 타당할 것이라 판단된다. 요컨대 갑석 아래의 모든 장대석에 대해 축석 상태를 고려하지 않고 전부 면석으로 부르는 것은 지양하여야 할 것으로 생각된다.

갑석과 면석으로 만 축석된 결구기단은 고려 후기의 수덕사 대웅전(사진 33)[62]을 비롯해 조선시기 종묘 정전(사진 34)[63] 및 왕릉 정자각(사진 35)[64] 등에서 종종 확인할 수 있다. 주로 집권층의 목조건축물에 사용되었다는 점에

---

61) 경기도 외, 2009, 『檜巖寺Ⅲ 5·6단지 발굴조사 보고서 -본문-』, 78쪽 그림 34.
62) 필자 사진.
63) 필자 사진.
64) 필자 사진.

사진33 | 예산 수덕사 대웅전 결구기단　　사진34 | 서울 종묘 정전 결구기단

사진35 | 남양주시 사릉 정자각 결구기단

서 가구기단과 격의 차이가 없었던 것으로 생각된다.

　이와 같은 기단에서의 구조적 차이는 결과적으로 고려 후기에 있어 가구기단과 함께 결구기단의 존재를 실증케 한다. 특히 결구기단은 고려시기의 경우 사찰의 주불전을 비롯한 부속시설, 그리고 조선시기의 종묘, 정자각 등 유교유적에 이르기까지 폭넓게 사용되었다. 현재까지도 고려 후기~조선시기의 기단 자료를 검토해보면 가구기단보다 오히려 결구기단이 더욱 유행하였음을 확인할 수 있다.

　고려 후기의 결구기단은 비록 삼국시기(사진 36)[65] 및 통일신라시기(도면

---

9)[66]의 그것과는 사용된 석재와 단면 형태 등에서 약간의 차이를 보일 수 있겠지만, 면석과 갑석이라는 구조적 측면에서는 동일한 형식임을 판단케 한다. 따라서 이의 기술적 계통은 삼국시기까지 소급해 보는 것이 타당할 것이라 생각된다.

사진 36 | 익산 미륵사지 동원금당지 하층 결구기단
(1단 면석+갑석)

이상으로 고려~조선시기의 숭선사계 가구기단을 면석을 중심으로 살펴보았다. 숭선사계 가구기단의 면석은 대체로 봉정사 극락전과 같이 상단 면석이 하단에 비해 높고, 규모가 큰 횡장석을 사용하여 축조하였음을 알 수 있다. 물론 예외적으로 종묘 정전 동·서

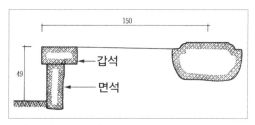
도면 9 | 경주 감은사지 강당지 서편 건물지 결구기단

익사와 같이 상하 면석의 높이 차이가 거의 드러나지 않는 것도 찾아볼 수 있다. 그리고 숭선사지 서회랑지 및 법주사 팔상전과 같이 上低下高의 면석 구조를 보이는 것도 간혹 확인할 수 있다.

하지만 고려~조선시기의 숭선사계 가구기단을 검토해 볼 때 上高下低의 면석 구조가 주류를 이루고 있었음은 건축고고학적으로 부인하기 어려울 듯싶다.

이상의 내용을 표로 살피면 다음과 같다.

면석과 갑석으로만 조합된 기단을 '가구식 간략기단'으로 부르기도 하나(金善基, 2012, 『益山 金馬渚의 百濟文化』, 서경문화사, 298~299쪽), 가구식이란 용어에 지대석과 면석, 갑석 등이 함축되어 있는 점, 그리고 구조적으로도 전혀 다른 형식의 기단이라는 점에서 '가구식 간략기단'이란 용어는 적합지 않아 보인다.

66) 國立慶州文化財研究所·慶州市, 1997, 『感恩寺 發掘調査報告書』, 104쪽 삽도 35.

표 1 | 숭선사계 가구기단의 시기적 면석 변화

유적명	고려			조선		면석 높이
	초기	전·중기	후기·말	전기	후기	
숭선사 동·서회랑지						上低下高
법천사지 부도전지 동·서건물지						上高下低
봉정사 극락전						上高下低
청평사 대웅전						上高下低
회암사지 보광전지 월대						上高下低 지복석 有
종묘 정전 좌우 익사						上=下
신륵사 극락보전						上高下低
법주사 팔상전						上低下高
통도사 영산전						上高下低
칠장사 대웅전						3단 면석 上低下高

2. 장식적인 변화

숭선사계 가구기단은 면석에서의 구조적 특성 외에 우주나 탱주에서의 장
식화도 엿볼 수 있다. 즉, 우주나 탱주에는 호형(半圓) 및 각형의 양각대를 세
로로 장식하고 있으며, 특히 이들
문양은 상단 면석에만 시문되어
있다는 특징을 가지고 있다.

사진37 | 양주 회암사지 보광전지 월대 기단 우주

숭선사계 가구기단 중 우주나
탱주에서의 양각대는 봉정사 극락
전에서 처음으로 확인된다. 우주
및 탱주로 사용된 부재는 별석으
로 세로가 긴 장방형67)의 형태를
취하고 있어, 橫長石68)으로 이루
어진 다른 면석과는 확연한 차이
를 보이고 있다. 우주는 정면뿐만
아니라 측면에도 호형의 양각대
가 시문되어 있으며, 정면은 중앙
의 기둥을 사이로 3조씩의 양각대
가 호형으로 치석되어 있다. 탱주
는 표면이 박리되어 자세한 문양
을 살필 수 없으나 우주에 비해 양
각대의 수가 상대적으로 많이 조
각되어 있음을 살필 수 있다.

사진38 | 양주 회암사지 보광전지 본전 상단
면석의 우주 문양 세부

이처럼 숭선사계 가구기단

---

67) 세로변이 가로변에 비해 긴 형태이다.

68) 세로보다 가로가 세장한 장대석 및 판석을 가리킨다.

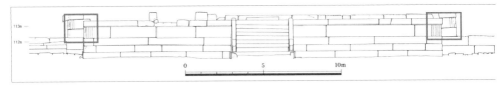

도면 10 | 양주 회암사지 보광전지 본전 및 월대 남면기단 입면도(□ 내부는 양각 종선대)

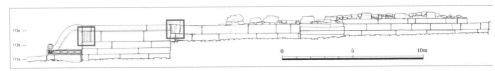

도면 11 | 양주 회암사지 보광전지 본전 및 월대 동면기단 입면도(□ 내부는 양각 종선대)

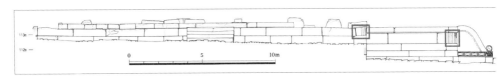

도면 12 | 양주 회암사지 보광전지 본전 및 월대 서면기단 입면도(□ 내부는 양각 종선대)

중 우주와 탱주를 모두 살필 수 있는 유구로는 봉정사 극락전이 거의 유일하다. 반면에 우주만 시설된 경우는 회암사지 보광전지(사진 37·38, 도면 10~12)[69] 및 종묘 정전 동·서 익사 등에서도 살펴지고 있어 고려 후기의 건축기술이 많진 않지만 조선 초기까지 충실하게 반영되었음을 확인할 수 있다.

이들 사례를 간략히 검토하면, 먼저 회암사지 보광전지의 월대 기단은 본전과 마찬가지로 면석이 2단 구조를 이루고 있다. 여기서 우주는 상단의 면석에만 시문되어 있어 봉정사 극락전과 친연성을 보이고 있다. 그러나 봉정사 극락전의 경우 우주가 소형의 별석으로 조성된 반면, 보광전지의 본전 및 월대 기단은 橫長石으로 이루어져 있어 재료상의 차이가 엿보인다.

---

69) 필자 사진.
경기도 외, 2009, 『檜巖寺 Ⅲ 5·6단지 발굴조사 보고서 -본문-』, 31쪽 그림 7.

사진 39 | 서울 종묘 정전 동 익사 가구기단의 우주   사진 40 | 서울 종묘 정전 서 익사 가구기단의 우주

아울러 문양에 있어서도 봉정사 극락전은 호형의 세로 양각대가 일정한 간
격으로 치석되어 있는 반면, 보광전지의 것은 모서리에 크고 작은 겹우주와
선문이 결합되어 있어 시문상의 차이를 살피게 한다. 다만, 두 유구 모두 우주
의 끝단을 호형의 양각대로 치석한 점, 그리고 정·측면 모두에 조각이 이루어
졌다는 점에서 공통적 속성을 보여주고 있다.

우주에서의 장식은 이후 조선 초기로 추정되는 종묘 정전의 동(사진
39)[70]·서(사진 40)[71] 익사에서도 확인되고 있다. 우주는 회암사지 보광전지
월대 기단과 같이 세장방형의 장대석 끝단에 호형의 양각대로 시문해 놓았다.
종묘 정전의 익사가 불교유적이 아닌 표지적인 유교유적이라는 점에서 건축
기술의 회통을 엿볼 수 있다[72].

---

70) 필자 사진.

71) 필자 사진.

72) 조선의 개창에 큰 역할을 한 정도전의 경우 『佛氏雜辨』을 통해 불교의 폐단을 논하였
   다. 이는 억불숭유정책의 시발점으로서 이후 불교의 쇠퇴를 야기하였다. 이처럼 조선
   초기에는 불교의 폐해가 큰 문젯거리가 되었다. 그럼에도 불구하고 불교건축에 사용
   된 기단건축이 유교유적의 표지라 할 수 있는 종묘에 사용되었다는 사실은 하나의 큰

사진41 | 공주 마곡사 5층석탑 상층 기단 우주

사진42 | 공주 마곡사 5층석탑
상층 기단 우주 세부

사진43 | 여주 신륵사
보제존자석종 기단 우주

사진44 | 여주 신륵사 다층석탑 기단 우주

    한편, 이러한 호형의 양각대는 목조건축물의 가구기단 뿐만 아니라 고려시기의 탑파 및 승탑, 부도전 등의 기단에서도 찾아볼 수 있어 흥미롭다. 예컨대

사건이 아닐 수 없다(조원창, 2014, 「寺刹建築으로 본 架構基壇의 變遷 硏究」 『백제사원유적 탐색』, 360쪽).

마곡사 오층석탑(사진 41·42)[73]의 경우에는 상층기단 면석에서 호형으로 몰 딩 처리된 2조의 양각대[74]를 살필 수 있고, 이러한 문양은 신륵사 보제존자석 종(사진 43)[75] 및 다층전탑의 기단(사진 44)[76]에서도 확인되고 있다.

그리고 법천사지 부도전지 북건물지(도면 13, 사진 45·46)[77]의 탱주에서

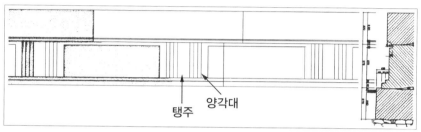

도면 13 | 법천사지 부도전지 북건물지 상층기단 탱주와 세로 양각대

사진 45 | 법천사지 부도전지 북건물지 탱주와 세로 양각대 1

사진 46 | 법천사지 부도전지 북건물지 탱주와 세로 양각대 2(탱주가 돌출되어 있음)

73) 필자 사진.

74) 이를 겹우주로 표현하기도 한다(박경식, 2014, 「마곡사 5층석탑에 관한 소고」 『마곡 사 5층석탑 상륜부의 금동보탑 −현황과 활용방안−』, 8쪽).

75) 필자 사진.

76) 필자 사진.

77) 새한建築文化硏究所, 1992, 『法泉寺址 石物實測 및 地表調査 報告書』, 原州郡, 42쪽 및 필자 사진.

사진 47 | 양주 회암사 무학대사 승탑 앞 석등
화사석 우주

사진 48 | 양산 통도사 대웅전 가구기단의 탱주

도 호형의 세로 양각대를 정
·측면의 상층기단에서 살필 수
있다. 이상의 유적들을 검토해
볼 때 대체로 이중기단의 경우
상층에 우주가 시문되어 있어
목조건축물의 기단과 유사한
배치 양상을 보여주고 있다.

아울러 조선 초기에 조성된
무학대사 승탑 앞 석등 화사석
(사진 47)[78])에서도 호형의 양
각대로 치석된 우주를 찾아볼
수 있다. 그러나 마곡사 5층석
탑이나 신륵사 보제존자석종
의 기단과 달리 우주가 1조로
만 이루어져 있어 조각상의 차
이를 보인다. 이는 우주 외에
선문이나 또 다른 우주가 시문
되어 있지 않다는 점에서 문양
의 단출함을 엿볼 수 있다. 특

히 비슷한 시기에 축조되었을 것으로 추정되는 종묘 정전의 동·서 익사와도
전혀 다른 문양 구성을 보여주고 있어 다양성이 확인된다. 양자에서 발견되는
이러한 문양상의 차이는 아마도 유적 성격에 따른 장인들의 기술적 차이로 이
해할 수 있을 것이다.

그런데 이들 유구에서 관찰되는 호형의 세로 양각대는 일찍이 통일신라기

---

78) 필자 사진.

사진 49 | 양산 통도사 극락보전 가구기단의 우주   **사진 50** | 양산 통도사 극락보전 가구기단의 탱주
(양각 종선대)   (양각 종선대)

의 통도사 대웅전(사진 48)[79] 및 극락보전(사진 49·50)[80] 등에서 그 모티브를 발견할 수 있어 주목된다. 문양은 우주와 탱주 모두에서 확인되는데, 가운데의 기둥을 중심으로 좌우에 각형의 양각대가 세로로 治石되어 있다. 문양이 반원상의 호형 몰딩이 아닌 각형이라는 점만 차이가 있을 뿐, 표현 기법에서는 거의 동일하여 통일신라기의 치석기술 전파를 파악케 한다.

이처럼 숭선사계 가구기단의 장식성은 봉정사 극락전과 같이 상단 면석에서만 확인되고 있다. 그리고 이러한 장식은 고려 후기의 불전 및 승탑, 부도전 등 다양한 유적에서 살펴지고 있다. 아울러 조선 초기에 이르러서는 불교유적이 아닌 종묘 정전의 동·서 익사에서도 우주의 장식을 확인할 수 있다. 따라서 이들 문양의 시기적 전파는 종교나 왕조를 초월한 고려(계) 장인들의 활약으로 이해할 수 있다.

이상의 우주 장식을 표로 살피면 다음과 같다.

---

79) 필자 사진.
80) 필자 사진.

표 2 | 숭선사계 가구기단의 우주 장식

유적명	고려			조선		비고
	초기	후기	말기	전기	후기	
봉정사 극락전						탱주에도 시문
회암사지 보광전지 본전(상) 및 월대(하)						
종묘 정전 좌우 익사						

3. 유구 성격의 변화

숭선사계 가구기단은 그 동안 주로 불교유적에서 확인되었다. 예컨대 숭선사지 서회랑지를 비롯해 법천사지 부도전지 동·서건물지, 봉정사 극락전, 회암사지 보광전지 월대, 통도사 영산전, 법주사 팔상전 및 대웅전, 신륵사 극락보전 등에서 찾아지고 있다. 그런데 여기서 중요한 사실은 초기의 숭선사계 가구기단이 회랑지에서 검출되었다는 사실이다. 반면에 이후의 기단은 대부분 극락전(극락보전)이나 영산전, 보광전, 대웅전 등과 같은 불전에서 확인되고 있다.

숭선사지 서회랑지의 기단은 상하 2단의 면석으로 축석된 가구기단인 반면, 금당지는 지복석을 갖춘 단층의 가구기단으로 조성되어 있다. 금당지의 가구기단에는 우주와 탱주가 조각되어 있어 그렇지 않은 서회랑지와는 格의 차이를 보여주고 있다. 이러한 기단 형식의 차이는 결과적으로 고려 전기까지만 하더라도 1매의 橫(縱)長石으로 이루어진 면석의 가구기단이 불전의 주요 기단으로 사용되었음을 확인케하는 것이라 할 수 있다.

그런데 고려 후기의 봉정사 극락전을 보면 불전에 숭선사계 가구기단이 조성되어 있음을 살필 수 있다. 이는 숭선사계 가구기단이 비로서 사찰의 주변시설이 아닌 중심 건물에 조성되었음을 의미하는 것으로 볼 수 있다. 이는 조선시기 이후까지 숭선사계 가구기단이 불전 이외의 다른 회랑지나 중문지, 승방지 등에서 거의 검출되지 않는 것으로 보아 불전의 중심 기단으로 인식되었음을 판단할 수 있다.

아울러 숭선사계 가구기단은 사찰의 기단뿐만 아니라 유교유적인 종묘에서도 찾아볼 수 있다. 정전은 수덕사 및 부석사 조사당과 같은 결구기단으로 축조되었으나 좌·우 익사의 경우는 숭선사계 가구기단으로 조성되어 있다.

조선시기 종묘는 선왕들에 대한 제의를 행하던 곳으로서 이곳에 불교건축에서 유행하던 기단 형식이 채용되었다는 사실은 언뜻 이해하기 어렵다. 이는 조선 초기 불교에 대한 집권층의 척불사상을 통해서도 충분히 인지할 수 있다.

그럼에도 불구하고 조선 사직의 상징물에 해당하는 종묘 정전에 불교건축에서 유행하던 숭선사계 가구기단이 조성되었다는 사실은 고려의 조사공들이 조선 초기에도 왕조와 무관하게 그들의 기술력을 충분히 발휘하였기 때문인 것으로 이해할 수 있다.

이렇게 볼 때 숭선사계 가구기단은 조선시기에 들어 불교건축뿐만 아니라 종묘와 같은 유교건축에도 활용되었고, 아울러 결구기단과 함께 조선시기의 건축기단에 폭 넓게 조성되었음을 확인할 수 있다.

Ⅳ. 맺음말

지대석과 면석, 갑석 등으로 조합된 가구기단은 삼국시기 이후 조선시기에 이르기까지 다양한 유구에 조성되었다. 가구기단은 주로 사원의 당탑에 축조되었으나 일부 강당지 및 회랑지 등에서도 찾아볼 수 있다. 아울러 조선시기의 대표적 의례유적인 종묘 정전에서도 살필 수 있어 불교유적 뿐만 아니라 유교유적에도 축조되었음을 확인할 수 있다.

가구기단에서의 면석은 삼국시기 이후 대체로 1매의 횡판석을 사용하고 있다. 물론 경주 사천왕사지 동·서 탑지 및 합천 죽죽리사지 금당지에서와 같이 일부 전돌을 사용하는 경우도 있으나 이는 특수한 사례로 이해할 수 있다.

고려시기에 접어들면 가구기단의 면석은 큰 변화를 겪게 되는데, 바로 충주 숭선사지 서회랑지에서 찾아볼 수 있다. 이 유구의 면석은 상하 2단의 횡판석(장대석)으로 축조되어 있어 이전 시기의 가구기단 면석과는 구조적 측면에서 확연한 차이를 보여주고 있다. 따라서 본고에서는 이러한 가구기단 형식을 "숭선사계 가구기단"으로 부르게 되었다.

숭선사계 가구기단은 이후 법천사지 부도전지 동·서 건물지 및 청평사 대웅전, 봉정사 극락전, 회암사지 보광전지 등 고려시기 유적에서 일부 확인되고 있다. 그런데 면석을 구성하는 상·하단의 석재가 숭선사지 서회랑지를 제외한 대부분의 유구에서 상고하저의 시기적 특성을 보여주고 있어 축조기법의 차이를 파악할 수 있다.

아울러 고려 후기에 조성된 봉정사 극락전을 보면 상단 면석의 우주와 탱주에 별도의 종선문이 시문되었음을 살필 수 있다. 그런데 이러한 면석에서의 조각은 일찍이 통도사 극락보전 및 대웅전에서도 찾아지고 있어 그 기술이 통일신라시기부터 전파되었음을 확인할 수 있다. 그리고 고려 말기의 회암사지 보광전지 및 조선 초기의 종묘 정전유적 등에서도 살펴지고 있어 면석에서의 종선문 조각은 적어도 조선 초기까지 그 맥이 이어져 내려왔음을 파악해 볼 수 있다.

조선시기의 숭선사계 가구기단은 전술한 종묘 정전 외에 신륵사 극락보전, 법주사 팔상전, 통도사 영산전 등에서도 확인할 수 있다. 법주사 팔상전을 제외한 나머지 유적의 가구기단이 상고하저의 면석 구조를 보이고 있어 전자와 구조적 차이를 실견케 한다. 다만, 법주사 팔상전의 경우도 고려 초기 숭선사지 회랑지와 같은 횡판석이 아닌 장대석이라는 점에서 석재상의 차이를 엿볼 수 있다.

숭선사계 가구기단은 고려 초기의 경우 사찰의 외곽 시설인 회랑에 축조되었으나 점차 대웅전, 극락전, 보광전, 팔상전, 영산전 등 고려~조선시기의 주요 당탑 기단으로 활용되어 기단의 위상 변화도 살필 수 있다.

향후 발굴조사의 증가에 따라 더욱 다양한 형식의 "숭선사계 가구기단"이 출현할 것으로 생각된다. 이는 안성 칠장사 대웅전에서와 같은 3단 면석의 존재 및 부석사 조사당, 수덕사 대웅전과 같은 결구기단의 사례를 통해서도 유추해 볼 수 있다.

아울러 고려 불교유적의 주요 기단 형식이 조선시기의 정통 유교유적인 종묘에 사용되었다는 점에서 고려 건축기술의 우수성을 확인할 수 있고, 한편으로 사지가 아닌 다른 성격의 유구에서도 "숭선사계 가구기단"이 출현될 가능성이 얼마든지 있음을 판단할 수 있다.

法泉寺 浮屠殿의 圈域 性格과
築造技法 特性

I. 머리말

법천사는 고려 국사 海麟[1]의 下山所[2]이면서 그의 승탑[3]과 탑비가 조성된
곳이다. 특히 탑비가 건립되어 있는 浮屠殿址[4](사진 1)[5]에 대해서는 1965년

---

1) 해린은 구족계를 받은 이후 "大德", "大師", "三重大師", "僧統" 등의 지위를 거쳐 문
   종 10년(1056) 11월 11일 73세에 "王師"로 추대되었다. 그리고 2년 후인 1058년 5
   월 19일 "國師"에 봉해져 법상종의 중심인물이 되었다. 문종 21년(1067)에 법천사로
   하산하였고, 3년 후인 1070년 세수 87세, 승랍 72세로 입적하였다. 탑비는 선종 2년
   (1085) 8월에 건립되었다.
2) 고려시기 국사·왕사 및 하산소와의 관계는 다음의 논고를 참조.
   韓基汶, 1991, 「高麗 歷代 國師·王師의 下山所의 存在樣相과 그 機能」『歷史敎育論
   集』제16집 ; 박만홍·김왕직, 2007, 「浮屠殿 형성 및 변화에 관한 연구」『大韓建築學
   會論文集 計劃系』제23권 제10호(통권228호).
3) 이는 현재 서울 국립고궁박물관의 야외에 전시되어 있다.
4) 법천사지 부도전지는 달리 塔碑殿址(새한建築文化硏究所, 1992, 『法泉寺址 石物實
   測 및 地表調査 報告書』, 原州郡, 22쪽 ; 국립문화재연구소, 2013, 『한국 고대건축의
   기단II 경기·강원·충북·충남·전북·전남 편』, 59쪽)나 현묘탑원(황나영, 2010, 「법
   천사 지광국사 현묘탑원 연구」, 서울대학교 대학원 고고미술사학과 석사학위논문),
   승탑원(홍대한, 2015, 「法泉寺 智光國師玄妙塔과 塔碑 硏究」『동아시아문화연구』제
   60집) 등으로 불리고 있다.

사진 1 | 법천사지 부도전지 전경

2월 6일부터 장한건설주식회사와 김동현에 의해 부분적으로 발굴조사 및 정비가 이루어졌다6).

    1992년도에는 부도전지를 비롯한 강당지와 당간지주, 민가 등 주변 지역까지 확대하여 정밀 지표조사가 실시되었다7). 이러한 정밀조사를 바탕으로

이에 본고에서는 지광국사현묘탑과 탑비를 중심으로 한 독립된 건축군에 대해 부도전이란 용어를 사용하고자 한다. 탑전과 비전(비각)은 승탑과 탑비를 봉안하는 건축물로 이해되고, 승탑원은 요즘 사원에서 승탑들을 모아 놓은 장소로 사용되고 있어 용어상의 혼란이 따르고 있다. 따라서 선행 논고와 발굴보고서의 내용에 의거 부도전이란 용어를 사용하도록 하겠다.

朴萬洪, 2007,「高麗 浮屠殿 形成과 建築變遷에 관한 硏究」, 명지대학교 석사학위논문 ; 江原文化財硏究所·原州市, 2009,『原州 法泉寺I –第 I區域 發掘調査 報告書–』.

5) 필자 사진.

6) 동년 2월 28일까지 실시되었다(考古美術同人會, 1966,「高麗法泉寺 智光國師 塔碑 殿址調査槪要」『考古美術資料』第11輯). 이 조사에서는 지광국사현묘탑의 위치를 찾지 못하였다.

7) 새한建築文化硏究所, 1992,『法泉寺址 石物實測 및 地表調査 報告書』.

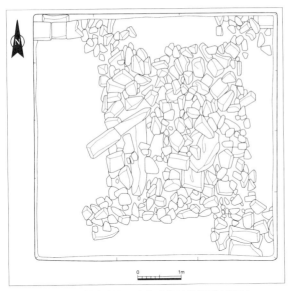

도면 1 | 법천사지 부도전지 지광국사현묘탑 기초부

2001년부터 사지에 대한 시굴 및 발굴조사가 2015년 11월 현재까지 계속적으로 진행되고 있다[8].

발굴조사 결과 탑비의 서쪽에서 지광국사현묘탑(국보 제101호)이 놓였던 기초부가 검출되었고 (도면 1)[9], 탑비 남쪽의 동–서 장축 축대(석축 1호) 중앙에서는 선축된 계단지가 확인되었다. 아울러 사역 내에서는 초석을 비롯한 장대석 등이 여러 곳에서 검출되었다. 또한 부도전지의 외곽 구릉에서는 담장으로 보이는 유구가 조사되기도 하였다.

고려시기 법천사는 법상종의 사찰로서 대표적인 교종 사찰이었다[10]. 이에 따라 국왕 및 귀족들의 경제적 후원 또한 적지 않았을 것으로 생각된다. 특히 법천사가 해린의 하산소이면서 입적한 장소가 되자 이곳에는 그의 사후 별도의 부도전이 만들어지게 되었다.

물론 해린이 주석하기 이전부터 법천사는 그 사맥이 유지되고 있었다. 이는 사지에서 수습되는 나말여초기의 건물지와 토기 등을 통해 확인할 수 있다. 따라서 최근에 발굴조사가 실시된 I지역은 기존의 사역이었을 뿐만 아니라 해

8) 법천사지 부도전지 아래의 평지에 대해 발굴조사가 진행되고 있다. 금당지를 비롯한 쌍탑지가 조사되었다고 한다.

9) 江原文化財研究所·原州市, 2009, 『原州 法泉寺I 第 I區域 發掘調査 報告書』, 55쪽 도면 12.

10) 金南允, 1996, 「高麗 前期의 法相宗과 海麟」『江原佛教史研究』, 小花, 124~130쪽.

린의 입적과 더불어 새로운 부도전이 축조된 곳으로도 이해할 수 있다.

이렇게 볼 때 법천사의 창건은 큰 이견 없이 통일신라기까지 소급될 수 있을 것이라 생각되고, 사역의 범위는 당간지주의 위치로 보아 남쪽 방향으로 상당 부분 확장되었음을 추정할 수 있다.

법천사지는 아직까지 전체 범위에 대한 발굴조사가 진행되지 않아 유구 현황이 완벽하게 밝혀지진 않았다. 다만, 최근 발굴조사가 완료된 I구역에 한정해 보면 층단식의 4개 단지로 구획되어 있음을 확인할 수 있다.

이 중에서 지광국사현묘탑비가 위치한 곳이 I단지(부도전지)로 명명되었고, 남쪽으로 형성된 각각의 대지는 2~4단지로 부르게 되었다[11]. 이러한 명칭 부여는 문헌 고증이나 역사고고학적 검토를 거친 것이 아닌 조사 과정상의 편의로 붙여진 것이기에 단지별 유구의 성격은 확실히 알 수 없다.

또한 지광국사가 입적하면서 조성된 부도전의 권역에 대해서도 아직까지 분명하게 규명되지 않았다. 지금은 석축 1호에 조성된 승탑과 탑비, 그리고 북·동·서건물지 만을 부도전지[12]로 부르고 있으나 이와 축조기법상 유사한 건물지[13]들이 석축 1호 남쪽에도 배치되어 있어 부도전지의 권역 확대를 유추케 하고 있다.

이는 승탑의 남쪽으로서 별도 조성되어 있는 남동·남서건물지가 법천사지 (11세기 후반) 뿐만 아니라 선축된 북한산 삼천사지(11세기 전반) 및 후축된

---

11) 사지 발굴과 관련된 단지 설정은 고달사지 및 회암사지, 혜음원지 등의 보고서에서도 찾아볼 수 있다. 이는 축대와 관련된 성토 대지 및 이곳에 조성된 건물지를 하나의 단지로 살펴본 것이다.

12) 지광국사현묘탑비를 중심으로 한 북·동·서건물지 만을 한정해 황나영은 현묘탑원 (2010, 「법천사 지광국사 현묘탑원 연구」, 서울대학교 대학원 고고미술사학과 석사학위논문), 홍대한은 승탑원(2015, 「法泉寺 智光國師玄妙塔과 塔碑 硏究」『동아시아문화연구』 제60집, 76쪽)으로 부르고 있다. 이 권역은 필자가 설정한 부도전의 상·하전 중 상전에 해당되는 범위이다.

13) 이는 후술할 남동·남서건물지를 가리킨다.

개성 영통사지(12세기 초반) 등에서도 검출되고 있다는 점에서 이들 건물지 역시 부도전의 또 다른 권역임을 확신케 하고 있다.

이러한 권역의 재검토와 개별 건물지의 성격 규명은 고려시기 부도전[14]의 의미를 조금이나마 밝혀줄 수 있다는 점에서 커다란 의의가 있을 듯싶다. 아울러 향후 발굴조사가 이루어질 고려시기 여타 사원의 부도전을 검토하는데 있어서도 하나의 참고자료가 될 것이라 생각된다.

따라서 본고에서는 바로 이러한 부도전의 의미를 살펴보는데 일차적 의미를 두었다. 이를 위해 법천사지 발굴조사 보고서에 서술된 건물지들을 부분적으로 재검토하여 부도전의 권역을 재설정해 보고자 한다. 그리고 부도전을 구성하는 건물지의 성격과 이들의 건축기법을 검토하여 장엄성과 장식성에 대해서도 추출해 보도록 하겠다.

II. 법천사 부도전의 권역 설정과 건물의 성격

1. 법천사 부도전의 권역 설정

부도전지는 법천사지의 사역 중 가장 높은 곳인 1 · 2단지에 조성되어 있다[15]. 이 중 1단지에는 지광국사현묘탑비와 탑지를 중심으로 북 · 동 · 서건물지 등이 자리하고 있다(도면 2)[16]. 세 동의 건물지 후면으로는 凸자 형태의 축대

---

14) 이의 용도는 봉향과 부도를 수호하기 목적으로 이해되고 있다(박만홍 · 김왕직, 2007, 「浮屠殿 형성 및 변화에 관한 연구」 『大韓建築學會論文集 計劃系』 제23권 제10호(통권228호), 112쪽).

15) 발굴조사 보고서에서의 부도전지는 1단지(현묘탑과 탑비, 동 · 서 · 북건물지)만을 의미하고 있다. 따라서 도면 2의 부도전지는 필자의 견해에 의한 것이다.

16) 江原文化財硏究所 · 原州市, 2009, 『原州 法泉寺I 第 I區域 發掘調査 報告書』, 51쪽 도면 10 중.

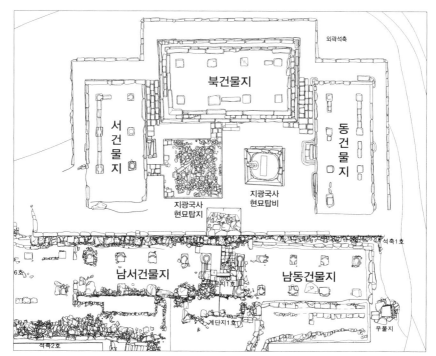

도면 2 | 법천사지 부도전지의 유구 배치

가 마련되어 있다.

승탑과 탑비, 세 동의 건물지가 입지하고 있는 성토대지는 육안상 석축 1호
와 관련되어 있다. 그러나 이는 여말선초기에 축조되어 지광국사현묘탑과 탑
비와는 직접적인 관련성이 없음을 알 수 있다. 다만, 석축 1호 내부에서 계단
석과 함께 1열의 석축열이 검출되어 승탑 및 탑비와 동 시기의 축대로 파악할
수 있다[17].

이렇게 볼 때 초축기의 석축은 승탑과 탑비, 세 동의 건물지가 완공되기 이
전에 이미 조성되었음을 알 수 있다. 그리고 승탑 및 탑비의 지대석 부분까지

---

17) 이들과 관련된 발굴 자료는 다음의 보고서를 참조하였다.
　　江原文化財研究所·原州市, 2009, 『原州 法泉寺I 第 I區域 發掘調査 報告書』.

대지가 형성되었음을 볼 때 그 높이는 여말선초기의 현 석축 1호와 비교해 큰 차이가 없었을 것으로 생각된다.

초축기의 석축이 완공되고, 대지가 조성되면서 지광국사현묘탑 및 탑비, 북·동·남 건물지 등도 순차적인 축조가 이루어졌을 것으로 판단된다. 아울러 발굴보고서에 따르면 남동(건물지 4호)·남서건물지(건물지 5호)뿐만 아니라 남서건물지 서쪽의 건물지 6호도 동 시기에 조성된 것으로 기술되어 있다.

이렇게 볼 때 초축기의 석축을 중심으로 상하 대지에 모두 6동의 건물이 배치되었음을 확인할 수 있다[18]. 더욱이 남동·남서건물지의 초석이 여느 건물지와 달리 상면이 치석된 고맥이 초석을 사용하였다는 점에서 석축 상단의 북·동·남건물지와 친연성이 있음을 살필 수 있다.

그런데 보고서에서 언급한 남서건물지(건물지 5호)와 건물지 6호(도면 3)[19]의 동시 축조는 층위상 다르게 해석할 수 있어 이를 상술해 보고자 한다.

문지 1호 서쪽에 위치한 남서건물지(건물지 5호)는 정면 3칸, 측면 1칸으

도면 3 | 법천사지 부도전지 남서건물지(건물지 5호)와 건물지 6호의 배치 상태

---

18) 이런 점에서 석축상에 조성된 승탑과 탑비 및 세 동의 건물지 구역은 上殿 구역, 석축 아래(남쪽)는 下殿 구역으로 부를 수 있다.

19) 江原文化財研究所·原州市, 2009, 『原州 法泉寺I 第 I區域 發掘調查 報告書』, 51쪽 도면 10 중.

로 남면과 서면의 기단석이 거의 대부분 잔존하고 있다. 기단석 내부에는 초석 및 적심석이 자리하고 있으며, 초석 하부가 당시의 구지표면임을 추정케 한다.

이에 반해 서쪽에 인접한 건물지 6호는 대부분의 기단석이 멸실되어 정확한 축조양상을 파악하기가 쉽지 않다. 후열의 방(장방)형 초석 3매가 원위치에 남아 있는 것으로 보아 구지표면은 잔존해 있음을 알 수 있다.

남서건물지와 건물지 6호의 중복관계(도면 4)[20]는 후자의 동면기단석이 남아 있지 않는 것을 통해 확인할 수 있다. 반면, 남서건물지의 서면기단석은 남북 장축으로 확연하게 남아 있음을 볼 수 있다.

초석건물은 일반적으로 기단토 내에 적심시설 및 초석이 안치되고, 기단토의 止土施設[21]로서 기단이 조성되고 있다. 그런데 건물지 6호의 후열 동단 초석을 보면 남서건물지의 서면기단과 바로 인접해 있음을 볼 수 있다. 이러한 유구 배치는 결과적으로 두 건물 처마의 상하 중복을 의미하게 된다. 따라서 남서건물지와 건물지 6호의 평면 배치는 선후차가 있는 중복 유구로 밖에는 이해할 수 없다. 이러한 양자의 중복관계는 건물지 6호 후열의 초석과 남서건물지의 초석 배치 및 건물지 6호의 내

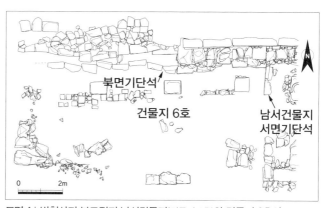

도면 4 | 법천사지 부도전지 남서건물지(건물지 5호)와 건물지 6호의 중복 상태

20) 江原文化財研究所·原州市, 2009, 『原州 法泉寺I 第 I區域 發掘調査 報告書』, 77쪽 도면 29.
21) 조원창, 2012, 『기와건물지의 조사와 해석』, 서경문화사, 71쪽.

부시설을 통해서도 확인할 수 있다.

만약 보고서의 내용대로 남서건물지와 건물지 6호가 동 시기에 조성되었다면 굳이 남서건물지의 서면기단석을 축조할 이유가 없다. 두 건물지를 포함하는 4면에 기단석이 조성되어 있기 때문에 굳이 내부에 별도의 기단석을 놓을 필요가 없기 때문이다. 이는 정면 6칸, 측면 1칸이라는 건물 규모가 그리 크지 않다는 점에서도 충분히 인지할 수 있다. 요컨대 두 건물지 사이에 남서건물지의 서면기단석을 축조하였다는 것은 양자 건물의 축조에 시기차가 있었음을 의미하는 것으로 이해할 수 있다.

그렇다면 두 건물지 중 어떤 것이 선축되었을까? 필자는 이에 대해 건물지 6호가 선축되었을 것으로 판단하고 있다. 왜냐하면 전술하였듯이 기단석은 기단토의 止土施設이기 때문에 각 건물지마다 조성되어 있기 마련이다. 그런데 건물지 6호의 경우 동면기단석이 전혀 남아있지 않은 반면, 남서건물지의 서면기단석은 양호하게 남아 있다. 이러한 잔존 양상은 결과적으로 남서건물지의 서면기단석을 축조하는 과정에서 건물지 6호의 동면기단석이 멸실되었음을 의미한다.

한편, 석축 아래의 여러 건물지 중 남동건물지와 남서건물지 만을 동 시기로 분류하는 것은 건물 배치의 균형적 측면에서도 충분히 고려할 수 있다. 즉, 승탑과 탑비를 중심으로 북건물지와 이의 좌우에 동·서건물지를 배치한 점은 마치 문지 1호를 사이에 두고 남동건물지와 남서건물지가 배치한 것과 동일하다고 볼 수 있다.

예컨대 11세기 전반에 조성된 북한산 삼천사지 부도전지의 경우도 하전의 문지를 사이에 두고 이의 좌우에 정면 3칸, 측면 1칸의 건물지가 각각 배치되어 있다(도면 5)[22]. 중정과 이들 건물지 간에 레벨 차이만 두었을 뿐, 법천사지 부도전지와 같은 건물 배치를 보여주고 있다.

----

22) 서울역사박물관, 2011, 『북한산 삼천사지 발굴조사보고서』, 그림 10.

도면 5 | 서울 북한산 삼천사지 부도전지 평면도

　다만, 문지와 탑비가 위치하고 있는 중정 사이에 계단과 배수구가 시설되어 있어 법천사지 부도전지와 세부적 차이를 확인할 수 있다. 특히 삼천사지 부도전지에서 주목되는 것이 바로 배수구인데 필자는 이것이 상전(신계)와 하전(속계)을 구분 짓는 상징적인 건축물로 이해되고 있다[23]. 이러한 배수구는 마치 조선시기의 왕궁에서 볼 수 있는 禁川과 같은 성격으로도 추정할 수 있을

---

23) 기능적으로는 물론 물을 배수하기 위한 시설물로 파악할 수 있다.

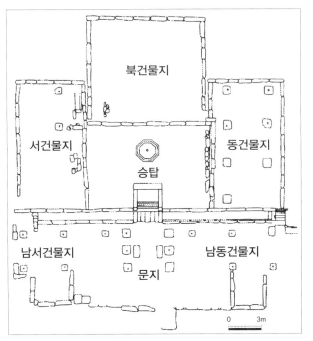

도면6 | 개성 영통사지 부도전지 평면도

것이다.

아울러 법천사 부도
전보다 후대에 축조된
개성 영통사 부도전의
경우도 상전(신계)과
하전(속계)으로 구분
되어 있고, 하전의 문
지 좌우에 남동건물지
와 남서건물지가 각각
배치되어 있음을 살필
수 있다(도면 6)[24].
그리고 상전과 하전
사이에는 축대로 보이
는 석축물이 좌우로
길게 뻗어 있음을 볼 수 있다. 여기서 축대는 법천사 부도전에서와 같이 상전
과 하전을 구분 짓는 영적인 경계로 파악되고 있다.

이처럼 법천사지 부도전지의 남동·남서건물지는 하나의 부속건물로서 삼
천사지 및 영통사지에서도 확연하게 살펴지고 있다. 그리고 세 부도전의 사례
로 보아 고려시기에는 부도전의 입지 및 건물의 평면 배치, 개별 건물의 칸수,
문지[25] 등의 구성 요소까지도 법식에 맞게 정형화되었음을 확인할 수 있다.

---

24) 황나영, 2010, 「법천사 지광국사 현묘탑원 연구」, 서울대학교 대학원 고고미술사학
과 석사학위논문, 107쪽 도 31 재인용. 도면에 기술된 건물명은 필자가 방향에 따라
임의로 붙인 것임.

25) 하전(남동·남서건물지)에서 상전(승탑 및 탑비, 북·동·서건물지)으로 진입하기 위
해서는 평면 구조상 반드시 문을 통과하여야만 가능하였다. 이는 한편으로 남동건물
지 및 남서건물지의 경우 남벽에만 문이 시설되고, 나머지 벽은 모두 막혀있음을 의미
한다.

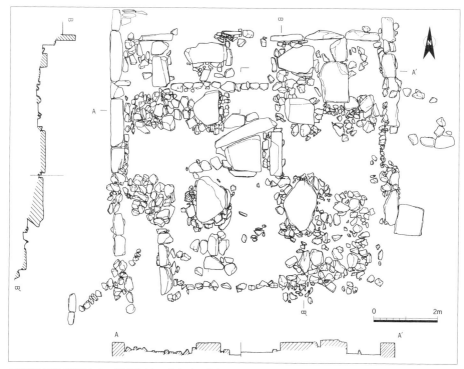

도면 7 | 광양 옥룡사지 도선국사 부도전지 평·단면도

　한편, 고려 전기의 부도전지로 알려진 광양 옥룡사지 '부도전 A'의 경우는
전술한 건물 배치와 이질적인 면이 있어 소개해 보고자 한다26). 이 건물지(도
면 7)27)는 정·측면 3칸으로 내부 중심부에 인골(도선국사 추정)이 안치된 석
관이 석곽 내부에 자리하고 있다(사진 2·도면 8)28). 석관 위로는 승탑의 지

26) 이의 내용은 아래의 자료를 참조하였다.
　　崔仁善, 1997,「光陽 玉龍寺 先覺國師 道詵의 浮屠殿址와 石棺」『蕉雨 黃壽永博士 八
　　旬頌祝紀念論叢』, 韓國文化史學會 ; 光陽市·順天大學校博物館, 2006,『光陽 玉龍寺
　　址 Ⅱ-塔碑殿址 發掘調査-』.
27) 崔仁善, 1997,「光陽 玉龍寺 先覺國師 道詵의 浮屠殿址와 石棺」『蕉雨 黃壽永博士 八
　　旬頌祝紀念論叢』, 395쪽 도면 1.
28) 光陽市·順天大學校博物館, 2006,『光陽 玉龍寺址 Ⅱ-塔碑殿址 發掘調査-』, 4쪽 원색

사진 2 | 광양 옥룡사지 도선국사 부도전지 내부의 석곽과 석관

대석과 하대석으로 보이는 석재들이 일부 남아 있다.

　부도전지는 3시기에 걸쳐 변천되었으며, 초창기인 통일신라기의 유구로는 기단 면석이 일부 잔존하고 있다. 중창은 고려 전기에 이루어졌으며, 이때의 평면은 정·측면 3칸으로 조성되었다. 적심석의 간격으로 보아 정면 어칸은 300cm, 좌우 협칸은 180cm로 계측되었다. 그리고 마지막으로 조선 후기의 부도전은 정·측면 1칸으로 축소되었고, 1878년 폐기된 것

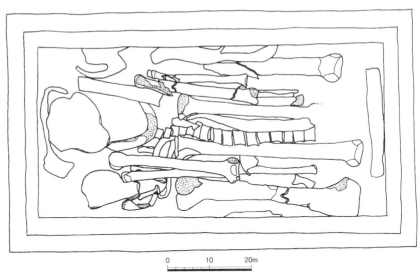

　　　　0　　　10　　　20m

도면8 | 광양 옥룡사지 도선국사 부도전지 석관 내부의 인골 평면도

사진 4 ; 崔仁善, 1997, 「光陽 玉龍寺 先覺國師 道詵의 浮屠殿址와 石棺」『蕉雨 黃壽永博士 八旬頌祝紀念論叢』, 399쪽 도면 5.

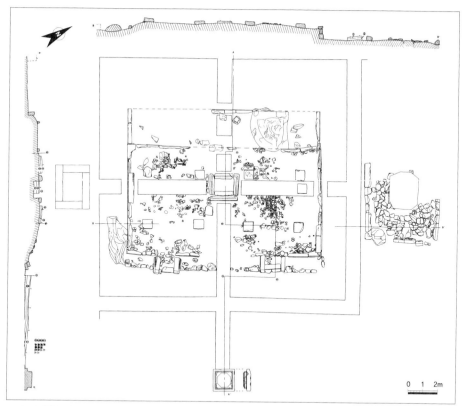

도면 9 | 합천 영암사지 영당지

으로 추정되었다.

　이상으로 보아 통일신라기에는 원주 법천사지와 같이 승탑 내부에 사리를 안치한 것이 아닌 이차장된 인골을 지하에 별도 봉안하였음을 알 수 있다. 그리고 석관 상면에 조성된 승탑을 보호하기 위해 별도의 건물29)이 축조되었음을 확인할 수 있다.

　이처럼 한 동의 건물 규모가 정·측면 3칸으로 조영됨으로서 삼천사지나 법천사지, 영통사지의 건물에 비해 크고 웅장하게 조성되었음을 살필 수 있다.

---

29) 이 건물의 명칭에 대해 발굴보고자의 경우 부도전으로 기술하고 있다.

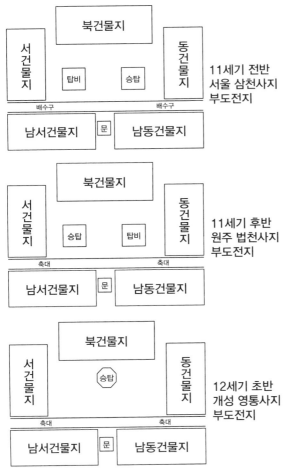

11세기 전반
서울 삼천사지
부도전지

11세기 후반
원주 법천사지
부도전지

12세기 초반
개성 영통사지
부도전지

도면 10 | 삼천사지, 법천사지, 영통사지의 부도전지 건물 배치

이는 아마도 통일신라기의 경우 부도전 건물 한 동으로 승탑 및 영정, 그리고 승탑 주인공의 유품들을 모두 안치하였던 것이 아닌가 생각된다. 아울러 이러한 건물 배치는 합천 영암사지30)의 사례로 보아 고려 전기 무렵 부도전의 또 다른 형식으로 자리잡고 있음을 인식할 수 있다.

그런데 11~12세기에 삼천사지나 법천사지, 영통사지와 같은 부도전의 건물 배치가 정형화되었음을 볼 때 고려시기의 부도전은 일정기간 다양한 형식

---

30) 고려 전기의 영당지는 합천 영암사지에서도 찾아볼 수 있다(도면 9, 東亞大學校博物館, 1985, 『陜川 靈巖寺址 Ⅰ』, 77쪽 도면 15). 정면 3칸, 측면 1칸으로 조성된 건물지는 서금당지로 불리고 있으나 가구기단 및 건물지 좌우의 탑비로 보아 영당지로 추정할 수 있다. 건물지 내부에 지대석 등이 잔존해 있는 것으로 보아 이곳에는 불상이 아닌 승탑이 위치해 있었음을 판단할 수 있다. 이에 대해서는 향후 별고를 진행하고자 한다.

으로 전개되었음을 확인할 수 있다. 그리고 이러한 건물 배치의 다양성은 당시의 사상이나 외래 문화의 영향이 적지 않았을 것으로 생각된다.

이들 내용을 참조하여 각 사지 부도전지의 건물 배치를 살피면 <도면 10>과 같다[31].

2. 상전과 하전의 건물 성격

이상의 내용으로 볼 때 법천사 부도전은 지광국사현묘탑 및 탑비를 중심으로 한 북·동·서건물지의 上殿 구역과 석축 1호 남쪽의 남동·남서건물지를 중심으로 한 下殿 구역으로 구분할 수 있다[32].

그렇다면 동 시기의 축대를 중심으로 배치된 상·하전 구역의 건물은 각각 어떠한 목적으로 축조되었을까? 건물지의 조성 위치뿐만 아니라 기단 건축의 형식에 있어서도 차이를 보이고 있다는 점에서 건축 용도의 차이를 유추할 수 있다.

먼저 上殿 구역을 살펴보면 이곳에는 중정에 지광국사현묘탑과 탑비가 자리하고 있다. 그리고 이를 중심으로 북·동·서건물지가 각각 자리하고 있다. 북건물지의 장축은 동–서 방향으로 출입구는 남쪽에 시설되어 있다.

이에 반해 동·서건물지는 남-북을 장축으로 출입구는 각기 승탑과 탑비를 바라보고 있다. 즉, 동건물지의 경우는 출입구가 서쪽 중앙에 자리하고 있고, 서건물지는 동쪽 중앙에 시설되어 있다. 건물의 배치와 출입구만을 놓고 볼

---

31) 이는 필자가 스케일 등을 고려하지 않고 건물 배치만을 고려하여 임의로 작성한 것이다.
32) 승탑과 탑비를 중심으로 북건물지와 동·서건물지가 배치된 사례는 11세기 중반의 북한산 삼천사지에서 먼저 등장하고 있다. 법천사 부도전은 조성 시기로 보아 삼천사 부도전과 친연적 관계에 있었음을 유추해 볼 수 있다. 다만, 삼천사지 남행랑의 경우 좌전 및 우전과 동일 레벨에 위치하고 있어 법천사와 건물 배치상 큰 차이가 있음을 살필 수 있다.

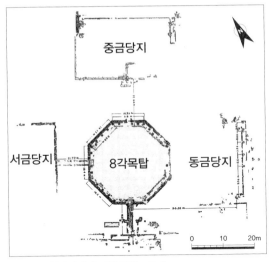

도면 11 | 청암리사지 가람배치(고구려)

때 고구려사지의 1탑3
금당 배치(도면 11)[33]
를 연상시키고 있다.

지광국사현묘탑과 탑
비의 경우는 그 성격이
분명하기에 여기에서는
이들 유구를 둘러쌓고
있는 북·동·서건물지
를 중심으로 그 성격을
살펴보고자 한다.

북건물지(도면 12)[34]
는 세 동의 건물지 중 규

모가 가장 크며, 지광국사현묘탑과 탑비를 정면에 두고 있다. 초석의 후열 동쪽
에서 고맥이(信枋石) 일부가 시설된 것으로 보아 벽체가 시설되었음을 알 수 있
다. 정면 중앙에는 석계가 마련되어 있으나 소맷돌 등의 존재는 확인할 수 없다.

북건물지는 동·서건물지와 달리 이중기단으로 조성되었고, 상층기단은 화
려한 가구기단으로 시설되었다[35]. 이중기단이라는 것이 삼국시기 이후 주로
사찰의 당탑지에 축조되었음을 볼 때 이의 상징성과 장엄성이 내포되어 있음
을 파악할 수 있다[36]. 그리고 가구기단의 면석에서 관찰되는 탱주 조각은 고

33) 朝鮮古蹟研究會, 昭和15年六月, 「第二 平壤淸岩里廢寺址の調査(槪報)」『昭和13年度
古蹟調査報告』, 圖版 第10.
34) 江原文化財研究所·原州市, 2009, 『原州 法泉寺I 第 I區域 發掘調査 報告書』, 58쪽
도면 13.
35) 이중기단에서 가구기단이 상층에 조성되었음은 6세기 중반의 백제 사비기 능산리사
지 당탑지를 통해서도 확인할 수 있다. 이는 통일신라기의 감은사지 및 사천왕사지에
서도 찾아볼 수 있다.
36) 조원창, 2004, 『百濟 建築技術의 對日傳播』, 서경문화사.

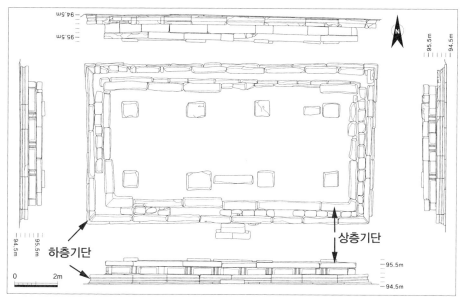

도면 12 | 법천사지 부도전지 상전 북건물지 평·단면도

려시기의 일반 건축물에서 찾아보기 힘들 정도로 뛰어난 건축기술의 백미로 손꼽을 수 있다[37].

　아울러 북건물지의 측면 및 정면에서 관찰되는 방형전은 이 건물의 품격이 동·서건물지에 비해 한층 더 높았음을 보여주는 하나의 전거로 이해할 수 있다. 이는 전돌이 시설된 고려시기의 건물지가 대체로 장엄적 성격과 무관치 않은 것으로도 파악할 수 있다[38].

　이렇게 볼 때 북건물지는 上殿의 여러 건물지 중 가장 중심적 역할을 담당하였음을 알 수 있다. 그리고 승탑과 탑비가 정면에 위치하였음을 볼 때 북건물의 주체는 지광국사 해린과 직접적인 관련성이 있음을 유추할 수 있다. 특히 지광국사현묘탑이 해린의 유골인 사리를 봉안하였다는 점에서 북건물은

---

37) 이에 대한 내용은 Ⅲ장에서 자세히 살펴보고자 한다.
38) 고려시기 금당지 중 전돌이 시설된 사례는 강화 선원사지를 비롯해 공주 구룡사지, 청양 장곡사 상대웅전 등에서 확인할 수 있다.

그의 신주나 영정을 모셔두었을 가능성이 매우 높다.

이러한 성격 추정은 결과적으로 북건물이 影堂39)으로 사용되었음을 의미한다. 고려시기의 경우 사원에 영당이 조성된 사례는 여러 곳에서 찾아지고 있다. 예컨대 발굴조사가 완료된 논산 개태사지40) 및 충주 숭선사지41), 여주 고달사지42), 서울 삼천사지43), 합천 영암사지, 개성 영통사지 등에서 그 존

---

39) 影幀을 모셔 둔 사당이다(세종대왕기념사업회, 2002, 『한국고전용어사전』 3 ㅅ~ㅇ, 1209쪽).
법천사 영당과 관련된 자료는 아래의 논고에서 살필 수 있다.
황나영, 2010, 「법천사 지광국사 현묘탑원 연구」, 서울대학교 대학원 고고미술사학과 석사학위논문 ; 이승연, 2010, 「신라말~고려전기 선종사원의 상원영역 형성에 관한연구 –法堂의 출현과 전개과정을 중심으로–」, 성균관대학교 대학원 건축학과 박사학위논문, 149쪽 ; 朴萬洪, 2007, 「高麗 浮屠殿 形成과 建築變遷에 관한 研究」, 명지대학교 대학원 건축학과 석사학위논문.

40) 忠南大學校博物館·論山郡, 1993, 『開泰寺 I』. 추정 영당지는 태조 왕건과 관련된 것으로 보고 있어, 본고의 부도전과는 직접적인 관련성이 없다.

41) 충청대학교박물관·충주시, 2006, 『충주 숭선사지』, 650쪽 및 254쪽 도면 9. 숭선사지에서의 영당은 강당지로 추정되고 있다. 다만, 이의 주체가 왕사나 국사가 아닌 神明順成王后(광종의 모후)라는 점에서 본고의 부도전과는 관계가 없다고 생각된다.

42) 4·5기 가람(12~13세기)에서 찾아볼 수 있다. 이 시기 고달사는 가–2건물지를 중심으로 한 법당 영역, 나–1·3건물지를 중심으로 한 불전 영역, 가–1·5~9건물지로 이루어진 방장이 포함된 요사 영역, 가–3·4건물지를 중심으로 한 庫堂과 浴室영역, 나–9·10건물지를 중심으로 한 영당 영역 등으로 구분되었다고 한다(이승연, 2015, 「신라말~고려시대 선종사원의 배치변화에 관한 연구」『韓國考古學報』 제96집, 189쪽).
한편, 나–9건물지는 고달사지I권 보고서의 경우 3건물지로 표기하고 있다(京畿道博物館·京畿文化財團 附設 畿甸文化財研究院·驪州郡, 2002, 『高達寺址 I』, 40쪽).

43) 발굴 보고서에서는 북건물지를 부도전, 탑비전, 영당(영각), 조사당 등 다양한 성격으로 추정하고 있으나 영당 및 불전으로 압축되는 경향을 보이고 있다. 영당의 동·서쪽 건물인 좌전과 우전은 선방과 승방, 그리고 남행랑은 중문 또는 누각의 성격으로 보았다(서울역사박물관, 2011, 『북한산 삼천사지 발굴조사보고서』, 408쪽). 하지만 상징성이 강한 승탑과 탑비의 주변에 승방이 존재하였다는 사실은 언뜻 받아들이기 어렵다. 특히 승방의 기능이 숙박을 전제로 한다는 점에서 이와 관련된 부엌이나 온돌시설 등이 전혀 검출되지 않은 사실은 이의 성격이 승방과 무관함을 보여주는 것이라 할 수 있다. 아울러 탑비가 위치하고 있는 중정과 남행랑의 레벨차가 크지 않다는 점

재를 확인할 수 있다.

특히 이들 중 북한산 삼천사지 및 원주 법천사지, 합천 영암사지 등을 보면 고려 전기의 부도전 영당이 사역의 외곽(상부)에 위치해 있었음을 알 수 있다. 그러나 12~13세기 무렵의 여주 고달사지(도면 13)[44], 14세기 무렵의 양주 회암사지[45] 등을 보면 영당이 주불전의 북쪽이나 이와 인접한 곳에 배치되어 있음을

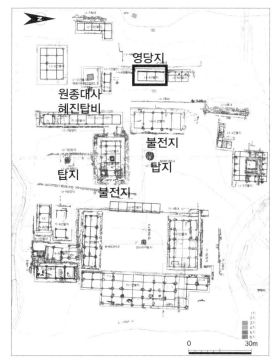

도면 13 | 여주 고달사지 영당지 위치(12~13세기)

에서 문지 옆의 누각 배치 또한 쉽게 이해할 수 없다.

삼천사의 영당과 우전은 대지국사 입적 후인 1034~1046년간에, 좌전과 남행랑, 부도전은 1046~1050년간에 축조된 것으로 보았다(서울역사박물관, 2011, 『북한산 三川寺址 발굴조사보고서』, 379쪽).

44) 京畿道博物館·京畿文化財團 附設 畿甸文化財研究院·驪州郡, 2002, 『高達寺址 I』, 41쪽 도면 12.

45) 이러한 배치는 현재의 발굴조사 내용이 아닌 이색의 『동문선』 제73권 記「天寶山檜巖寺修造記」를 참조로 한 것이다. 보고서에서 언급하고 있는 영당(도면 14, 경기도 외, 2003, 『檜巖寺 II 7·8단지 발굴조사 보고서(본문)』, 86쪽 그림 24 상단)은 아궁이와 고래가 시설된 온돌건물지를 가리키고 있다. 영당의 기본 성격이 고승의 영정을 봉안하기 위한 건축물이었음을 전제할 때 온돌건물지의 영당 추정은 설득력이 없다고 판단된다. 이는 그 동안 영당으로 추정된 고려시기의 여러 건물지를 통해서도 이미 확인된 바 있다. 따라서 회암사지 영당을 확인키 위한 추가적인 연구가 필요하다고 생각된다.

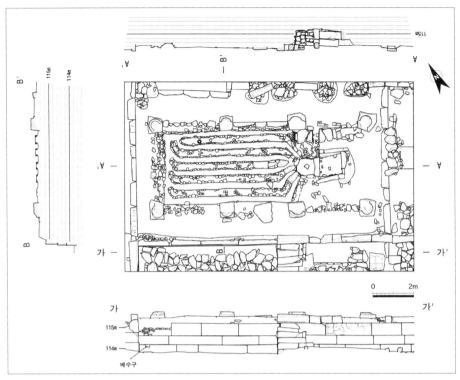

도면 14 | 영당지로 추정된 양주 회암사지 온돌 건물지

살필 수 있다.

　이러한 고고학적 조사 결과는 단언할 수 없지만 왕사 및 국사와 관련된 영
당의 위치가 고려 전기에서 후기로 접어들며 사역의 외곽에서 주불전의 주변
으로 점차 옮겨가고 있음을 확인케 한다.

　물론 고달사지의 경우 승탑 및 탑비와 함께 정형적인 건물 배치가 주변에서
조사된 바는 없다. 이로 보아 부도전의 규모 및 전각 배치, 위치 등은 시기에
따라 어느정도의 차이가 있었음을 판단할 수 있다. 하지만 삼천사지 및 법천
사지 부도전지의 사례로 보아 승탑 및 탑비, 그리고 정형적인 전각 배치는 적
어도 11세기경에는 성립되었을 것으로 생각된다.

　한편, 북건물지가 영당으로 추정된다면 이의 양 방향에 축조된 동·서건물

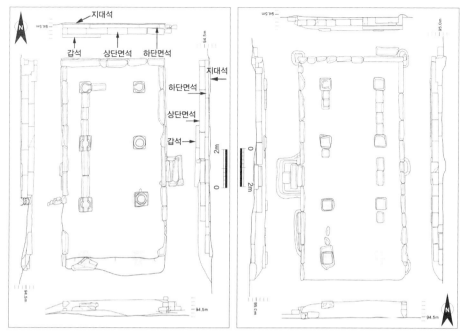

도면 15 | 법천사지 부도전지 상전 서건물지 평·입면도　도면 16 | 법천사지 부도전지 상전 동건물지 평·입면도

지(도면 15·16)[46]의 성격은 과연 무엇이었을까?

　우선 이들 건물지를 건축고고학적으로 살펴보고자 한다.

　두 건물지의 기단은 치석된 지대석과 면석, 갑석으로 조합된 단층의 가구기단으로 조성되었다[47]. 기단의 구조 및 면석에서 북건물지의 기단과 큰 차이를 보이고 있다. 아울러 탱주나 건물 내부에서의 전도 살필 수 없다.

　초석은 고맥이 초석과 방형 초석이 혼재되어 있는데 후자가 뒤에 보축된 것

---

46) 江原文化財研究所·原州市, 2009,『原州 法泉寺I 第 I區域 發掘調査 報告書』, 61쪽 도면 15 및 64쪽 도면 17.

47) 이는 건물의 정·측면에서만 확인될 뿐, 후면은 다르게 조성되었다. 이에 대해선 후술하고자 한다.

으로 추정된다. 이는 북건물지 및 서건물지의 잔존 초석을 통해서도 유추해 볼 수 있다. 초석 사이에 시설된 고맥이의 존재로 보아 동·서건물지는 북건물지와 마찬가지로 사방에 벽체가 시설되었음을 알 수 있다. 아울러 현재 남아 있는 서건물지의 고맥이 형적과 고맥이 초석의 방향으로 보아 내부는 통칸이었음을 파악할 수 있다. 즉, 고맥이 초석의 경우 위에 놓이는 하인방이 도리 방향으로만 시설되었을 뿐, 보 방향으로는 설치되지 않았음을 살필 수 있다. 이는 벽체 내부에 별도의 벽이 조성되지 않았음을 의미하는 것이라 할 수 있다.

이렇게 볼 때 동·서건물지는 북건물지에 비해 규모가 작았을 뿐만 아니라 기단 형식에 있어서도 이중기단이 아닌 단층의 가구기단으로 조성되었음을 알 수 있다. 그리고 건물의 배치면에서도 큰 차이가 있었음을 확인할 수 있다.

이러한 여러 구조상의 차이는 결과적으로 동·서건물지가 북건물지에 비해 격이 낮았음을 보여주는 것이라 할 수 있다. 하지만 기단 형식이 가구기단이라는 점에서 법천사지 내 다른 건물지 기단에 비해 상대적으로 격이 높았음도 엿볼 수 있다. 이는 동·서건물이 신주나 영정을 모시는 북건물의 성격보다는 격이 다소 떨어질지라도 지광국사와 무관치 않음을 보여주는 건축요소로 볼 수 있다.

이런 관점에서 볼 때 동·서건물은 생전 지광국사의 행적을 살필 수 있는 전시관48)일 가능성도 배제할 수 없다. 즉, 이곳에는 지광국사가 평소 지니고 있었던 서적이나 염주, 발우뿐만 아니라 당시 고려 국왕이나 귀족들로부터 시주받은 물품49)들도 상당수 포함되었을 것으로 생각된다. 이러한 상징성으로 말

---

48) 한편, 동·서건물은 북건물을 보좌하는 추모 공간으로도 생각할 수 있으나 이럴 경우 영정이나 신주가 있는 방향으로 건물 장축이 배치됨이 자연스럽다는 점에서 취신하기 어렵다.

49) 문종 21년(1067) 해린이 하산소인 법천사로 돌아가기를 청하자 왕이 친히 현화사에 방문하여 調書, 茶, 醫藥, 珤貨 등의 예물을 하사하였다(배상현, 2009, 「智光 海麟과 法泉寺 -智光國師玄妙塔碑의 내용을 중심으로-」『原州 法泉寺I 第I區域 發掘調査 報告書』, 江原文化財硏究所·原州市, 616쪽).

사진 3 | 법천사지 부도전지 하전 문지 1호

미암아 동·서건물은 지광국사현묘탑 및 탑비와 함께 같은 공간에 축조될 수 있었던 것이라 생각된다.

한편, 법천사지 부도전은 상전 구역과 더불어 축대 아래에 별도의 하전 구역이 조성되어 있다. 즉, 문지 1호(사진 3)[50]를 중심으로 좌우에 남동·남서 건물지가 위치하고 있다.

상전 구역과 하전 구역 사이에 동-서 장축의 축대가 조성되어 있다는 점에서 두 구역의 성격은 완전 구별되었음을 추정할 수 있다. 예컨대 상전 구역을 지광국사 해린을 주체로 한 神界라 한다면 하전 구역은 俗界로 이해할 수 있다.

지광국사 해린은 1056년 11월 11일 왕사로 임명된 후 약 10여 년간 文宗의 정신적 지주로 활약하였다. 당시 불교 최고의 지위에 있었다는 점에서 국왕이나 왕족, 귀족들에게도 매우 존숭되었던 인물로 생각된다.

해린과 고려 집권층의 정신적 유대관계는 한편으로 불교 종파와도 깊은 관련이 있기 때문에 그의 사후에도 밀접하게 유지되었을 것으로 판단된다[51]. 특

---

50) 필자 사진.
51) 이는 문종 21년(1067) 법천사로 돌아온 이후에도 왕실 내전에서 百高座會가 진행될 시 第一說主로 초빙 받는 것으로도 알 수 있다.

사진4 | 법천사지 부도전지 하전 남동건물지

사진5 | 법천사지 부도전지 하전 남동건물지 내 고맥이 초석 1(고맥이가 도리 및 보 방향으로 나 있다)

사진6 | 법천사지 부도전지 하전 남동건물지 내 고맥이 초석 2

히, 연등회나 팔관회와 같이 국가의 중요 행사가 개최될 시 불교 종파의 협조는 국왕이나 왕실에게 큰 힘이 되었을 것이다.

이러한 당시 상황을 고려해 볼 때 해린의 기일이나 석가탄신일 등에 국왕이나 왕족, 혹은 귀족들이 법천사에 방문하였을 가능성은 매우 높다. 이럴 경우 이들이 잠시 거처할 장소가 필요한데 이곳이 바로 상전과 가까운 하전의 남동·남서건물지일 것으로 생각된다.

그런데 두 건물지의 초석을 관찰해 보면 고맥이의 위치가 서로 상이함을 발견할 수 있다. 즉, 남동건물지(사진 4)[52]의 일부 고맥이 초석(사진 5·6)[53]은 평면 "T"자형으로 이루어져 있어 고맥이가 도리 방향뿐만 아니라 보 방향으로도 치석되었음을 살필 수 있다[54].

고맥이가 기본적으로 벽체 하부시설인 하인방을 지탱하는 부재임을 고려할 때 남동건물지는 칸칸이 벽으로 분리·축조되었음을 판단할 수 있다. 건물의 내부가 통칸이 아닌 개별적으로 분리되어 있다는 점에서 안전 및 보안 등에 아주 효과적인 구조였음을 파악할 수 있다. 그런 점에서 남동건물지는 왕이나 왕비, 혹은 왕족과 같은 특권층이 상전의 지광국사현묘탑 및 영당 등을 방문할 때 주로 머물렀던 공간으로 생각된다.

이에 반해 남서건물지(사진 7)[55]의 고맥이 초석(사진 8·9)[56]은 "T"자형이 없이 "─"자형만 확인되고 있다. 물론 모서리에 설치된 초석의 경우 "ㄱ" 및 "ㄴ"자형도 발견되지만 이것들은 주로 외벽을 형성한다는 점에서 남동건물지의 내부 구조와 큰 차이가 있음을 보여주고 있다.

이렇게 볼 때 남서건물지는 외벽만 시설되고, 내벽은 조성되지 않았음을 알 수 있다. 이는 어칸을 구성하는 전·후열 초석 4매가 "T"자형이 아닌 "─"자형의 고맥이 초석이라는 점에서도 파악할 수 있다.

이러한 구조는 결국 남서건물지의 내부가 통칸으로 이루어졌음을 판단케

---

52) 필자 사진.
53) 필자 사진.
54) 발굴 조사 과정에서 초석과 초석 사이의 고맥이는 검출되지 않았다. 하지만 고맥이 초석의 존재로 보아 고맥이는 후대에 멸실된 것으로 추정된다.
55) 필자 사진.
56) 필자 사진.

사진7 | 법천사지 부도전지 하전 남서건물지

사진8 | 법천사지 부도전지 하전 남서건물지 전열 동단부 고맥이 초석 1

사진9 | 법천사지 부도전지 하전 남서건물지 내 고맥이 초석 2

한다. 그런 점에서 남동건물지와는 달리 여러 사람들이 함께 머물 수 있는 열린 공간으로 이해할 수 있다. 이 건물을 사용한 주체는 아마도 일반 귀족들로 생각되고, 이들은 왕이나 왕비 등을 수행하며 지광국사현묘탑 및 영당 등을 방문하였던 것으로 사료된다.

이처럼 법천사 부도전의 하전 구역은 건물 구조상 사용 주체가 엄격하게 구별되었음을 알 수 있다. 이는 한편으로 고려사회를 대표하는 특권층이지만 신

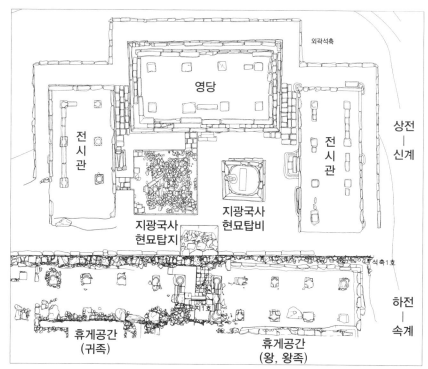

영당

외곽석축

전시관

전시관

상전
|
신계

지광국사
현묘탑비

지광국사
현묘탑지

석축1호

지1호

하전
|
속계

휴게공간
(귀족)

휴게공간
(왕, 왕족)

도면 17 | 법천사 부도전지의 상전, 하전 건물 성격의 추정

분에 따라 건물 사용이 미리 확정되었음을 판단케 한다. 그러나 두 건물지 모두에서 아궁이나 고래와 같은 난방시설이 확인되지 않은 것으로 보아 숙박 등은 이루어지지 않았던 것으로 생각된다.

따라서 하전 구역에 축조된 남동·남서건물지는 지광국사현묘탑 및 탑비, 영당 등을 방문하기 위해 국왕이나 왕비, 왕족, 귀족 등이 잠시 거처하였던 휴게 공간으로 추정할 수 있다(도면 17).

Ⅲ. 부도전의 건축기법 특성

부도전이 상전과 하전으로 권역이 구분되는 것처럼 건물지간 기단 형식에 있어서도 상호 뚜렷한 차이를 보이고 있다. 이는 건물의 성격에 따라 건축 기단의 위계도 함께 변화하였던 것으로 생각된다.

아울러 북건물지의 상층기단에서 관찰되는 탱주 조각과 서건물지의 연화문 초석 등은 다른 사지에서 찾아보기 힘들 정도의 장엄성과 장식성을 갖춘 건축 요소로 이해되고 있다. 이는 그만큼 부도전의 조영에 경제적 기원이 충분하였음을 반영하는 것으로 볼 수 있다.

따라서 여기에서는 법천사 부도전의 건축 부재를 통해 장엄성과 위계화, 장식성 등을 추출해 보고, 그 의미도 함께 살펴보도록 하겠다.

1. 권역 구획에 따른 건축 기단의 위계화

법천사 부도전지는 앞에서 살펴본 바와 같이 상전과 하전이 종적으로 배치되어 있고, 이 중간 지점에는 축대가 동–서를 장축으로 조성되어 있다. 상전에는 지광국사의 유골이 담겨 있던 지광국사현묘탑을 비롯해 탑비 등이 자리하고 있고, 이를 중심으로 영당 및 전시시설 등이 축조되어 있다는 점에서 神界로 판단되었다.

그리고 하전에는 문지를 중심으로 남동건물지 및 남서건물지가 위치하고 있는데, 이들은 벽의 축조기법에 따라 왕이나 왕족, 혹은 귀족들을 위한 휴게공간으로 추정되었다. 그런 점에서 하전은 신계와 대비되는 俗界로 파악되었다.

이처럼 부도전은 축대 및 출입문을 중심으로 상전과 하전이 상하로 배치되어 있다. 이에 따라 건물지에 사용된 기단 역시도 뚜렷한 차이를 보여주고 있다. 예컨대 상전의 북건물지인 경우는 상·하층이 모두 가구기단인 이중기단 (사진 10)[57]으로 조성되었다. 이러한 기단 형식은 상·하전에 속한 모든 건물

---

57) 필자 사진.

사진 10 | 법천사지 부도전지 북건물지 동면 이중기단

사진 11 | 법천사지 부도전지 북건물지 하층기단

사진 12 | 법천사지 부도전지 북건물지 상층기단

지 중 오직 북건물지 한 곳에서만 검출되고 있다는 점에서 특수성과 장엄성을 엿볼 수 있다.

북건물지의 하층기단(사진 11)[58]은 1매의 장대석을 이용하여 갑석과 면석

---

58) 필자 사진.

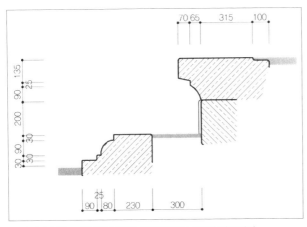

도면 18 | 여주 고달사지 원종대사혜진탑비 비각지 이중기단

을 조각하고, 그 하부에 별도의 지대석을 시설하여 가구기단으로 조성하였다. 반면에 상층기단(사진 12)[59]은 지대석과 면석, 갑석을 별석으로 사용하여 가구기단을 축조하였다.

이러한 상·하층의 가구기단 형식은 삼국시기 이후 고려시기까지 그 사례가 많지 않아 희귀하고 화려한 건축기술의 백미로 손꼽히고 있다. 그리고 이중기단이라는 것이 삼국시기 이후 주로 사원의 당탑에 조성되었다는 점에서 장엄성을 갖춘 최고의 기단 형식으로 파악할 수 있다[60].

북건물지의 동·서·남면 기단의 상층과 하층 사이에는 세장방형의 판석(사진 13)[61]이 한 겹으로 정연하게 덮여 있다. 이러한 축조기법은 법천사지의 다른 건물지에서 전혀 찾아볼 수 없는 특수한 사례에 해당되고 있다. 외관상으로는 상층기단과 하층기단 사이의 빈 공간을 채워주는 역할을 담당하고 있으나 기능적으로는 우수로 인한 기단토면을 보호하기 위한 안전시설로 파악되고 있다[62].

---

59) 필자 사진.
60) 현재까지 발굴조사 된 고려시기의 부도전지 중 상·하층 모두 가구기단으로 조성된 이중기단은 확인된 바 없다. 다만, 여주 고달사지 원종대사혜진탑비의 비각지(도면 18, 국립문화재연구소, 2013, 『한국 고대건축의 기단 II 경기·강원·충북·충남·전북·전남 편』, 28쪽)에서 이중기단을 살필 수 있으나 가구기단의 구조와는 거리가 멀다.
61) 필자 사진.
62) 이러한 판석의 존재로 보아 하층기단 상면에서의 퇴칸 혹은 차양칸을 위한 초석 배치

사진 13 | 법천사지 부도전지 북건물지 하층기단상의 판석

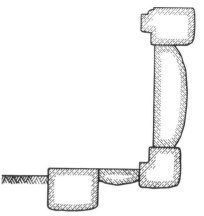

도면 19 | 경주 감은사지 금당지 하층기단상의 판석

이처럼 상층과 하층기단 사이에 판석이 놓인 사례는 일찍이 경주 감은사지 금당지(도면 19)[63]에서도 찾아볼 수 있다. 물론 하층기단에서 세부적 차이가 발견되기는 하나 전체적인 구조에서 친연성을 보인다는 점에서 양자의 관련성을 유추해 볼 수 있다.

한편, 북건물지의 좌우에 배치된 동·서건물지의 경우도 단층의 가구기단[64]으로 조성되어 여느 건물지에 비해 격이 높은 기단 형식임을 알 수 있다. 가구

는 기대하기 어렵다.

63) 國立慶州文化財硏究所·慶州市, 1997, 『感恩寺』, 92쪽 삽도 24 중.

64) 북한산 삼천사지 부도전지의 북건물지 기단도 단층의 가구기단(도면 20, 서울역사박물관, 2011, 『북한산 三川寺址 발굴조사보고서』, 398쪽 그림 35 중)으로 이루어졌으나 면석이 1단으로 조성된 점, 그리고 지대석 아래에 별도의 지복석이 놓여있는 점 등에서 법천사지 부도전지 동·서건물지와 차이를 보이고 있다.

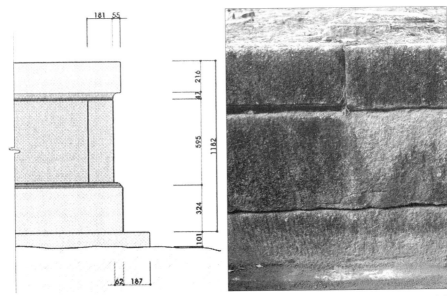

도면 20 | 서울 삼천사지 부도전지 북건물지의   사진 14 | 법천사지 부도전지 서건물지 동면 가구기단
　　　　　　가구기단

기단은 삼국시기 이후 사원의 당탑지에서 주로 검출되고 있으나 강당지[65] 및 회랑지[66] 등에서도 간헐적으로 확인되고 있다. 법천사지 부도전지에서의 가구기단은 상전에서만 확인될 뿐, 하전에는 축조되지 않아 위계(격)의 차이를 보여주기도 한다.

　동·서건물지의 기단 구조는 지대석 위에 상하 2단의 면석을 올린 다음 마지막으로 갑석을 얹어 놓았다(사진 14)[67]. 면석이 1매의 횡(종)판석이 아니라는 점에서 고려시기의 새로운 기단축조술을 엿볼 수 있다. 이러한 가구기단은 북건물지의 이중 가구기단에 비해 그 격이 떨어지나 기단 형식 중 그 위계가 상급임을 판단해 볼 수 있다.

　이렇게 볼 때 신계에 속하는 상전의 기단 형식은 이중의 가구기단 및 단층의

65) 백제 사비기의 부여 왕흥사지 및 익산 미륵사지 등에서 확인할 수 있다.
66) 충주 숭선사지에서 살필 수 있다.
67) 필자 사진.

사진 15 | 법천사지 부도전지 남서건물지 남면 치석기단

가구기단으로 조성되었음을 파악해 볼 수 있다. 흔히 금당과 목탑, 혹은 강당 등에서 살필 수 있는 기단 형식을 한 공간에서 모두 살필 수 있다는 점에서 건물의 장엄성과 상징성을 파악해 볼 수 있다.

한편, 하전을 구성하는 남동·남서건물지의 경우는 치석기단(사진 15)[68]으로 축조되었다. 이는 장대석을 이용하여 기단을 조성한 것으로 전면이 정교하게 다듬어져 있다는 특징이 있다. 장대석 아래로는 받침석이 놓여 있어 지대석으로도 보이나 대지조성토에 덮여 있다는 점에서 기단 적심으로 보는 것이 합리적일 것이다.

치석기단은 다듬어진 장대석을 이용하여 기단을 조성한다는 측면에서 가구기단 및 결구기단 등과 큰 차이가 없다. 하지만 가구기단이나 결구기단의 경우 갑석이나 면석, 혹은 지대석으로 불리는 석재를 조합하여 기단을 축조하였다는 점에서 치석기단과 큰 차이를 보이고 있다.

최근까지 발굴조사된 삼국시기 이후 고려시기의 사지를 검토해 볼 때 가구기단 및 결구기단 등은 주로 당탑지에서 확인되고 있다. 반면에 치석기단은 이들의 주변이나 외곽에서 찾아지는 것이 일반적이다[69]. 이는 치석기단이 가

---

68) 필자 사진.
69) 여주 고달사지에서 불전지(1건물지)는 가구기단으로 조성된 반면, 이의 북서쪽에 자

구기단이나 결구기단에 비해 위계가 낮은 기단 형식임을 보여주는 중요한 사례라 할 수 있다. 하지만 사지 내 대다수의 건물지가 할석기단으로 조성되었음을 볼 때 치석기단이 이 보다 위계가 높았음은 부인할 수 없다.

이렇게 볼 때 부도전의 기단은 그 성격에 맞게 상전은 위계가 높은 기단 형식을, 하전은 상대적으로 이 보다 위계가 낮은 기단으로 축조되어 있음을 살필 수 있다[70]. 이는 건물의 성격이 정신적인 측면뿐만 아니라 기단 구조와 같은 물질적인 측면까지도 포함하고 있음을 보여주는 중요한 형적이라 할 수 있다. 아울러 당탑에 준하거나 이보다 더 뛰어난 기단 형식이 부도전의 상전에 시설되었다는 점에서 장엄성 및 장식성까지도 겸비하고 있음을 확인할 수 있다.

2. 기단과 초석의 장식화 추구

부도전지에는 현재 상부 구조가 모두 멸실된 채 기단과 초석(혹은 적심석), 고맥이 만이 남아 있다. 이 중에서 장식성을 살필 수 있는 건축 부재로는 북건물지의 이중기단과 서건물지의 초석 등을 들 수 있다.

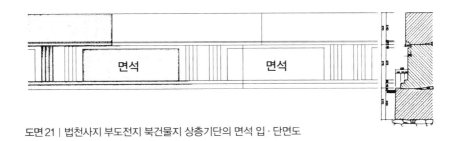

면석   면석

도면21 | 법천사지 부도전지 북건물지 상층기단의 면석 입·단면도

리한 2건물지는 치석기단으로 축조되어 기단 형식의 차이를 보여주고 있다(京畿道博物館 외, 2002, 『高達寺址 I』).

70) 삼천사지의 경우 부도전지의 북건물지만 가구기단으로 조성되었고, 동·서건물지 및 남동·남서건물지는 치석기단으로 축조되었다. 법천사지 부도전지와의 비교를 통해 북건물지가 해당 권역 내에서 최고의 기단 형식으로 조성되었음은 확실하다.

사진 16 | 법천사지 부도전지 북건물지 상층기단의 면석 탱주

사진 17 | 안동 봉정사 극락전 상단 면석 우주의 호형 종선문

사진 8 | 공주 마곡사 오층석탑 기단부 우주의 호형 종선문

사진 19 | 여주 신륵사 보제존자석종 우주의 호형 종선문

   북건물지의 기단은 세부 기법에서 차이를 보이고 있지만 상·하층 모두 가구기단으로 조성되어 있다. 이중 상층기단 면석(도면 21)[71]에서 건축기법의 특성을 확인할 수 있어 살펴보고자 한다.

---

71) 새한建築文化硏究所, 1992, 『法泉寺址 石物實測 및 地表調査 報告書』, 原州郡, 42쪽 중.

면석에는 탱주(사진 16)[72]가 양각되어 있고, 탱주의 좌우로는 호형의 종선문 2조가 조각되어 있다. 종선문과 비교해 탱주를 돌출시켜 놓았다는 점에서 봉정사 극락전(사진 17)[73]의 우주·탱주 조각과 차이를 보이고 있다. 아울러 호형의 종선문 좌우로도 1조의 단이 마련되어 있어 시각차를 느끼게 한다.

호형의 종선문은 위의 유적 외에도 공주 마곡사 5층석탑(사진 18)[74]과 여주 신륵사 보제존자석종(사진 19)[75]·다층전탑[76], 양주 회암사 보광전지 등의 우주나 탱주 등에서 확인할 수 있다. 이들 유적은 모두 조성 시기가 고려라는 공통점이 있어 조각에서의 시기적 특성과 장식성을 반영하고 있다.

그런데 이들 유적과 비교해 법천사 부도전 북건물지의 탱주는 양각과 음각 기법을 좀 더 시각적으로 활용하여 문양을 표현하였다는 점에서 조각의 수려함을 엿볼 수 있다. 아울러 면석 하단 외연에서 관찰되는 2단의 각형 모접이와 갑석 하단 외연에서 살펴지는 호형의 1단 모접이는 상층기단의 장식화를 한층 더 화려하게 꾸며주고 있다.

한편, 부도전지에서의 장식성은 서건물지의 초석에서도 살필 수 있다. 이곳의 초석은 고맥이 초석을 비롯해 방형 초석 등 다양한 형식이 혼재되어 있다. 그 중 주좌부의 외곽에 瓣端尖形[77]의 연화문(사진 20)[78]이 조각되어 있어 살펴보고자 한다.

연화문은 삼국시기 이후 판단부 및 화판의 형태에 따라 다양한 형식으로 분류되고 있다. 이 중 판단첨형이란 화판의 끝단이 뾰족하게 조각된 것을 의미

---

72) 필자 사진.
73) 필자 사진.
74) 필자 사진.
75) 필자 사진.
76) 문양은 대부분 마멸되어 있는 상태이다.
77) 이러한 주좌부에서의 판단첨형 장식은 거돈사지 금당지 초석에서도 살필 수 있다. 그러나 법천사지 서건물지의 연화문과는 차이가 있다.
78) 필자 사진.

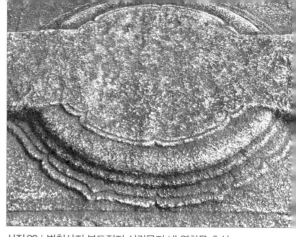

한다. 백제 한성기 무렵 중국 북
조로부터 디자인이 유입되어[79]
조선시기까지 여러 불적유물에
조각되었다.

고려시기의 판단첨형 연화문
은 와당[80]이나 금구의 고면[81],
동종의 당좌[82], 불상의 대좌 및
배례석[83] 등에서 주로 살펴지고

사진 20 | 법천사지 부도전지 서건물지 내 연화문 초석

있다. 이 중 가장 다수를 차지하는 것이 바로 와당이다.

반면, 초석에 연화문이 조각된 사례는 거의 드물며, 판단첨형인 경우는 더
더욱 찾아보기 어렵다. 따라서 서건물지 초석에서 확인되는 판단첨형의 연화
문 장식은 그 어떤 유물의 문양보다도 희귀한 사례에 속한다고 볼 수 있다.

연화문 초석은 서건물지에만 현재 4매가 남아 있다. 연화문은 단판 8엽으
로 내외 2중으로 조각되어 있다. 주좌부에 해당되는 내곽에도 忝葉과 같은 문
양이 장식되어 화려함의 극치를 보여주고 있다.

3. 제한적 장엄성의 극대화

건물지에서의 기단은 대부분 네 면이 동일한 형식으로 조성되어 있다. 그러
나 일부 건축물에 한해 눈에 잘 띄는 전면(혹은 측면)의 경우 화려한 기단 형식

79) 조원창, 2014, 『백제 사원유적 탐색』, 서경문화사.
80) 원주 법천사지에서 볼 수 있다(원주시·江原考古文化研究院, 2014, 『原州 法泉寺Ⅱ-
   Ⅲ구역 발굴조사 보고서-』, 401쪽).
81) 국립청주박물관 소장 청주 흥덕사지 출토 '흥덕사'명 청동 금고에서 살필 수 있다.
82) 일본 금강정사 소장 동종에서 확인할 수 있다(奈良文化財研究所 飛鳥資料館, 2004,
   『新羅鐘·高麗鐘拓本實測圖集成』, 196쪽).
83) 거돈사지 3층석탑 앞 배례석에서 볼 수 있다.

으로 축조하는 반면, 눈에 잘 띄지 않는 후면(혹은 측면)에 대해서는 노동력을 덜 들이거나 기술력이 떨어지는 기단을 축조하는 사례도 가끔 확인할 수 있다.

이러한 기단 형식은 삼국시기부터 살필 수 있는데 백제 사비기 왕흥사지 강당지[84]가 대표적이라 할 수 있다. 이 건물지의 기단은 전면이 가구기단으로 조성된 반면, 측면과 후면은 할석을 사용하여 格의 차이를 엿볼 수 있다. 즉, 전면 기단이 측면이나 후면 기단에 비해 훨씬 더 장엄적임을 보여주고 있다.

법천사지 부도전지 북건물지 및 동·서건물지에서도 이와 같은 축조기법을 살필 수 있다. 북건물지는 전술하였듯이 이중기단으로 조성되었고, 상층기단과 하층기단 사이에는 판석이 한 겹으로 깔려있다.

그런데 이러한 판석형의 부석은 북건물지의 남면과 동·서면에서만 확인될 뿐, 북면에서는 한 개도 검출되지 않고 있다(사진 21)[85]. 아울러 남면과 동·서면에서 관찰되는 상층기단의 탱주 조각 역시도 북면기단에서는 전혀 찾아볼 수 없다(사진 22)[86].

이는 참배객들의 눈에 잘 띄는 전면과 측면에 한해서만 장식적인 조각과 부재를 시설해 놓고, 그렇지 않은 후면에 대해서는 이질적으로 조성해 놓았음을 살필 수 있다. 이는 건물의 장엄성 측면에서 아주 제한적이고, 시각적인 측면만 강조한 결과로 이해할 수 있다.

사진21 | 법천사지 부도전지 북건물지의 상층기단과 하층기단 사이의 판석시설 유무(북면기단에만 없음)

---

84) 국립부여문화재연구소, 2012, 『王興寺址 Ⅳ』.
85) 필자 사진.
86) 필자 사진.

사진 22 | 법천사지 부도전지 북건물지의 우주와 탱주 조각 유무(북면기단에만 없음)

사진 23 | 법천사지 부도전지 서건물지의 기단 축조기법의 차이

이러한 제한적인 장엄성은 동·서건물지의 기단에서도 확인할 수 있다. 즉, 건물지의 동면(전면)과 남·북(측면)은 갑석과 2단의 면석, 지대석 등 가구기단(사진 23)[87]으로 조성한 반면, 건물의 후면은 갑석이 없이 2단의 면석과 지대석으로만 축조하고 있다(사진 24)[88].

이러한 기단에서의 축조기법 차이는 결과적으로 기단이 지토시설이라는 기능적 측면과 작업의 편리성만이 강조되었을 뿐, 기단의 장엄성은 고려되지 않았음을 보여주고 있다. 특히 가구기단과 비교해 위계가 낮은 치석기단을 후면에 사용하였다는 점에서 경제성 위주의 작업이 고려되었음을 추정케 한다.

한편, 바닥에 시설된 방형 및 장방형의 박석[89]에서도 이러한 제한적인 장

----

87) 필자 사진.

88) 필자 사진.

89) 부도전지의 중정에 박석이 깔려 있는 경우는 북한산 삼천사지에서도 찾아볼 수 있다고 한다(서울역사박물관, 2011, 『북한산 三川寺址 발굴조사보고서』). 그러나 박석이 놓인 위치가 계단의 지대석이나 북건물지 남면 가구기단의 지복석과 같은 층위임을 볼 때 구지표면(생활면)보다 아래였음을 확인할 수 있다. 이렇게 볼 때 이 石群은 박석이 아닌 지반 보강시설일 가능성이 높다고 생각된다.

상단
면석

갑석

하단
면석

상단
면석

하단
면석

**사진24 | 법천사지 부도전지 동건물지의
기단 축조기법 차이**

엄성이 찾아지고 있다. 즉, 건물의 전면과 측면 일부에만 박석이 시설되었을 뿐, 후면에서는 이러한 시설을 전혀 확인할 수 없다. 예컨대 북건물지 측면의 경우 동·서 건물지 길이만큼만 부석이 시설되고, 그 이상은 후면과 마찬가지로 박석이 깔리지 않았음을 살필 수 있다(사진 25·26)[90].

   법천사지 부도전지 상전에서 관찰되는 제한적 장엄성은 지광국사현묘탑이나 탑비, 그리고 북건물지의 위상으로 보아 쉽게 이해할 수 없다. 이는 조사공의 기술력이나 사찰의 경제력[91]과는 관계없이 고려시기 당시의 건축 분위기를 반영한 결과로 파악되고 있다. 즉, 고려시기에는 봉정사 극락전이나 회암사지 보광전지 등과 같이 측면과 후면에서 천적기단을 확인할 수 있다. 이들 기단은 만적기단과 비교해 측면이나 후면의 기단석을 낮게 축조하거나 지대석이 없이 면석과 갑석만을 이용하여 기단을 조성한 것이다.

   따라서 법천사지 부도전지에서 확인되는 제한적 장엄성은 고려시기에 유행하였던 천적기단이나 결구기단 등과 같이 당시의 건축문화 특성을 보여주는 일면으로 이해할 수 있다.

---

90) 필자 사진.
91) 법천사 부도전의 건립과 후원에 대한 내용은 황나영의 논고 참조(2010, 「법천사 지광국사 현묘탑원 연구」, 서울대학교대학원 석사학위논문).

사진 25 | 법천사지 부도전지 북건물지와 동건물지 사이의 박석 시설

사진 26 | 법천사지 부도전지 북건물지와 서건물지 사이의 박석 시설

Ⅳ. 맺음말

법천사 부도전은 사역의 북단에 독립적으로 위치하고 있다. 전면에 높은 축대가 시설된 것으로 보아 원래 지형은 급경사에 가까웠을 것으로 생각된다.

지광국사현묘탑과 탑비, 그리고 북·동·서건물을 조성하기 위해 본래의 지형은 절토 및 삭토공법을 통해 정지되었던 것으로 판단된다.

부도전은 동-서 장축의 축대와 계단을 중심으로 상전과 하전으로 구분되어 있다. 상전에는 지광국사현묘탑과 탑비를 중심으로 북·동·서건물지가 자리하고 있고, 하전에는 남동·남서건물지가 위치하고 있다.

상전은 지광국사 해린의 유골을 봉안한 승탑과 그의 영당으로 보이는 북건물지, 그리고 전시관으로 추정되는 동·서건물지 등이 배치되어 神界로 파악할 수 있다. 반면, 하전은 고맥이 초석에 따른 하인방의 존재 유무로 보아 남동건물지(개별 방으로 구획)는 왕이나 왕족의 휴게공간, 남서건물지(통칸)는 귀족들의 휴게공간으로 이해되었다. 이렇게 볼 때 하전은 상전과 대비되는 의미에서 俗界로 판단할 수 있다.

한편, 법천사 부도전의 건축기법 특성은 기단에서 살필 수 있다. 즉, 상전의 북건물지는 이중의 가구기단으로 조성되었고, 동·서건물지는 단층의 가구기단으로 축조되었다. 그리고 하전의 남동·남서건물지는 장대석으로 조성된 치석기단으로 이루어졌다.

이러한 기단의 다양성은 한편으로 하전(속계)에서 상전(신계)으로 올라가면서 치석기단 → 단층의 가구기단 → 이중의 가구기단 등으로 전개되어 기단의 장엄성 및 장식성 등이 점진적으로 표출되고 있음을 확인케 한다. 특히, 북건물지에서 살펴지는 이중의 가구기단은 삼국시기 이후 금당지나 목탑지 등에서만 주로 검출되어 최고의 격을 갖추 기단 형식으로 파악할 수 있다.

기단 형식 외에 북건물지의 상층 가구기단에서 살펴지는 탱주 조각, 그리고 서건물지 초석에서 관찰되는 연화문 장식 등은 법천사 부도전의 조각기술이 당대 최고였음을 보여주고 있다.

그렇다면 법천사 부도전이 이처럼 화려하고 장엄적으로 축조된 이유는 과연 무엇일까?

이는 아마도 승탑 주인공에 대한 尊崇을 조각으로 표현했기 때문이 아닌가 생각된다[92]. 지광국사 해린은 고려 문종대의 왕사·국사였기 때문에 왕실 법회나 연등회, 팔관회와 같은 국가 행사에 두루 참여하였음을 알 수 있다. 그리고 이 과정에서 해린은 왕이나 왕족, 혹은 귀족들과 친밀한 관계를 유지하였을 것이다.

이러한 분위기 속에서 해린의 입적은 자연스럽게 부도전 건립의 경제적 지원으로 이어졌을 것으로 생각된다. 이는 시주자들로 하여금 현세의 부귀영화와 내세의 극락왕생을 보장받을 수 있는 지름길이라는 믿음에서 결코 소홀히 할 수 없는 종교적 행위였던 것이다.

특권층에 의한 경제적 지원은 결과적으로 당대 최고의 장인들을 불러 모으는 원천이 되었고, 그들에 의해 부도전은 장엄적이고 화려한 모습으로 탄생케 되었던 것이다. 그리고 건축공사에 참여하는 장인들 역시도 이를 통해 구원을 받을 수 있다는 믿음에서 최고의 기술을 발휘하였음은 의심의 여지가 없다.

법천사의 사역은 부도전을 포함하여 당간지주가 위치하고 있는 남쪽 방향으로 계속 확대되고 있다. 이에 따라 법천사의 가람배치 및 건축기법 특성 또한 향후 발굴조사의 결과에 따라 좀 더 밝혀질 수 있을 것이라 생각된다. 아울러 고려시기의 부도전지 또한 전국적으로 발굴될 것이 자명하다. 이에 대해선 향후 별도의 지면을 통해 검토해 보도록 하겠다.

---

92) 이는 달리 지광국사의 제자였던 소현이 자신의 입지를 강화시킬 목적으로 법천사 부도전을 장엄하게 축조한 것이라고 한다(황나영, 2010, 「법천사 지광국사 현묘탑원 연구」, 서울대학교 대학원 고고미술사학과 석사학위논문, 37~38쪽).

제2부 제3장

月精寺 地下 架構基壇의
編年과 性格

I. 머리말

월정사는 대한불교조계종 제 4교구 본사로 강원도 평창군 진부면 동산리 오대산 동쪽 계곡에 위치하고 있다. 최초의 개창은 선덕여왕 14년(645) 자장율사에 의해 이루어 진 것으로 전해지고 있다[1].

그러나 이를 뒷받침할 만한 고고미술사적 자료가 검출되지 않아 이를 신빙하기란 그리 쉽지 않다. 다만, 발굴조사(사진 1)[2] 과정에서 출토된 동전, 와당, 청자 등의 존재는 적어도 고려 중기 무렵 현재의 석탑 주변으로 사원이 입지하였음을 판단케 하고 있다.

본고의 논제가 되는 지하 가구기단은 지난 2000년 현 월정사 팔각구층석탑 남쪽에 위치하고 있는 석조보살좌상의 보존처리 과정에서 발견되었다. 처음에는 대좌의 상·중·하대석만이 노출되었으나 이를 확장 조사하면서 장대석과 가구기단의 일부가 확인되었다[3].

---

1) 『三國遺事』卷 第4 義解 第5 慈藏定律條.
2) 대한불교조계종 제4교구본사 월정사·(재)대한불교조계종 유지재단 문화유산발굴조사단, 2004, 『五臺山 月精寺 석조보살좌상 주변지역 문화유적 시·발굴조사보고서』, 원색사진 1.
3) 연화 상대석의 중앙에는 철심이 있어 연화 하대석까지 연결되어 있었다. 이의 보존처

사진 1 | 월정사 8각9층석탑 주변 조사 후 전경

　조사가 고고학 전공이 아닌 보존처리 전공자에 의해 실시되었기 때문에 각 층위상의 변화와 출토 유물의 편년, 그리고 이를 통한 토층의 연대 등은 처음부터 파악이 불가능하였다. 특히 이러한 과정에서 노출된 유구(지하 가구기단)는 논자에 따라 그 성격이 다양하게 개진되었다. 결과적으로 이는 또 다른 혼란을 야기시키는 원인이 되어 정밀 발굴조사의 단초가 되었다[4].

　이에 2001년 11월 15일부터 2002년 7월 31일까지 현 석탑 주변에 대한 세부 발굴조사가 실시되었고[5], 그 결과 지하 가구기단의 축기부와 석조보살

　리 과정은 아래의 논고를 참조.

　최명윤, 2000, 「보물 제 139호 석조보살좌상 보존처리작업 중간보고」『月精寺 八角九層石塔의 재조명』, 月精寺 聖寶博物館, 95~102쪽.

4)　정식 발굴조사가 추진되기 이전에 이 유구는 탑구로 추정되기도 하였다(정영호, 2000, 「韓國美術史上 月精寺 八角九層石塔의 意義」『月精寺 八角九層石塔의 재조명』, 月精寺 聖寶博物館, 67쪽).

5)　이의 결과는 다음의 보고서를 참조.

사진2 | 월정사 지하 가구기단 및 석조보살좌상 대좌 보강시설

좌상의 대좌 보강시설, 그리고 이들 유구와 관련된 구지표층(생활면) 등의 실체가 밝혀지게 되었다(사진 2, 도면 1)[6].

아울러 이들 유구의 구지표층 보다 아래 층위에서 중국 송대의 崇寧重寶가 검출되어 지하 가구기단 및 석조보살좌상의 편년 설정에도 결정적인 단서가 되었다. 특히 현 석탑 아래에 대한 정밀 조사를 통해 현재의 팔각구층석탑이 조선 중기 이후 다른 장소에서 移建되었을 가능성도 제기되었다[7].

이러한 발굴조사 내용을 바탕으로 본고에서는 지하 가구기단의 성격을 밝

대한불교조계종 제4교구본사 월정사 · (재)대한불교조계종 유지재단 문화유산발굴조사단, 2004, 『五臺山 月精寺 석조보살좌상 주변지역 문화유적 시 · 발굴조사보고서』.

6) 대한불교조계종 제4교구본사 월정사 · (재)대한불교조계종 유지재단 문화유산발굴조사단, 2004, 『五臺山 月精寺 석조보살좌상 주변지역 문화유적 시 · 발굴조사보고서』, 119쪽 사진 33-2 및 77쪽 도면 31.

7) 이는 현 석탑 아래에 시설된 강회 보강시설과 지하 가구기단의 갑석 사이에서 검출된 白磁를 통해 판단한 것이다. 하지만 이 석탑의 본래 축조 시기는 백자와 무관하기 때문에 종래의 편년관에는 큰 이견이 없다.

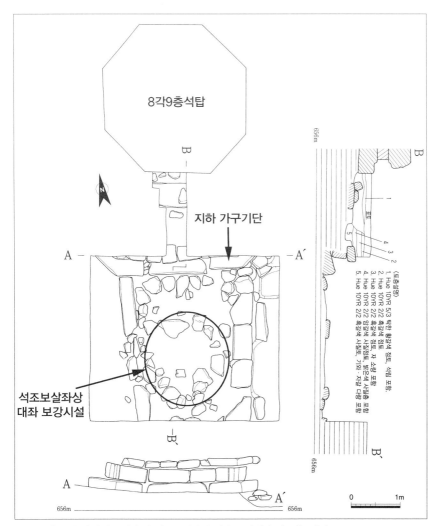

도면 1 | 월정사 지하 가구기단 및 석조보살좌상 대좌 보강시설 평·단·입면도

혀보고자 한다. 왜냐하면 지금까지 탑 앞의 석조보살좌상(사진 3)[8]은 그 공
양 주체가 현 팔각구층석탑으로 알려져 왔다(사진 4)[9]. 그리고 이 석탑은 지

---

8)　中央日報「季刊美術」, 1994, 『韓國의 美 ⑩ 佛像』, 사진 168.
9)　月精寺 聖寶博物館, 2000, 『月精寺 八角九層石塔의 재조명』, 유리원판사진(1929년).

사진3 | 월정사 8각9층석탑 앞 석조보살좌상

사진4 | 1929년의 월정사 8각9층석탑과 전면의
석조보살좌상

사진5 | 강릉 신복사지 3층석탑 앞 석조보살좌상

금까지 고려시기 월정사의 대표 석탑으로 회자되고 있다.

그렇기 때문에 다른 석탑의 존재는 고려 대상에서 완전 배제되었고, 현재까지도 이론의 여지가 없다. 그러나 발굴조사 내용을 바탕으로 한다면 석조보살좌상은 분명 현재의 석탑이 아닌 동일 토층상의 가구기단 유구를 향해 공양하고 있다. 이는 단적으로 공양의 대상이었던 가구기단의 성격이 極重하였음을 보여주는 사례로 이해할 수 있다.

한편, 이러한 공양보살상은 인접한 강릉 신복사지(사진 5)[10] 및 충남 논산의 개태사지 등에서도 확인되고 있다. 특히 전자의 경우는 탑 앞에서 공양하는 자세를 취하고 있어 고려시기 탑-보살의 배치를 잘 보여주고 있다.

II. 지하 가구기단의 축조과정과 출토유물

가구기단의 지대석은 현 지표下 70~80cm 지점에서 노출되었다. 가구기단이 놓인 층위는 구지표층으로 그 아래는 축기부토 및 기반토 등으로 이루어져 있고, 그 상면은 다짐토[11]로 성토되어 있다(도면 2)[12].

가구기단의 남면으로는 장대석의 기단시설이 남북을 장축으로 뻗어가고 있

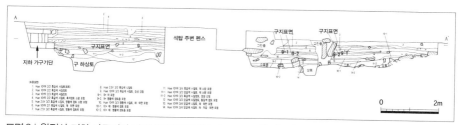

도면 2 | 월정사 지하 가구기단 단면 및 구지표면(9. 9-1·2 토층) 상·하 토층도(13번 토층에서 숭령중보 출토)

---

10) 中央日報「季刊美術」, 1994,『韓國의 美 ⑩ 佛像』, 사진 169.

11) 성토다짐토의 토층 양상은 벽면에서 명확하게 구분되고 있으나 석조보살좌상이 놓인 부분의 경우 발굴조사 이전에 이미 굴토·교란되어 확실한 층위 양상을 살필 수 없다. 아울러 지하 가구기단의 지대석이 놓인 구지표층 위로도 유물이 전혀 검출되지 않아 과연 언제부터 본격적인 성토작업이 이루어졌는지 파악하기 어렵다. 이는 지하 가구기단의 유구 및 전각의 폐기와도 밀접한 관련이 있어 자료로서의 가치가 매우 높다고 생각된다. 향후 주변지역에 대한 확장조사를 통해 밝혀질 수 있으리라 생각된다.

12) 대한불교조계종 제4교구본사 월정사·(재)대한불교조계종 유지재단 문화유산발굴조사단, 2004,『五臺山 月精寺 석조보살좌상 주변지역 문화유적 시·발굴조사보고서』, 29쪽 도면 4.

사진6 | 현 월정사 팔각구층석탑 및 지하 가구기단

는데 조사 범위의 한정으로 인해 전모는 확인되지 않았다. 석렬의 중앙부에는 석조보살좌상의 대좌13)를 지탱하기 위한 보강시설이 조성되어 있다.

보강시설은 대좌의 외연에만 축석되어 있을 뿐 중앙부는 텅 빈 상태로 남아 있어 견고함을 찾아보기 어렵다. 그리고 서쪽 기단석렬 아래에서 대좌의 보강석 일부가 검출되는 것으로 보아 작업공정상 보강석이 선축되었음을 살필 수 있다.

가구기단은 정면에서 볼 때 양 측면이 살짝 들려 있음을 볼 수 있는데 이는 상면으로부터 큰 하중을 받아 일어난 현상으로 파악된다(사진 6)14). 즉 무게 중심이 가구기단의 중심부로 집중되는 것과 달리 기반토의 지반과 축기부의 보강시설이 상대적으로 취약해 기단의 양 측면이 살짝 들린 것으로 이해할 수

---

13) 원형으로 된 연화상대석과 8각형의 중대석, 그리고 8각형의 연화 하대석으로 이루어 져 있다. 상대석 및 하대석에는 연꽃과 귀꽃이 조각되어 있으며 보살좌상과 중대석은 철심으로 연결되어 있다.

14) 대한불교조계종 제4교구본사 월정사 · (재)대한불교조계종 유지재단 문화유산발굴조 사단, 2004, 『五臺山 月精寺 석조보살좌상 주변지역 문화유적 시 · 발굴조사보고서』, 119쪽 사진 33-1.

있다. 이는 면석과 갑석에서 그 변화
를 살필 수 있으며, 특히 서쪽면에서
뚜렷하게 확인되고 있다.

지대석 아래로는 축기부(2단의 석
축 보강시설, 사진 7)15)와 기반토로
사용된 모래 성분의 구 하상면(자연
퇴적토)16)이 존재하고 있다. 구 하
상면은 일부 흑색으로 변색되어 있으
나 성분은 모래와 큰 차이가 없어 기
초시설로는 부적합을 알 수 있다.

구 하상면은 북쪽이 높고 남쪽으
로 갈수록 점차 낮아지는 현상을 보
이고 있다. 이러한 지형은 가구기단
이 있는 지점의 경우 약 30cm 아래

사진 7 | 월정사 지하 가구기단 지대석
아래의 축기부

에서 구 하상면이 검출되는 것과 달리 보살좌상의 대좌가 있는 남쪽부의 경우
는 1m 이하 지점에서 구 하상면이 나타나고 있다.

따라서 이와 같은 지형에 건물을 조영하기 위해선 우선적으로 대지 조성이
필요한데 가구기단 주변에서는 반복적인 성토 및 정지작업 등의 형적이 거의
확인되지 않았다17). 다만 폐기된 선행 건물지의 잔재를 이용하여 대지를 조성

---

15) 대한불교조계종 문화유산발굴조사단 제공.
16) 구 하상면은 모래층과 그 아래의 두터운 하천석으로 형성되어 있다. 그런데 이 층위에
서는 건물 조영과 관련된 인위적인 정지층이나 유물이 전혀 검출되지 않아 문화층으
로는 파악되지 않았다.
17) 이는 구하상면의 토층에서도 명확히 확인되고 있다. 만약 와건물지의 잔재를 폐기하
기 전에 구 하상면을 정지하였다면 토층에서의 불규칙한 굴곡은 살피기가 어렵다. 아
울러 가구기단 동쪽에서 검출된 웅덩이에서의 와건물지 관련 폐기물들을 통해서도 이
들 구 하상면이 폐기 전에 정지되지 않았음을 보여주고 있다.

해 놓았음이 살펴지고 있다. 선축된 와건물지의 폐기물은 남쪽으로 이동할수록 점차 두텁게 쌓여 있어 구 하상면의 토층 현황을 정확히 반영하고 있다.

전술하였듯이 현 월정사 팔각구층석탑 주변에서 볼 수 있는 최초의 문화층은 구 하상면의 상층에서 확인되었다. 여기에서는 화재로 폐기된 와건물지의 잔재물 즉, 금동제의 광배편을 비롯해 숭령중보, 성송원보, 평기와, 과형청자, 귀목문 와당 등이 소토 및 목탄 등과 혼재하여 비교적 넓은 범위에서 검출되었다.

그런데 이들 문화층은 지하 가구기단의 구 지표층보다 아래 층위로서 상대적으로 여기에서 검출된 폐기물(유물)들은 가구기단의 조성 시기에 비해 선행된 유물임을 알게 한다. 그리고 폐기물과 관련된 와건물은 현 팔각구층석탑과 멀지않은 주변 지역에 입지해 있었음을 유추할 수 있다.

이는 지하 가구기단이 조성되기 전의 해당 지역이 구 하상으로만 존재하였을 뿐 다른 와건물이나 광장 등의 문화층으로는 활용되지 않았음을 의미한다. 그리고 기존 건물이 화재로 폐기되고, 현재의 장소로 사역이 확장되면서 이의 폐기물 등을 이용한 대지 조성이 이루어졌음을 확인할 수 있다.

한편, 가구기단 축기부에서 볼 수 있는 취약함은 석조보살조상 대좌의 보강(적심)시설에서도 엿볼 수 있다. 보살상의 대좌는 상·중·하대석의 3단 화강석재이나 보강시설은 1단으로 하대석의 외연부에만 엉성하게 축석되어 있다. 그 결과 보강시설의 동쪽 부분이 약간 침하되었음을 살필 수 있다.

이상으로 보아 가구기단은 구 하상면을 굴토하여 축기부를 조성한 후 그 위에 축조되었음을 알 수 있다. 그리고 석조보살좌상은 구하상면 위로 폐기된 와건물지의 잔재들을 정지·성토한 후 조성되었음을 파악할 수 있다. 결과적으로 와건물지의 잔재들이 대지 조성 중에 성토되었고, 그 상면에 가구기단의 구지표층(생활면)이 형성된 것으로 이해할 수 있다.

Ⅲ. 지하 가구기단의 구조와 편년

1. 구조

지대석, 면석, 갑석으로 조합된 가구기단(사진 8)[18]은 삼국시기 이후 장엄적이면서도 권위적인 기단 형식으로 알려져 있다[19]. 이러한 건축 기단은 목조건물에서의 경우 단층[20] 혹은 이중기단[21]으로 조성되고, 탑파에서는 거의 대부분 후자의 형식을 따르고 있다.

지대석은 지표 하 75cm 지점에서 검출되었다. 현 팔각구층석탑의 기단석과 달리 지대석, 면석, 갑석의 치석기법이 서로 상이하여 복수의 조탑공 존재

---

18) 대한불교조계종 문화유산발굴조사단 제공.
19) 조원창, 2003, 「寺刹建築으로 본 架構基壇의 變遷 硏究」 『百濟文化』 32.
20) 사찰건축의 가구기단에 대해선 아래의 논고를 참조.
    조원창, 2014, 『백제 사원유적 탐색』, 서경문화사.
21) 백제 능산리사지 금당지, 미륵사지 동·중·서원 금당지 및 통일신라 감은사지 금당지, 그리고 고려시시 법천사지 부도전지 중앙건물지 등에서 찾아볼 수 있다. 가구기단은 이중기단 중 주로 상층기단에 시설되었다.

사진 9 | 철원 도피안사 3층석탑

나 석재의 재사용 등을 추정케 하고 있다. 특히 후자의 판단은 가구기단 이전에 새로운 와건물이 주변에 조영되었던 사실과도 무관치 않다.

예컨대 지대석 정면에 놓인 3매의 석재 중 중앙의 것은 좌·우측의 지대석에 비해 두께가 두껍고 부분적으로 마멸[22]의 정도가 매우 심함을 살필 수 있다. 이는 장대석의 형태를 띤 것으로 와건물의 기단석이나 신방석 혹은 계단 등에 사용된 석재로 추정할 수 있다. 따라서 좌·우측의 부재와 같은 가구기단의 전용 석재로는 파악하기 어렵다.

기단의 전체 높이는 약 60~70cm 정도이며, 한 변은 244cm이다. 드러난 면의 평면 형태로 보아 가구기단은 팔각형임을 알 수 있다[23]. 지대석의 전체 높이는 20cm이고, 상단에서 아래로 15cm까지는 정치석된 반

---

22) 이는 장대석의 상면 모퉁이부분에서 살필 수 있다. 만약 장대석이 재사용되지 않았다면 인접한 좌·우측의 별석과 같이 완벽한 합각을 이루어야 한다. 동일 화강암에서 그리고 사람의 접근이 불가능한 지점이라는 점에서도 이와 같은 마멸의 차이는 생각하기 어렵다.

23) 가구기단이면서 평면 8각형의 예를 보이는 것은 철원 도피안사 삼층석탑(사진 9, 필자 사진), 평양 영명사 팔각오층석탑, 대동군 율리사지 팔각오층석탑, 묘향산 보현사 팔각십삼층석탑 등에서 볼 수 있다(정영호, 2000,「韓國美術史上 月精寺 八角九層石塔의 意義」『月精寺 八角九層石塔의 재조명』, 月精寺 聖寶博物館).

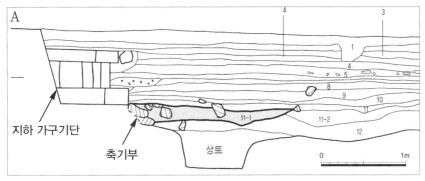

A

지하 가구기단

축기부

생토

11-1   11-2   12

0   1m

도면 3 | 월정사 지하 가구기단의 축기부

면, 그 아래 5cm는 치석되지 않아 표면의 凹凸이 심함을 볼 수 있다.

　그런데 치석된 면과 그렇지 않은 면의 경계가 구지표층[24]을 형성하고 있어 가구기단과 관련된 유구의 생활면임을 알게 한다. 지대석 아래에는 2단의 석재가 보강시설로 사용되고 있는데 이는 축기부의 한 부분으로 파악되고 있다. 하단 보강석은 크기가 25~30cm 정도로 지대석의 끝단으로부터 약 40cm 지점에 놓여 있고, 그 위의 석재는 아래 석재의 중간부에 걸쳐 가구기단의 지대석을 받치도록 하였다.

　지대석 하부의 축기부(도면 3)[25]는 흔히 구지표면(생활면) 아래에 조성되는 것으로 하중이 많이 나가는 건축물에 시설되어 있다[26]. 작업 공정상 축토된 대지를 넓게 되파기 한 후 그 내부에 판축 혹은 성토기법으로 축조하고 있다. 우리나라의 경우 삼국시기 이후 조선시기에 이르기까지 금당이나 탑 등에

---

24) 이는 층위상으로도 확연히 구분되었다. 즉, 구지표층의 경우 굵은 모래가 混入된 짙은 흑갈색 사질층으로 토층의 강도가 다른 층과 비교해 상당히 단단하였다. 이는 구지표층 및 그 상하의 토층 정리 과정에서도 확연히 구분되었다.

25) 대한불교조계종 제4교구본사 월정사·(재)대한불교조계종 유지재단 문화유산발굴조사단, 2004,『五臺山 月精寺 석조보살좌상 주변지역 문화유적 시·발굴조사보고서』, 29쪽 도면 4 중.

26) 조원창, 2011,『백제의 토목 건축』, 서경문화사.

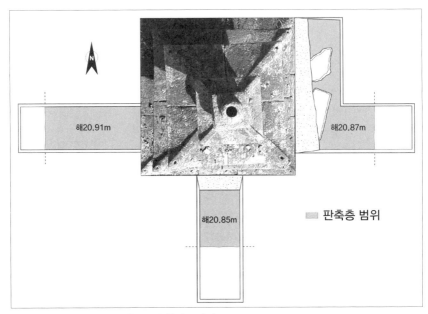

도면 4 | 서천 비인 탑성이오층석탑과 축기부 범위

해20.91m

해20.87m

해20.85m

판축층 범위

사진 10 | 서천 비인 탑성이오층석탑의 축기부 판축토

주로 시설되었다. 고려시기의 석탑 중에는 서천 비인 탑성이오층석탑(도면 4, 사진 10)[27]에서 판축된 축기부를 확인할 수 있다.

지하 가구기단의 축기부는 4면 중 한쪽에서만 확인된 것으로[28] 내부에는 할석과 암갈색사질토가 성토되어 있다. 암갈색사질토에는 소량의 재가 포함되어 있어 구 하상토와 확연하게 구별됨을 살필 수 있다. 가구기단의 규모에 비해 축기부가 허술하게 조성되어 기단의 중앙부가 침하되어 있음을 볼 수 있다.

지대석 위의 면석은 3~4매 정도의 횡판석으로 이루어졌고, 외면이 정교하게 치석되어 있다. 두 면이 만나는 합각부에는 평면 장방형의 우주[29]가 모각되어 있으며, 탱주는 조각되지 않았다. 우주의 높이는 28cm, 너비는 12cm이다.

기단의 상부를 이루는 갑석은 여러 매의 판석으로 이루어져 있으며 높이 12cm 내외, 길이 25cm이나 너비는 정형성이 없다. 별석으로 된 갑석으로 보아 기단 형식은 이중기단이었음을 판단할 수 있다. 왜냐하면 갑석 위로 이를 눌러 주는 별개의 석재가 없다면 이는 바람이나 외부의 힘에 의해 쉽게 떨어질 수 있기 때문이다. 따라서 현재 검출된 가구기단은 이중기단의 하층기단임을 알 수 있고, 상층기단은 갑석 위에 조성되었을 가능성이 매우 높다. 이러한 예는 현재 국보로 지정된 상부의 팔각구층석탑을 통해서도 쉽게 확인할 수 있다.

2. 편년

가구기단의 축조 시기는 이보다 먼저 조영되고 폐기된 와건물지의 잔재(폐

---

27) 백제문화재연구원 제공.
28) 현장 여건상 한쪽 면만 조사가 이루어졌다. 따라서 지하 가구기단과 관련된 전체 축기부 양상은 파악하지 못하였다.
29) 이러한 우주는 탑파나 건물지의 기단 등에서 살필 수 있다.

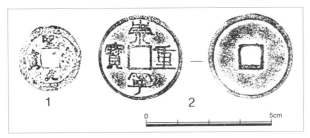

기물)들을 통해 어느 정도 유추해 볼 수 있다. 즉, 구 하상면 위에서 검출된 숭령중보와 성송원보 등은 이미 주

도면5 | 월정사 구 하상 상면 출토 성송원보(1)와 숭령중보(2)

조시기가 밝혀져 있고, 청자과형병과 귀목문 와당 등에 대해서도 상당부분 연구가 이루어져 있다.

현재 지하 가구기단과 관련된 조성기나 사찰기는 전혀 남아 있지 않다. 하지만 이보다 선축된 건물지의 유물 등을 검토해 본다면 이의 편년 설정에도 큰 무리는 없을 것으로 사료된다. 따라서 여기에서는 이들 출토 유물의 제작 및 폐기시기에 초점을 맞추어 가구기단의 조영시기를 추정해 보도록 하겠다.

성송원보와 숭령중보(이상 도면 5)30)는 모두 송대의 동전으로 전자의 경우 1101년에 후자는 1102~1106년 사이에 주조되었다.

유물이 검출된 층위는 서로 다르나 두 층위 모두 가구기단의 구지표면(생활면) 아래에 있다는 공통점이 있다. 따라서 가구기단은 이들 동전으로 보아 12세기 이후에 조영되었다는 절대적인 편년을 갖게 되었다. 그리고 이 같은 편년 설정은 가구기단 앞에 조성된 공양보살의 제작 시기와도 직접적인 관련성이 있어 향후 이의 재검토가 요구된다.

청자음각초화문과형병(도면 6)31)은 지하 가구기단 서쪽 구 하상면 구덩이

---

30) 대한불교조계종 제4교구본사 월정사 · (재)대한불교조계종 유지재단 문화유산발굴조사단, 2004, 『五臺山 月精寺 석조보살좌상 주변지역 문화유적 시 · 발굴조사보고서』, 31쪽 도면 5.

31) 대한불교조계종 제4교구본사 월정사 · (재)대한불교조계종 유지재단 문화유산발굴조사단, 2004, 『五臺山 月精寺 석조보살좌상 주변지역 문화유적 시 · 발굴조사보고서』, 74쪽 도면 30-4.

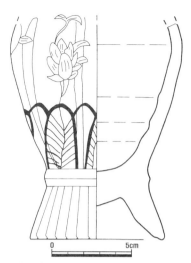

도면6 | 월정사 구 하상면 구덩이 출토
청자음각초화문과형병

사진11 | 전 인종 장릉 출토
청자소문과형병

내에서 출토되었다. 대족과 동중부 만이 남
아 있고, 동체 상단 이상은 결실되었다. 내면
에 유약이 발려 있지 않은 것으로 보아 병으
로 추정되고 있다.

　동체부는 전체적으로 참외형태를 연상시킨다. 대족은 절두삼각형으로 겉
표면엔 양각의 종선대가 등간격으로 시문되어 있다. 동체 하단부는 연화문을
중판으로 음각하였고, 동중부에는 화문을 조각하였다. 그리고 동체부에는 음
각으로 종선대가 표현되어 있어 양각대가 시문된 대족과 좋은 대조를 보이고
있다.

　이 과형병은 전 고려 인종 長陵 출토 청자소문과형병(사진 11)32)과 개성 해

---

32) 호암갤러리, 1995, 『大高麗國寶展 위대한 문화유산을 찾아서(1)』, 117쪽 사진 114.
　　국보 제94호로 높이 22.8cm, 구경 8.6cm, 동체 지름 9.5cm, 저부 지름 7.8cm이
　　다. 월정사 출토 과형병과 달리 素文 청자이다. 현재 국립중앙박물관에 소장되어 있다.

선리 출토 청자음각 연화목단문 과형병, 그리고 전 文公裕 묘지 출토 청자상감 모란국화문과형병33) 등과 기형상 아주 친연성이 있어 편년상 좋은 비교 자료가 되고 있다.

월정사 출토 과형병은 동체부에 연판문과 화문이 화려하게 음각되어 있는 반면, 전 인종 장릉 출토 청자는 소문의 형태를 띠고 있고, 전 문공유 묘지 출토품에는 상감기법이 가미되어 있다. 이렇게 볼 때 월정사 출토 과형병은 시기적으로 전 인종 장릉 출토품과 전 문공유 묘지 출토품의 사이에 속하고 있음을 짐작케 한다. 따라서 월정사 출토 과형병의 제작 시기는 전 문공유 묘지 출토품과의 비교를 통해 적어도 12세기 2/4분기는 넘지 않을 것으로 생각된다.

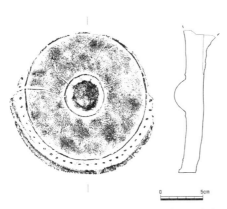

도면7 | 월정사 구 하상면 구덩이 출토 귀목문 와당

한편, 귀목문 수막새(도면 7)34)는 판구 끝 부분에 소주문의 연주문대가 양각되어 있고, 판구 중앙부엔 귀목문이 부착되어 있다. 여느 귀목문 와당과 비교해 판구 내에 연주문대가 시문되어 있어 고식의 특징을 보여주고 있다. 고려 후기의 대부분 와당에서 이러한 연주문대를 확인할 수 없다는 점

---

33) 이는 1159년에 죽은 문공유의 묘지에서 출토된 것으로 전해진다. 대족부의 종선문대, 과형병 아래의 연판문, 그리고 연판 상면에 표현된 화문 등에서 월정사 출토 과형병과 거의 동일한 문양 배치를 보여주고 있다. 다만, 화려한 흑백상감, 대족의 외반 등에서 월정사 출토 과형병의 後行 형식임을 알 수 있다.

34) 대한불교조계종 제4교구본사 월정사·(재)대한불교조계종 유지재단 문화유산발굴조사단, 2004, 『五臺山 月精寺 석조보살좌상 주변지역 문화유적 시·발굴조사보고서』, 74쪽 도면 30-3.

에서 귀목문의 초기 형식으로 파악된다35). 제작 시기는 12세기 전후로 추정
된다.

이렇게 볼 때 가구기단은 청자소문과형병이나 귀목문 수막새, 그리고 숭령
중보 등의 유물이 폐기된 이후에 조영되었음을 알 수 있고, 이를 전제로 할 때
그 조영 시기는 대략 12세기 전반 이후로 파악할 수 있다.

Ⅳ. 지하 가구기단의 성격

가구기단은 지대석, 면석, 갑석으로 조합된 석축기단의 한 형식으로 우리
나라에서는 삼국시기부터 출현하였다. 주로 사찰의 금당이나 탑 등에 조성되
었으며36), 단층 혹은 이중으로 표현되었다.

이러한 유구의 성격에서 볼 때 월정사 지하 가구기단의 경우도 큰 범주에서
보면 금당 관련 건물 혹은 탑지일 가능성이 적지 않다. 이는 석조보살상과의
배치 혹은 축기부 등을 통해 유추한 것으로 다른 성격의 전각 기단으로는 파
악되지 않는다.

따라서 여기에서는 가구기단의 성격을 금당 혹은 탑지와 관련시켜 그 정확
한 성격을 추출해 보도록 하겠다.

전술하였듯이 석조보살상과 가구기단은 동일한 구지표상에 놓여 있다. 아
울러 석렬 2조로 구획된 기단 시설과도 상호 연결되어 있다. 보살은 불교에서

---

35) 문양 배치는 다르나 여주 원향사지 출토 일휘문 Ⅲ형식과 친연성이 찾아진다. 이 와당
의 경우 연주문대가 연판부가 아닌 주연부에 시문되었다는 점에서 차이가 있다. 이 와
당의 경우 고려 중기인 12세기로 편년되고 있다(金泰根, 2003, 「麗州 元香寺址 出土
막새瓦의 硏究」, 東國大學校 碩士學位論文).
36) 백제 사비기의 왕흥사지 강당지, 통일신라기의 감은사지 강당지 및 충주 숭선사지 서
회랑지 등에서 가구기단이 검출된 바 있으나 이는 극히 이례적인 경우라 할 수 있다.

부처 다음의 존귀한 상이다. 이러한 보살이 공양상이 되어 무릎을 꿇었다는 점은 가구기단 유구가 보살 이상의 격을 소유하고 있었음을 판단케 한다.

가구기단은 한 변의 길이가 약 244cm로 평면 8각형을 유지하고 있다. 아울러 갑석은 별석의 판석으로서 면석 중앙에 올려 있다. 이러한 갑석과 면석의 결구는 결과적으로 이 가구기단이 이중기단이었음을 알게 한다.

가구기단 지대석의 복원 면적으로 보아 이곳에 불상을 안치하고 예배를 보기에는 너무 협소한 장소임을 파악할 수 있다. 그리고 지붕을 올렸을 경우 3단 대좌 위에 올린 보살상과 너무 인접해 있기 때문에 금당 관련 건물은 결코 아니었을 것으로 생각된다. 아울러 지금까지 남아 있거나 혹은 발굴조사 된 고려시기의 건축 유구를 보더라도 금당 건물이 8각형을 띠는 예는 거의 찾아보기 어렵다.

이렇게 볼 때 가구기단 유구는 석탑기단이었을 가능성이 적지 않으며 이의 판단 근거는 다음과 같다.

첫째, 기단의 평면 형태가 팔각형을 유지하고 있다. 이러한 팔각형의 기단은 평양의 영명사 팔각오층석탑을 비롯해 대동군 율리사지 팔각오층석탑, 묘향산 보현사 팔각십삼층석탑 등 고려시기 석탑 평면의 한 특징을 보여주고 있다[37].

둘째, 면석에서 확인되는 우주의 존재이다. 물론 우주는 부여 금강사지 및 경주 사천왕사지 등의 백제, 통일신라시기의 금당 유구(가구기단)에서도 살필 수 있으나 둔각을 이루며 면석이 결구되고 있다는 점에서 건축물의 기단으로는 이해하기 어렵다. 특히 이 유구 상면에 현재 위치하고 있는 팔각구층석탑에서도 이러한 형식의 우주가 조성되어 있어 석탑기단으로 파악할 수 있다.

셋째, 석조보살좌상과의 관계이다. 현재 우리나라 보살상 중에서 공양상의 자세를 취하고 있는 예는 여러 사지에서 살필 수 있다[38]. 그러나 이동되지 않

---

37) 흔치 않지만 통일신라기(9세기)의 到彼岸寺 3층석탑에서도 찾아진다.
38) 그 동안 충남 논산 개태사지 및 명주지역의 신복사지 등에서 출토된 바 있다(崔聖銀,

고 본래의 위치에 놓인 경우는 강릉 신복사지의 것이 거의 유일하다(사진 12)[39].

사진 12 | 강릉 신복사지 삼층석탑과 전면 석조보살좌상

여기서 보살좌상[40]은 삼층석탑을 향하고 있는데 이 석탑의 경우 통일신라기의 석탑 양식을 이어 받은 고려 초기의 것으로 알려져 있다. 탑파라는 것이 기본적으로 석가의 불사리를 안치하기 위한 조형물이라는 점에서 보살보다는 그 격이 현저히 높다.

따라서 부처에게 공양하는 보살상, 즉 공양상의 존재는 불교에서 당연한 배치 관계라 할 수 있다. 이런 점에서 월정사 지하 가구기단 유구와 공양상의 관계가 여기에 해당되지 않을까 생각된다.

넷째, 문헌기록에서의 탑과 보살상의 관계이다. 즉, 閔漬[41]의 「孝信居士親見五類聖衆事跡」에 의하면 "탑 앞에 향로를 들고 탑을 향해 끓어 앉아 있는 상은 약왕보살이다"라고 기록되어 있다.

민지가 13세기 중엽~14세기 전반대의 인물이었음을 볼 때 해당 시기의 월

1980,「高麗初期 溟州地方 石造菩薩像에 대한 考察」『佛教美術』5, 東國大學校博物館).

39) (주)한국색채문화사, 1994, 『韓國佛教美術大典❸佛教建築』, 187쪽 오른쪽 사진.

40) 오른다리를 꿇고 왼다리를 폈으며 두 손은 지권인과 같이 가슴 앞에서 모으고 있다. 자세가 월정사 석조보살좌상과 비슷함을 볼 수 있다. 이 보살좌상의 경우도 중판의 연화대좌 위에 올려 있는데 주변이 완전 복토되어 3단대좌인지는 확인할 수 없다.

41) 閔漬는 고려시기의 문신으로 자는 龍涎, 호는 黙軒이며 1248(고종 35)~1326(충숙왕 13)간의 인물이다.

사진 13 | 현 월정사8각9층석탑 지대석 아래의 축기부(강회)

사진 14 | 월정사8각9층석탑 지대석 아래의 보강시설과 축기부(강회)

정사에 탑과 약왕보살이 존재하였음은 부정하기 어렵다. 그렇다면 여기서 말하는 탑이란 구체적으로 어떤 것을 의미하는 것일까?

　단적으로 말하면 지금까지 이 탑은 현재의 팔각구층석탑으로 이해되어 왔다. 그러나 이 석탑은 발굴조사 결과 조선 중기 이후에 현재의 위치로 이건되었음이 확인되어[42] 민지의 기록에 나오는 탑과는 직접적인 관련성이 없음을 알 수 있다.

이러한 판단은 한편으로 현 석탑 축기부로

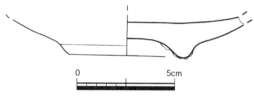

사용된 강회다짐(사진 13 · 14)[43]과 지하 가구기단 사이에서 검출된 백자 저부편(도면 8)[44]을 통해서도 확인할 수 있다. 축기부는 지하 가구기단 내에 壙을 파고, 그 내부에 석회 및 자갈 등이 섞인 혼합물을 넣어 축조하였다. 삼국시기 이후 탑파의 축기부로 강회다짐이 거의 검출되지 않았음을 볼 때 조선시기 축기부의 한 형식으로 이해할 수 있다.

다섯째, 일연의 『삼국유사』를 통해 현 석탑 이전의 선축 탑파가 석탑임을 확인할 수 있다. 이의 내용을 살피면 다음과 같다.

"後有水多寺長老有緣來往 而漸成大寺 寺之五類聖衆 <u>九層石塔</u>皆聖跡也"[45]

---

42) 탑의 형식으로 추정컨대 조선 중기 이후의 작으로는 파악되지 않으므로 다른 장소에서 移建되었음을 알게 한다. 향후 사찰기 등의 기록을 통해 밝혀내야 할 사항이라 생각된다.

43) 대한불교조계종 제4교구본사 월정사 · (재)대한불교조계종 유지재단 문화유산발굴조사단, 2004, 『五臺山 月精寺 석조보살좌상 주변지역 문화유적 시 · 발굴조사보고서』, 121쪽 사진 35-1 · 2.

44) 대한불교조계종 제4교구본사 월정사 · (재)대한불교조계종 유지재단 문화유산발굴조사단, 2004, 『五臺山 月精寺 석조보살좌상 주변지역 문화유적 시 · 발굴조사보고서』, 79쪽 도면 32-2.
백자 저부편은 기외면의 곡면상태로 보아 접시로 추정된다. 모래받침으로 포개구이 하였으며, 굽다리와 굽 안바닥은 완만한 곡선을 이루고 있다. 내외면의 빙렬이 심하며, 유조는 옅은 갈색 및 청색을 띠고 있다. 모래받침의 흔적으로 보아 임란 이후의 작으로 추정되고 있다. 복원 저경 6cm, 잔존 높이 2.1cm이다.

45) 『三國遺事』 권제 3 탑상 제 4 臺山月精寺五類聖衆條.

일연은 주지하듯 1206년(희종 2)~1289(충렬왕 15)간의 인물이다. 『삼국유사』의 집필이 그의 말년인 1277년에 이루어졌음을 볼 때 여기서의 9층석탑은 적어도 그 이전에 존재하였음을 알 수 있다.

현재 월정사의 탑 주변지역은 대부분 발굴조사가 완료된 상태이다. 2차에 걸친 발굴조사 결과 현재의 탑 주변에서 탑지는 전혀 검출되지 않았다. 특히 지하의 선축 석탑이 12세기 전반 이후에 조성되었음을 볼 때 일연의 『삼국유사』 기록과도 약 1세기 정도 밖에는 차이나지 않는다. 이런 점에서 문헌에 등장하는 월정사 구층석탑은 현 국보 석탑이 아닌 지하의 선축 석탑이었을 가능성이 적지 않다.

이상의 여러 항목 등을 검토해 볼 때 발굴조사에서 노출된 가구기단은 12세기 전반 이후에 조영된 8각형의 석탑 기단이었음을 알 수 있고, 공양상은 약왕보살로써 석탑을 향해 경배하고 있었음을 살필 수 있다. 그리고 현 팔각 구층석탑은 조선 중기 이후 다른 장소로부터 이건되어 보살상 앞에 놓였음을 층위와 여러 출토유물을 통해 파악할 수 있겠다.

V. 맺음말

이상에서와 같이 최근 발굴조사 된 월정사 지하 가구기단에 대해 살펴보았다. 이 기단은 지금까지도 그 성격에 대해 거의 논의된 바 없고 다만, 현 석탑과의 관련 속에서 만 膾炙되어 왔다. 그러나 고려시기의 문헌기록과 보살좌상과의 관계 특히 동일 생활면(구 지표층)에 입지하고 있는 가구기단 유구와 보살좌상은 종래의 8각9층석탑과 보살좌상이라는 도식적 관계를 무의미하게 하였다.

따라서 종래에 지하 가구기단이라 불렸던 유구는 12세기 전반 이후의 석탑 기단이었음을 알 수 있고, 그 앞의 보살상은 藥王菩薩임을 파악할 수 있다. 아울러 이의 편년은 구 지표층 아래의 崇寧重寶, 瓜形甁, 수막새 등을 통해 확인할 수 있다.

특히 현재 국보 48호로 지정된 8각9층석탑은 기단부 아래의 강회다짐 축기부와 지하 가구기단 사이에서 검출된 백자 저부편, 그리고 구지표층 등을 통해 조선 중기 이후 현 자리에 이건되었음을 파악할 수 있다. 즉, 현 8각9층석탑의 생활면(지표면)은 석조보살좌상의 대좌에 해당되는 연화상대석 부분에 조성되어 있다. 이러한 층위 형성은 결과적으로 보살좌상의 대좌가 어느 정도 매몰된 이후에 현재의 8각9층석탑이 입지하였음을 판단케 한다.

기본적으로 보살좌상의 대좌가 지대석 및 상·중·하대석으로 이루어져 있고, 지대석 이상은 다른 사례와 비교해 볼 때 생활면 위에 노출되었음이 당연하다. 이러한 이유에서 현 8각9층석탑과 매몰된 보살좌상을 동시기의 석탑과 보살상의 배치로 보는 것은 도저히 이해하기 어렵다.

또한 현 석탑 전면의 석조보살좌상에 대해서도 여러 불교조각가들에 의해 11세기 무렵의 고려 전기 조각으로 이해되어 왔다. 그러나 발굴조사를 통해 이 보살상은 12세기 전반 이후의 것임이 확인되었다. 이렇듯 기년명에 가까운 동전의 출토는 결과적으로 종래의 견해를 1세기 이상 완전히 바꾸게 하였다.

지하 가구기단에 대한 초기 조사가 고고학계통이 아닌 비전문가에 의해 실시되었기 때문에 각 층위에 대한 유물 검토는 실시되지 못하였다. 따라서 지하 가구기단이 구체적으로 어느 시점에 폐기되었고, 본격적인 성토는 언제부터 이루어졌는지 정확히 알 수 없다. 이러한 제 문제는 향후 탑 주변에 대한 확장 조사를 통해 해결해야 할 과제라 생각된다46).

---

46) 이 글은 조원창, 2005, 「月精寺 地下 架構基壇의 編年과 性格」『湖西考古學』제13집에 게재된 것을 정리하여 옮겨놓은 것이다.

제2부 제4장

高麗時期 異形基壇의
事例와 建築考古學的 意味

I. 머리말

삼국시기 이후 조선시기에 이르기까지 건축물의 기단은 다양한 재료로 조성되어 왔다. 재료에 따라 부르는 명칭도 각기 다른데, 돌로 축조된 기단은 석축기단, 기와나 전돌로 조영된 것은 瓦積(築)基壇이나 塼(築)積基壇, 다양한 재료가 혼합된 것은 混築基壇[1]으로 칭하고 있다.

또한 기단은 단면 구조에 따라 單層基壇과 二重基壇으로 분류되고 있다. 특히 후자는 하층기단상의 초석 유무에 따라 다시 세분되고 있으며[2], 삼국시기 이후 주로 금당이나 목탑지 등에 조성되어 장엄성과 상징성을 대변하기도 한다[3].

아울러 기단은 축조 기법에 따라 平積式과 合掌式, 垂直橫列式, 斜積式 등으로도 구분되고 있다[4]. 이중 평적식이 가장 다수를 차지하고 있으며, 합장

---

1) 조원창, 2006, 「百濟 混築基壇의 研究」『건축역사연구』 46, 建築歷史學會.
2) 경주 황룡사지 중금당지의 경우는 하층기둥 상면에 초석이 배치되어 있으나 부여 능산리사지 당탑지에서는 이러한 유구의 형적을 확인할 수 없다.
3) 조원창, 2002, 「百濟 二層基壇 築造術의 日本 飛鳥寺 傳播」『百濟研究』 35, 忠南大學校 百濟研究所.
4) 이는 와적기단을 대상으로 분류한 방식인데(조원창, 2006, 「新羅 瓦積基壇의 型式과

식과 사적식5)은 주로 와적기단에 사용되고 있음을 살필 수 있다.

이처럼 건축기단은 재료뿐만 아니라 단면 구조, 축조기법 등에서 다양성을 보이고 있다. 이는 시기적 특징이나 국적 등을 대변할 뿐만 아니라 계통이나 전파과정 혹은 대외관계까지도 살필 수 있다는 점에서 그 중요성을 간과할 수 없다6).

재료적 관점에서 볼 때 통시대적으로 가장 많이 검출되는 것은 바로 석재를 이용한 석축기단이다. 그런데 이는 사용된 석재의 치석 여부, 기단석의 축석 정도, 축석 시의 층위 여부에 따라 다시 여러 형식으로 세분할 수 있다.

예컨대 치석된 장대석이나 판석을 이용하여 기단을 축조한 경우 이를 治石基壇이라 부르고, 치석하지 않은 할석을 이용하여 축조한 것을 割石基壇이라 칭하고 있다. 그리고 기단석의 축석 정도에 따라 滿積基壇, 淺積基壇, 傾斜基壇 등으로도 구분하고 있다.

만적기단은 평지가람의 일반 전각과 같이 네 면의 기단 부재를 동일한 높이로 조성한 것을 말한다. 반면에 천적기단과 경사기단은 산지가람에서와 같이 전면은 만적기단으로 축조하되 측면과 후면은 의도적으로 기단석의 높이를 낮게 조성하는 방법을 취하고 있다7). 특히 후자의 기단 형식은 통일신라기 이후 건물이 입지하는 지형과 대지 조성, 그리고 기단토를 축토하는 과정에서 자연스럽게 발생한 것으로 생각된다.

한편, 석축기단 중 치석 혹은 할석 등을 일정한 층위에 맞게 축석한 것은 治石正層基壇 혹은 割石正層基壇이라 부르고 있고, 반면 층위에 맞지 않게 쌓은

編年」『新羅文化』28, 新羅文化研究所) 석축기단도 큰 차이가 없다.

5) 그 동안 전 인용사지 등 신라의 기와 건물지에서만 검출된 바 있다.

6) 조원창, 2013, 『백제사지 연구』, 서경문화사 ; 2014, 『백제 사원유적 탐색』, 서경문화사.

7) 경사진 지형을 성토대지화한 경우 전면은 滿積基壇과 같이 완전하게 조성하는 반면, 측면과 후면 기단은 상대적으로 간략하게 조성하는 경우가 있다. 淺積基壇과 傾斜基壇은 이러한 기단 형식을 이르는 造語임을 밝혀둔다.

기단은 治石亂層基壇 혹은 割石亂層基壇이라 칭하기도 한다[8].

석축기단에는 전술한 형식 외에도 치석된 지대석과 면석, 갑석 등을 조합하여 만든 架構基壇이 있고, 지대석이 없이 면석과 갑석으로만 축조된 結構基壇[9]도 존재하고 있다. 특히 결구기단은 면석의 단수를 자유롭게 조정할 수 있다는 점에서 가구기단과 큰 차이를 보이고 있다.

또한 거돈사지 삼층석탑에서와 같이 기단부 아래에 별도의 가구기단이 조성된 사례도 살필 수 있다. 이는 탑파에서 찾아보기 힘든 건축 요소로 황룡사지 구층목탑지나 실상사 동서 삼층석탑의 기단 하부시설을 연상시킨다. 이러한 기단 건축은 탑파를 조성하는 과정에서 구지표면(생활면) 위에 별도의 대지를 마련하고, 이곳에 기단을 시설하였다는 점에서 臺地基壇[10]으로 부를 수 있다.

이상에서처럼 우리나라의 목조·석조건축물에는 매우 다양한 기단 형식이 채용되어 왔다. 하지만 천적기단이나 경사기단 등 그 동안 우리가 주목하지 못하였던 기단 형식이 고려시기의 산지가람에 널리 유행하였다는 사실은 건축고고학적 측면에서 심도 있게 검토해 볼 필요성을 느끼게 한다.

아울러 삼국시기 백제의 전유물로 여겨졌던 와적기단과 통일신라기 사천왕사 목탑에 조성되었던 전석혼축가구기단이 많진 않지만, 그 명맥이 고려시기까지 이어져 왔다는 점은 한편으로 흥미롭기까지 하다. 이는 건축기술의 전파나 造寺工의 계통, 그리고 기단 상호간의 축조기법 차이를 비교해 볼 수 있다는 점에서 큰 의의가 있다고 생각된다.

따라서 본고에서는 위에서 제시한 여러 기단 형식 중 대지기단, 전석혼축가구기단, 천적기단, 경사기단, 와적기단 등 고려사지의 이형기단을 중심으로 서

---

8) 이상 조원창, 2004, 『百濟 建築技術의 對日傳播』, 서경문화사.
9) 가구기단과의 구조적 차이로 인해 별도 분류하였으며, 필자의 造語이다. 부석사 조사당 및 수덕사 대웅전, 혜음원지, 회암사지 등의 기단에서 확인할 수 있다.
10) 필자의 조어임을 밝혀둔다.

사진 1 | 원주 거돈사지 삼층석탑과 금당지

술하고자 한다. 아울러 논고를 진행하는 과정에서 건축기술의 계통 및 전파 과
정, 그리고 중국과의 문화교섭 등에 대해서도 부분적으로 살펴보도록 하겠다.

II. 고려시기 이형기단의 사례 검토

1. 거돈사지 삼층석탑의 臺地基壇

원주시 부론면 정산리에 위치하고 있는 거돈사지 삼층석탑(사진 1)[11]은 통
일신라기에 조성된 것으로 보물 제750호로 지정되어 있다. 탑의 전체 높이는
5.4m이며, 구조는 기단부[12]와 탑신부, 상륜부로 이루어져 있다.

삼층석탑의 하부에는 한 변 약 7m 정도 되는 가구기단(사진 2·3, 도면

---

11) 필자 사진.
12) 상하층의 이중기단으로 조성되었다.

사진2 | 원주 거돈사지 삼층석탑과 하부 대지기단

사진3 | 원주 거돈사지 삼층석탑 하부 대지기단 세부

1 · 2)13)이 별도로 축조되어 있다. 기단은 금당지(도면 3)14)와 마찬가지로 지복석15)(높이 약 24cm)과 지대석(높이 약 23.5cm), 면석(높이 약 48cm), 갑석(높이

---

13) 필자 사진.
   무진종합건축사사무소, 2001, 『거돈사지 3층석탑 정밀실측 및 수리공사보고서』, 원주시, 178쪽 및 183쪽.
14) 국립문화재연구소, 2013, 『한국 고대건축의 기단 Ⅱ 경기·강원·충북·충남·전북·전남 편』, 53쪽.
15) 고려시기 가구기단 중 지대석 아래에 지복석이 갖추어진 유적은 충주 숭선사지 금당지, 영동 영국사지 금당지, 회암사지 보광전지 월대 등 여러 유구에서 찾아볼 수 있다.

도면 1 | 원주 거돈사지 삼층석탑과 臺地基壇(빗금친 부재는 새롭게 보강된 것)

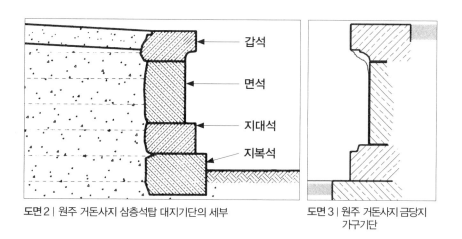

도면 2 | 원주 거돈사지 삼층석탑 대지기단의 세부

갑석
면석
지대석
지복석

도면 3 | 원주 거돈사지 금당지 가구기단

약 23.5cm) 등으로 조합되어 있는데16), 이들 부재 중 갑석 대부분은 최근에 복원된 것들이다17). 갑석 하단 외연에는 1단의 호형 모접이가 치석되어 있으며, 면석에서 우주나 탱주 등의 조각은 살필 수 없다.

삼층석탑의 기단부와 하층의 가구기단 사이에는 토석이 혼축되어 있어 하층 유구의 기단토를 형성하고 있다. 이곳에서는 기와편이 부분적으로 산견되어 기단토 조성 시 유입된 것으로 판단되었다.

지대석은 지복석 끝단에서 약 8.5cm 정도 들여쌓았다. 이러한 기단 부재의 들여쌓기는 기단토의 토압을 효율적으로 지탱하기 위한 건축기술로 판단되며, 건물지 기단 이외의 담장이나 축대석 등에서도 검출되고 있다.

가구기단 중 지복석이 노출된 높이가 약 10cm 내외임을 고려할 때 지상에 드러난 가구기단의 전체 높이는 약 105cm 정도로 계측된다. 이는 거돈사 운영 당시의 구지표면(생활면)에서 105cm 높이에 삼층석탑이 축조되었음을 의미한다. 아울러 삼층석탑을 올리기 앞서 사전에 별도의 臺地가 마련되었던 것도 확인할 수 있다. 이런 점에서 삼층석탑 아래의 가구기단은 臺地基壇으로 부를 수 있다.

그런데 이러한 대지기단은 고려시기뿐만 아니라 삼국시기 및 통일신라시기의 당탑 유적에서 일반적으로 살필 수 있는 건축유구가 결코 아니다18). 그리고 기단 형식을 할석기단이나 치석기단이 아닌 가구기단으로 조성하였다는 점에서 장엄성 및 상징성을 갖춘 기단 형식으로 파악할 수 있다.

한편, 금당지 가구기단은 높이가 120cm로 삼층석탑의 대지기단에 비해 약

---

16) 무진종합건축사사무소, 2001, 『거돈사지 3층석탑 정밀실측 및 수리공사보고서』, 원주시, 183쪽.

17) 발굴조사 당시 갑석은 지대석, 면석 등과 함께 무질서하게 쌓여있었다고 한다(原州市·翰林大學校博物館, 2000.11, 『居頓寺址 發掘調査 報告書』, 213쪽).

18) 우리나라 대지기단의 시초는 신라 황룡사 9층목탑이라 생각되고, 통일신라기는 실상사 석탑에서 찾아볼 수 있다. 이에 대해선 제Ⅲ장에서 살펴보기로 한다.

15cm 정도 높게 조성되었음을 알 수 있다. 이는 대지기단이 없는 석탑만을 고려하였을 경우 금당에 비해 무척 왜소하게 보였을 것으로 생각된다. 따라서 석탑의 대지기단은 동일 선상에서 바라보았을 때 석탑의 높이가 갑자기 낮아지는 것을 예방하기 위한 목적으로 축조되었음을 판단할 수 있다[19].

2. 합천 죽죽리사지 금당지의 塼石混築架構基壇

삼국시기 이후 보통의 가구기단은 지대석과 면석, 갑석 등으로 축조되었다. 이들 석재는 외견상 모두 정교하게 치석되었으며, 일부 면석에는 우주와 탱주, 그리고 안상이나 사자, 꽃 등의 장식이 조각되기도 하였다[20].

고려시기의 대표적인 가구기단은 공주 구룡사지 금당지를 비롯해 충주 숭선사지 금당지, 원주 법천사지 부도전지, 안동 봉정사 극락전, 영주 부석사 무량수전, 영동 영국사 금당지, 대전 보문사지 금당지, 남원 실상사 금당지·목탑지 등에서 살필 수 있다[21]. 이들 가구기단은 모두 다듬어진 석재를 이용하여 조합하였다는 점에서 재료의 공통성을 확인할 수 있다.

이렇게 볼 때 합천 죽죽리사지 금당지의 塼石混築架構基壇[22]은 고려시기의

---

19) 이에 대해 보고서에서는 다음과 같이 기술하고 있다. "그런데 아직 단정할 수는 없으나 전술한 바, 창건금당이 규모가 작고, 따라서 건물의 높이도 낮았을 때에는 이 석탑이 지표상에 있어도 서로 조화가 이루어졌을 것이나, 중건금당이 세워졌을 때 금당의 크기, 특히 중층으로 생각되는 건물의 높이에 대하여 지상에 놓인 석탑이 너무 낮아서 서로의 조화를 잃기 때문에 부득이 토단을 쌓아 그 위에 석탑을 올려놓음으로서 외관상의 탑고를 높인 것이 아닌가 하는 추론도 가능하다"(原州市·翰林大學校博物館, 2000.11, 『居頓寺址 發掘調査 報告書』, 213쪽). 여기서 土壇은 본고의 대지기단을 의미한다.
20) 합천 영암사지 금당지의 경우 면석에 사자 및 안상 등이 조각되어 있고, 통도사 대웅전 면석에는 만개한 꽃이 양각되어 있다.
21) 조원창, 2014, 「寺刹建築으로 본 架構基壇의 變遷 硏究」 『백제 사원유적 탐색』, 서경문화사.
22) 유구 내용은 다음의 자료를 참조하였다.

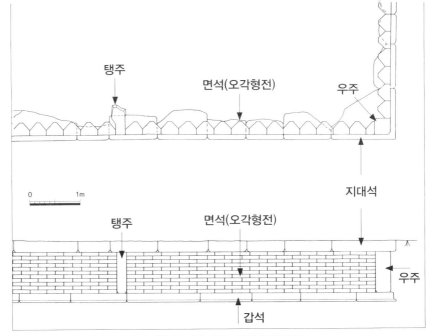

도면4 | 합천 죽죽리사지 금당지 전석혼축가구기단 평면 및 입면 복원도

다른 가구기단과 비교해 이질적인 기단 요소임이 확실하다. 가구기단(도면 4)[23]은 면석이 놓이는 부분에서 재료상의 차이를 발견할 수 있다. 이곳에는 두께 7cm, 장변 32~33cm 정도 되는 오각형전(△)을 밖으로 향하게 하여 평적식으로 쌓아 올렸다. 전의 형태가 방형이나 장방형이 아닌 오각형이라는 점에서 평면 형태의 이질성을 엿볼 수 있다[24]. 전과 전 사이에는 점토 등의 접착물이 없이 단독으로 쌓아 올려졌다.

가구기단(사진 4 · 5)[25]의 조성방법은 먼저 지대석[26]을 설치한 후 모서리에

慶尙南道·國立晋州博物館, 1986, 『陜川竹竹里廢寺址』.

23) 慶尙南道·國立晋州博物館, 1986, 『陜川竹竹里廢寺址』, 31쪽 그림 10 중.

24) 기단에 사용된 오각형의 전이 기단 조성을 위한 전용전이었는지, 아니면 전탑에 사용하기 위한 전이었는지는 확인이 어렵다.

25) 윤덕향, 1992, 『옛절터』, 대원사, 94~95쪽.

26) 화강암재의 장대석으로 대형은 100×50×40cm이고, 소형은 70×40×30cm이다. 특히 모서리부의 隅石은 방형에 가까운 것을 사용하였다.

우주를 세워 두고, 북동 모서리 및 남동 모서리로부터 각각 5.5m, 5.2m의 간격을 두면서 탱주를 시설하였다. 탱주의 높이는 75cm 내외이고, 폭은 20cm인데 전면이 치석되어 있다.

사진4 | 합천 죽죽리사지 금당지 전석혼축가구기단
(전면 좌측의 돌기둥은 탱주)

우주와 탱주, 탱주와 탱주 사이에는 오각형전(△)이 지대석에서 약 10cm 정도 퇴물림하여 조성되어 있다. 탱주의 높이를 고려할 때 전의 높이는 약 11단 정도로 추정되었다. 그러나 우주와 탱주가 경주 사천왕사지 당탑지와는 달리 지대석 상면에 아무런 시설 없이 올려져 있어 기단 부재의 취약성을 살필 수 있다 27). 갑석은 상단 외연에 1단의 각형 모접이가 조성되어 있으나 지대석에서는 이러한 치석기법이 확인되지 않았다.

사진5 | 합천 죽죽리사지 금당지 전석혼축가구기단 세부

---

27) 이는 발굴조사 과정 중에 확인된 동남 모서리부의 지대석을 통해 확인할 수 있다(慶尙南道·國立晋州博物館, 1986, 『陜川竹竹里廢寺址』, 101쪽 사진 6-③).

3. 봉정사 극락전의 淺積基壇과 부석사 조사당의 傾斜基壇

기단은 이를 구성하는 기단석의 築石 정도에 따라 만적기단과 천적기단, 경사기단 등으로 구분할 수 있다.28) 만적기단이 평지가람의 전각에서 일반적으로 살필 수 있는 기단 형식이라면 천적기단과 경사기단은 산지가람의 건축물에서 흔히 볼 수 있다. 특히 후자의 경우 지형적 요인과 밀접하게 관련되어 있다는 점에서 기능성과 경제성이 돋보이고 있다.

본고에서는 유적 사례를 통해 이들 기단 형식의 차이점을 살펴보고, 천적기단과 경사기단을 중심으로 서술해 보고자 한다.

먼저 滿積基壇은 능산리사지 당탑지나 미륵사지 당탑지 및 강당지, 황룡사지 당탑지, 영암사지 금당지(사진 6)29), 통도사 극락보전(사진 7)30) 등과 같이 기단의 네 면이 동일한 높이로 조성되는 경우를 의미한다31).

이러한 만적기단은 삼국~고려시기의 평지가람에 조성된 瓦建物址에서 공통적으로 살필 수 있다. 또한 만적기단은 가구기단 뿐만 아니라 치석기단, 할석기단, 와적기

사진6 | 합천 영암사지 금당지 만적기단

---

28) 여기서는 전면의 기단석과 측·후면의 기단석 높이만을 비교하여 형식을 분류하였기 때문에 사용된 재료(석재, 기와, 전돌 등)나 축조기법 등에 대해선 고려하지 않았다.

29) 필자 사진.

30) 필자 사진.

31) 백제 사비기 왕흥사지 강당지와 같이 전면이 가구기단이고, 측면이 할석기단이라 할지라도 이는 만적기단의 한 유형으로 살필 수 있다.

사진 7 | 양산 통도사 극락보전 만적기단

사진 8 | 안동 봉정사 극락전의 측면 淺積基壇(전면은 2단 면석의 가구기단, 측면은 할석기단)

사진9 | 안동 봉정사 극락전 동쪽 측면의 淺積基壇 세부
(전면과 측면의 기단 축석 상태 및 높이가 다름)

단, 전적기단 등 재료나 축조방식에 따른 구분 없이 일반적으로 확인되고 있다.

두 번째인 천적기단은 봉정사 극락전(사진 8·9)[32]이나 수덕사 대웅전, 회암사 보광전지 등과 같이 건물의 전면을 滿積基壇으로 축조한 반면, 측면이나 후면은 기단석의 하부 부재를 축약하여 상부만을 조성하는 방식이다. 이럴 경우 전면의 만적기단은 기능적으로 축대 역할도 담당하게 된다[33].

이들 유적을 살펴보면 전면은 지대석과 면석, 갑석 등으로 조합된 가구기단의 형식을 취하고 있거나 혹은 지대석이 없이 면석(혹은 할석)과 갑석으로 만축조된 結構基壇의 형식을 따르고 있다.

반면에 측면과 후면은 기단석을 적게 쌓아 전면 기단에서와 같은 지대석이나 면석(혹은 할석) 등을 일부 확인할 수 없다. 이럴 경우 기단석의 높이는 전면과 동일하나 기단의 중·하부는 생략되거나 일부만 대지조성토로 덮히게 된다. 이러한 기단 형식은 측면과 후면이 전면과 비교해 낮게 축조되었다는 점에서 만적기단과 대응되는 淺積基壇으로 부를 수 있다.

전면의 만적기단은 지형에 맞게 완전한 높이로 축석되었기 때문에 앞에서 보았을 때 웅장함이나 장엄성을 느낄 수 있다. 반면, 측면이나 후면의 천적기

---

32) 필자 사진.
33) 기단석의 높이는 대지조성토 및 기단토의 높이에 따라 차이가 있다.

사진 10 | 영주 부석사 조사당 傾斜基壇

단은 기단석의 축석 정도가 열악하여 전면에서와 같은 웅장함을 살필 수 없다. 따라서 천적기단은 만적기단에 비해 기능성은 강조되었지만, 기단의 격은 떨어지는 것을 확인할 수 있다.

마지막으로 세 번째 형식은 부석사 조사당(사진 10)[34]과 같이 자연지형을 이용하여 기단석을 경사지게 조성한 경사기단이다. 두 번째 형식인 淺積基壇과 유사하나 측면의 기단석이 경사지게 조성되었다는 점에서 수평

사진 11 | 영주 부석사 조사당 전면 기단 서쪽부

하게 조성된 천적기단과 차이를 보이고 있다.

부석사 조사당은 경사 하단부인 전면 서쪽부의 경우 3단의 면석과 1단의 갑석으로 축조되어 있다(사진 11)[35]. 그러나 기단의 측면과 후면은 경사 상단부로 올라갈수록 갑석만 구비된 채, 면석의 높이가 점차 낮아지는 형태를 취하고 있다. 특히 측면 뒷부분과 후면은 장대석으로 만 조성되어 전면 기단석의 축조기법과 많은 차이를 보이고 있다.

---

34) 필자 사진.
35) 필자 사진.
  조사당의 전면 기단 중 가장 양호하게 남아 있는 남서 모서리를 중심으로 하였다.

사진 12 | 영주 부석사 무량수전 전면 가구기단   **사진 13 |** 영주 부석사 무량수전 東측면 가구기단

    통일신라기 이후 기와 건물은 평지뿐만 아니라 산지에까지 확산되었다. 예컨대 산지가람의 전각들은 산 경사면을 삭토·정지한 후 축대를 마련하고 그 위에 조성되었다. 따라서 지형에 적합한 새로운 기단 축조술이 요구되었고, 이러한 필요성은 결국 淺積基壇과 傾斜基壇을 등장케 하는 원동력이 되었다.

    그러나 산지에 조성된 기와건물의 전체가 위와 같은 형식으로만 축조된 것은 결코 아니다. 예컨대 부석사 조사당과 비슷한 시기에 조영된 무량수전(사진 12·13)36)의 경우는 전면뿐만 아니라 측면 및 후면 까지도 모두 단층의 가구기단으로 조성되어 조사당의 기단 축조술과 확연한 차이를 보여주고 있다.

    이는 장엄성과 상징성을 강조한 삼국시기 이후의 전통 기법으로서 지형과 관련 없이 그 기술이 고려 후기에도 전수되었음을 보여주는 좋은 사례라 할 수 있다37). 무량수전이 다른 전각들과 달리 아미타불을 모신 부석사의 주불전이기에 가능하지 않았을까 추정해 본다.

4. 평택 용이동·백봉리 와적기단

    용이동의 와적기단은 중정을 중심으로 한 북쪽 건물지의 남면기단에서 확

---

36) 필자 사진.
37) 산지가람에서의 만적기단은 조선시기 및 요즘에도 살필 수 있다.

인되었다(사진 14 · 15)[38].
초석을 비롯한 적심시설이
모두 멸실되어 건물지의 규
모와 형태는 파악할 수 없다.
다만, 건물지 주변에서 귀목
문 와당이 수습되어 12세기
무렵의 기와 건물이 입지하
였음을 추정케 한다.

중정의 동·서쪽에도 건물
지가 입지하였을 것으로 판
단되나 기단을 비롯한 초석
과 적심석 등이 모두 유실되
어 이의 형적은 확인할 수 없
다. 다만, 기단 굴광선이 확
연하게 나타난 것으로 보아
중정을 중심으로 한 "ㄷ"형
태의 건물 구조로 이해할 수
있다.

기단은 점토를 매개로 하
여 깨진 암키와가 편평하게
와적되어 있다. 이는 와적기
단의 형식 중 가장 일반적인
평적식으로 조성한 것인데,
축조 방식은 기단토를 축토

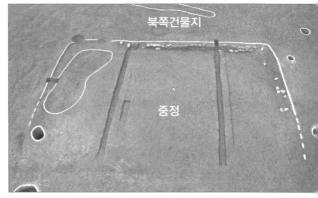

사진 14 | 평택 용이동 와적기단 건물지 전경

사진 15 | 평택 용이동 평적식 와적기단 세부

사진 16 | 평택 용이동 평적식 와적기단 축조기법

---

38) 한얼문화유산연구원 제공.

기단토

사진 17 | 평택 백봉리 수직횡렬식 와적기단

기단토

기단굴광선

사진 18 | 평택 백봉리 수직횡렬식 와적기단 축조기법

한 후 기단이 놓일 부분을 'L'자 모양으로 굴토하고 그 개구부에 기단을 조영하였다(사진 16)[39]. 기단 굴광선과 와적 사이에는 수평에 가깝게 토층이 여러 겹 검출되었는데, 이는 기와를 쌓을 때 마다 그 후면을 적갈색 점질토로 충전한 형적이다. 와적기단의 평면 와열은 1열이고, 와적 아래에서의 지대석은 검출되지 않았다.

한편, 백봉리의 와적기단은 아궁이가 있는 기와 건물의 끝 부분에서 확인되었다. 기단은 깨진 암·수키와편을 이용하여 수직횡렬식으로 축조되었다(사진 17)[40]. 방식은 기단을 조성하기 위해 먼저 기단토를 "U"자 모양으로 굴토하고, 그 내부에 기와를 세워 완성하였다(사진 18)[41]. 굴광선과 기와 사이에는 점질토를 충전하여 기와를 고정시켜 놓았다.

---

39) 한얼문화유산연구원 제공.
40) 필자 사진.
41) 필자 사진.

기와의 등면은 건물 바깥쪽을 향하고 있으나 일부 경사지게 안으로 눕혀있는 경우도 살필 수 있다. 이는 건물 내부에 축토된 기단토의 토압으로 인해 기와가 밖으로 밀려났기 때문인 것으로 파악된다. 기단토는 사용된 기와편으로 보아 20~30cm 정도 축토되었을 것으로 생각된다.

건물지의 성격은 기단 내부에서 완형에 가까운 소형 청자완 등이 검출된 것으로 보아 부엌으로 추정되었다. 부엌을 제외한 나머지 면의 기단은 모두 석축으로 이루어져 재료상의 차이를 보여주고 있다.

이상으로 보아 지금까지 검출된 고려시기의 와적기단은 그 수가 많지 않다. 하지만 와적기단이 삼국시기 이후 기와 건물에 꾸준하게 조성되었다는 점에서 향후 검출될 가능성은 매우 높다. 특히, 일본에서처럼 와적기단이 건물의 초축용이 아닌 보수용으로 사용되었을 가능성도 충분히 유추해 볼 수 있다.

Ⅲ. 고려시기 이형기단의 건축고고학적 의미

1. 고려시기 탑파 臺地基壇의 건축고고학적 의미

탑파에서의 대지기단은 간혹 塔區[42)]와 혼동될 수 있으나 별도의 기단 형식

---

42) 건축물이 가지는 고유한 경계구역을 의미한다고 한다(정해두·장석하, 2010.2, 「석탑 탑구(塔區)의 역할 및 변천에 관한 연구」『건축역사연구』제19권 1호 통권 68호, 91쪽). 그런데 문제는 불탑이 사찰에서 가장 존귀한 건축물임에도 불구하고 이러한 탑구가 시설되지 않은 불탑(사진 19, 필자 사진)이 우리나라 탑파의 대부분을 차지하고 있다는 사실이다.
탑구를 신성한 건축물의 경계구역이라 한다면 이는 하나의 건축기술이 아닌 신앙을 매개체로 한 건축의식의 산물로 이해할 수 있다. 그렇다면 시기를 막론하고 거의 모든 불탑에 이러한 탑구가 시설되는 것이 당연하다. 하지만 현재 남아있는 탑파에 이러한 유구가 대부분 시설되지 않았음을 볼 때 탑구는 건축의식의 산물보다는 하나의 건축기술로 이해하는 것이 타당하지 않을까 생각된다. 그런 점에서 탑구라는 용어는 다양

사진 19 | 탑구가 없는 서산 보원사지 5층석탑

을 갖추고 있다는 점에서 뚜렷한 차이가 있다. 즉, 대지기단은 하나의 기단 구조를 갖추고 있기 때문에 별도의 기단토를 포함하고 있다. 그리고 탑파는 이러한 기단토 상면에 조성되어 층위 상 지표면(생활면)보다도 더 높은 곳에 위치하게 된다.

하지만 탑구라 불리는 유구는 지대석과 거의 같은 지표면(생활면)에 놓여 있어 기단토를 함유하고 있지 않으며(사진 20·21)[43], 기단으로 볼만한 별도의 시설도 확인할 수 없다.

따라서 탑구는 대지기단과 비교해 외관상으로나 구조적으로 큰 차이가 있음을 살필 수 있다. 이런 점에서 탑구와

사진 20 | 경주 감은사지 동3층석탑의 탑구

대지기단은 유구 성격상 명확한 구분이 필요하고, 용어의 혼선도 없어야 할

한 기능(성격)을 가진 유구(보강석, 난간 하부시설 등)로 이해할 수 있다. 이러한 탑구의 모호함은 이를 부르는 명칭이 테두리식, 변두리돌, 갓돌, 경계석 등 다양한 것으로도 확인할 수 있다(정해두·장석하, 2010.2, 「석탑 탑구(塔區)의 역할 및 변천에 관한 연구」『건축역사연구』제19권 1호 통권 68호, 91쪽 각주 2).

43) 필자 사진.

것이다.

　우리나라의 대지기단은 지금까지의 건축고고학 자료들을 검토해 볼 때 황룡사지 구층목탑지에서 그 시원을 찾아볼 수 있다. 현재는 지대석

사진 21 | 울산 영축사지 석탑의 탑구

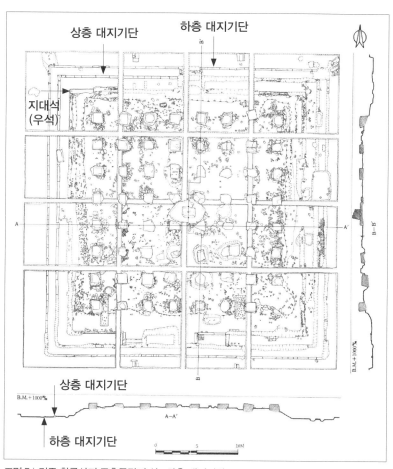

도면 5 | 경주 황룡사지 구층목탑지 상·하층 대지기단

지대석(우석)

상층 대지기단   하층 대지기단

사진22 | 경주 황룡사지 9층목탑지 상·하층 대지기단

부분까지 정비되어 상·하층 2단의 대지기단을 살피기가 어려우나 발굴조사
당시의 도면(도면 5)44)이나 사진(사진 22)45) 등을 검토해 보면 이의 축조양
상을 분명하게 살필 수 있다.

목탑지의 지대석(우석)은 북서 모서리부에서 한 기가 검출되었고, 기단은
단층의 가구기단으로 추정되었다. 지대석의 외곽으로는 장대석으로 조성된
면석이 상·하층 2단으로 축조되어 있다.

층위 상 지대석이 놓인 지표면과 상층 대지기단석 및 하층 대지기단석이 놓인
위치는 미세하나마 약간씩 낮아지는 것을 확인할 수 있다. 이는 구조적으로 하
층 대지기단석의 기단토 상면에 상층 대지기단석이 놓여 있고, 구층목탑 가구기
단의 지대석은 층위 상 상층 대지기단 위에 올려 있음을 파악할 수 있다46).

44) 文化財管理局 文化財研究所, 1982, 『皇龍寺 遺蹟發掘調査報告書 I』, 도면 4.
45) 윤덕향, 1992, 『옛절터』, 대원사, 28쪽 상단 사진.
   필자 사진.
46) 지대석과 대지기단석 모두는 요구를 파고 그 내부에 시설되었다. 따라서 요구는 대지

사진23 | 남원 실상사 동 3층석탑 상·하층 대지기단 세부

　따라서 황룡사가 운영될 당시의 구지표면(생활면)은 하층 대지기단석이 놓인 층위였음을 확인할 수 있다. 그리고 상·하층의 대지기단에 의해 황룡사 구층목탑은 상대적으로 구지표면보다 높은 곳에 축조된 것으로 이해할 수 있다.

　고신라 시기의 이러한 탑파 대지기단은 통일신라기의 실상사 동서 삼층석탑에서도 검출되고 있다. 즉, 탑파의 지대석 아래에서 상·하층으로 조영된 2단의 대지기단을 살필 수 있다(사진 23)[47]. 대지기단은 하층이 할석으로 조성된 반면, 상층은 장대석으로 축조되어 있다. 이처럼 상·하층의 대지기단석이 부재면에서 차이가 나는 것은 하층의 대지기단석이 후대에 보축되었을 가능성도 충분히 고려하게 한다[48]. 상·하층 대지기단의 내부는 현재 잔자갈 등으로 채워져 있다.

　한편, 석탑의 지대석 하부를 자세히 관찰하다 보면 치석되지 않은 요철 부위를 살필 수 있는데, 이는 상층 대지기단석의 기단토에 의해 덮여 있었던 것

　기단석 내부의 기단토에 조성되었음을 판단할 수 있다.

47) 필자 사진.

48) 석탑이 기본적으로 불사리를 봉안하는 석조물이었음을 볼 때 이의 대지기단석 역시도 탑파 재료와 마찬가지로 치석된 석재를 사용하였을 가능성이 매우 높다.

으로 파악된다. 그리고 하층 대지기단석의 경우도 상층보다 낮은 위치에 축조
되어 있어 전체적으로 보면 석탑 지대석 → 상층 대지기단석 → 하층 대지기단
으로 내려오면서 한 단계씩 레벨이 낮아지는 것을 확인할 수 있다.

그리고 이러한 통일신라기의 대지기단은 통일신라 말~고려 초에 이르면 거
돈사지 삼층석탑과 같이 단층의 가구기단으로 발전하고 있음을 살필 수 있다.
거돈사지 삼층석탑은 앞에서 살핀 황룡사지 구층목탑과 실상사 쌍탑에 비해
최고의 기단 형식인 가구기단으로 조성되었다는 점에서 대지기단의 절정기를 엿볼 수 있다.

대지기단은 레벨 상 석탑의 지대석 보다 낮은 위치에 조성되고 있다. 이는 달리 말하면 대지기단의 역할이 석탑의 지대석 위치를 지표면(생활면)이 아닌 대지기단의 높이만큼 지상에 띄워놓는 것을 의미한다. 대부분의 금당이 70~80cm 이상의 가구기단으로 축조되었음을 볼 때, 대지기단은 상부의 탑파가 금당의 위세에 위축되지 않게 하기 위한 방편으로 조성되었음을 이해할 수 있다.

그렇다면 이와 같은 가구기단 형식의 대지기단이 어떻게 거돈사지 삼층석탑에 조영될 수 있었을까? 삼국시기 및 통일신라시기의 탑파 중 이러한 계통의 기

사진 24 | 돈황석굴 내 금강보좌탑의 臺地基壇(북주)

단 형식이 거의 존재하지 않았음을 볼 때 커다란 의문이 아닐 수 없다.

이럴 경우 주목할 수 있는 유적으로 중국의 金剛寶座塔을 들 수 있다. 이 탑은 중앙의 높은 탑을 중심으로 사방에 작은 탑을 세운 형식으로 탑파의 기단부 아래에 별도의 높은 기단이 조성되어 있다.

이러한 금강보좌탑은 돈황석굴 내의 벽화를 통해 적어도 위진남북조시기(사진 24)[49]에는 축조되었을 것으로 판단된다. 그리고 북경 및 티베트지역에

도면 6 | 북경 대정각사 금강보좌탑(明 1473년)

---

49) 蕭默, 1989, 『敦煌建築研究』, 원색도판 二.

남아있는 금강보좌탑의 사례로 보아 명·청대까지 통시대적으로 조영되었음을 알 수 있다. 따라서 거돈사지 삼층석탑의 대지기단이 조성될 당시에도 중국에서는 꾸준히 금강보좌탑이 축조되었던 것이다.

예컨대 현재 잔존상태가 양호하게 남아 있는 북경 대정각사의 금강보좌탑(1473년, 도면 6)[50]을 보면 높은 대지기단 위에 5기의 탑이 조영되어 있음을 볼 수 있다. 대지기단은 6단의 높이를 보이고 있으며, 각각의 단은 가구식으로서 우주와 탱주가 정교하게 조각되어 있다[51]. 그리고 각각의 면석에는 여래상과 보살상, 꽃, 서수 등이 화려하게 시문되어 있는 것을 확인할 수 있다.

이 탑은 명대의 건축물이기 때문에 고려 초기의 거돈사지 삼층석탑에 그대로 소급시킬 수는 없다. 하지만 중국에서 위진남북조시기 이후 청대에 이르기까지 이러한 기단 형식이 꾸준하게 조성되었음을 볼 때 거돈사지 삼층석탑의 가구식 대지기단 역시 그 사원적 계통이 중국에 있었음은 충분히 고려해 볼 수 있다.

2. 고려시기 塼石混築架構基壇의 건축고고학적 의미

가구기단은 삼국시기 이후 치석된 석재를 사용하는 것이 일반적이다. 그런데 합천 죽죽리사지 금당지의 경우 면석을 사용하지 않고, 오각형의 전으로 축조하였다는 점에서 재료의 이질성을 엿볼 수 있다.

이러한 기단 형식은 塼石混築架構基壇으로 부를 수 있는 것으로서 그 동안의 발굴조사를 검토해 볼 때 고려시기뿐만 아니라 삼국시기 및 통일신라시기의 유적에서도 거의 검출되지 않은 희귀한 사례로 꼽을 수 있다.

죽죽리사지 금당지와 가장 친연성을 보이는 가구기단 형식으로는 경주 사

---

50) 樓慶西, 2005, 『中國古建築塼石藝術』, 275쪽.
51) 한 층, 한 층을 떼어 놓고 보면 우주와 탱주가 조각된 가구기단으로 살필 수 있다.

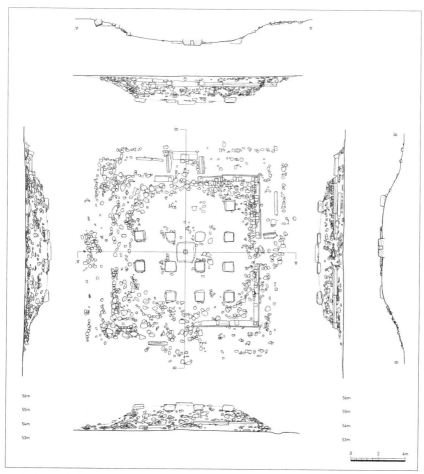

도면 7 | 경주 사천왕사지 동탑지 평·단·입면도

천왕사지 동·서 목탑지(도면 7~9)[52]를 예시할 수 있다. 사천왕사지 동·서
목탑지의 기단은 지대석을 비롯한 우주와 탱주, 갑석 등이 석재로 이루어졌

---

52) 국립경주문화재연구소, 2013, 『四天王寺 II 回廊內廓 발굴조사보고서』, 94쪽 도면
    12 및 80쪽 도면 6.

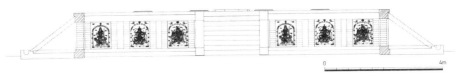

도면8 | 경주 사천왕사지 서탑지 전석혼축가구기단 복원도

도면9 | 경주 사천왕사지 서탑지 전석혼축가구기단 면석 복원도

고, 면석부가 전으로 조성되었다는 점에서 죽죽리사지 금당지 기단과 공통적인 속성을 보이고 있다.

하지만 두 유구의 축조기법은 사용된 전의 평면 형태와 문양, 우주와 탱주를 꽂을 수 있는 촉구멍, 지대석 및 갑석에서 볼 수 있는 1단의 각형 모접이 등에서 세부적 차이를 살필 수 있다. 그리고 전을 쌓는 기법에서도 상호 비교되고 있다. 그러나 본고에서는 여러 속성 중 우주와 탱주의 시설에 관한 내용을 중심으로 살펴보고자 한다.

먼저, 사천왕사지 동 · 서 목탑지는 금당지53)와 마찬가지로 이중기단으로 조성되었다. 이 중 상층이 가구기단으로 축조되었고, 기단을 구성하는 지대

---

53) 금당지 상층기단 지대석에는 우주와 탱주를 올리기 위한 방형과 원형의 촉구멍 및 홈이 시설되어 있다.

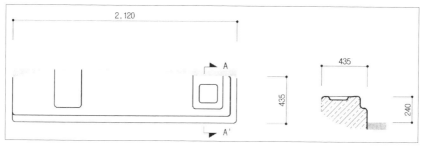

도면 10 | 경주 사천왕사지 동탑지 전면기단 우측 지대석 평 · 단면도

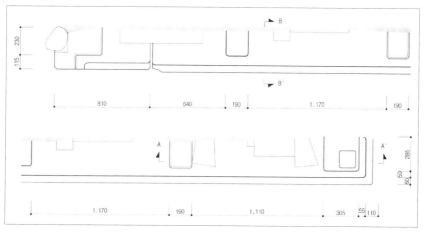

도면 11 | 경주 사천왕사지 서탑지 북면 상층기단 지대석 평면도

석의 상면에는 우주와 탱주를 올리기 위한 방형의 촉구멍과 홈이 시설되어 있다(도면 10 · 11)[54]. 반면, 죽죽리사지 금당지에서는 이러한 촉구멍이나 홈을 전혀 찾아볼 수 없다.

삼국시기 이후 지대석 위에 시설된 우주와 탱주는 대체로 평면 방형의 석주

----

54) 국립문화재연구소, 2012, 『한국 고대건축의 기단 경북 · 경남 · 대구 · 울산 편』, 98쪽 및 101쪽.

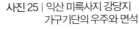

사진 25 | 익산 미륵사지 강당지   사진 26 | 양산 통도사 대웅전 가구기단의 우주와 탱주, 면석
         가구기단의 우주와 면석

로 치석되어 있다. 따라서 면석과 우주, 탱주 등이 별석으로 조성될 경우에는 면석의 일부가 우주나 탱주의 측단에 끼워지도록 하였다(사진 25·26)[55]. 이러한 구조는 결과적으로 면석의 양단을 우주와 탱주가 지탱해 주고 있음을 의미하는 것이라 할 수 있다.

이처럼 우주와 탱주는 면석이 받는 기단토의 토압을 적절하게 분산시켜주는 역할을 하고 있다. 그러므로 우주와 탱주가 별석인 상태에서 지대석 상면에 촉구멍이나 홈, 턱과 같은 고정 시설이 없다면 우주와 탱주를 비롯한 면석은 기단토의 토압으로 인해 밖으로 밀려날 수밖에 없게 된다.

지대석 상면의 촉구멍이나 홈은 바로 이러한 고민을 해결하기 위한 고도의 건축기술로 이해할 수 있다. 지대석에서의 촉구멍이 구체적으로 언제부터 만들어졌는지 확실치 않으나 황룡사지 목탑지(도면 12)[56]의 지대석(우석)에서

---

55) 미륵사지 강당지의 우주와 면석을 통해 추정해 볼 수 있다. 아울러 통도사 대웅전 가구기단의 경우는 통돌로서 탱주가 면석에 모각되어 있으며, 일부는 면석이 탱주나 우주의 측단에 끼워지고 있음을 볼 수 있다.
   필자 사진.

56) 文化財管理局 文化財研究所, 1982, 『皇龍寺 遺蹟發掘調査報告書 I』, 도면 4 중.

원형의 촉구멍 두 개(우
주와 탱주)가 검출되는
것으로 보아 적어도 7세
기 전반기에는 등장하였
을 것으로 생각된다.

이에 반해 죽죽리사지
금당지의 경우는 괴형
의 판석을 전면만 치석
한 채 이를 지대석 위에
올려놓고 있다. 지대석
상면에는 우주나 탱주가
밖으로 밀려나지 않도록
턱을 두었거나 홈 같은

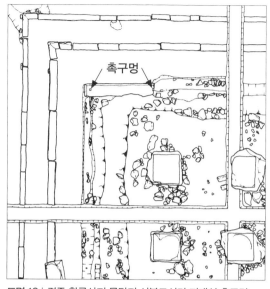

도면 12 | 경주 황룡사지 목탑지 서북모서리 지대석 촉구멍

것도 전혀 시설하지 않았다. 아울러 탱주는 지대석보다 더 길게 제작되어 기
단토 부분까지 뻗어 있음을 살필 수 있다.

그런데 이와같은 탱주 설치는 결과적으로 건물의 상부 하중이나 기단토의
토압으로 인해 탱주가 움직이거나 밖으로 밀려날 가능성을 아주 높게 해주고
있다. 아울러 우주와 탱주 사이에 놓인 오각형[57]의 전돌에 점토와 같은 접착
제를 전혀 사용하지 않았다는 점에서 우주와 탱주뿐만 아니라 塼積부분 까지
도 총체적으로 부실함을 확인케 하고 있다.

결과적으로 합천 죽죽리사지의 전석혼축가구기단은 그 모티브가 경주 사천

---

57) 건축기단에 오각의 전돌이 사용된 예는 매우 희귀하다. 백제시기는 군수리사지 목
    탑지의 사례로 보아 장방형의 무문전을 사용하였음을 알 수 있고(국립부여문화재연구
    소, 2010, 『扶餘軍守里寺址 I -木塔址·金堂址 發掘調査報告書-』, 132·133쪽), 통
    일신라기의 사천왕사지 경우에도 당초문 및 신장문이 장식된 방형 및 장방형의 전이
    사용되었다.

왕사지 목탑지로 판단되나 건축기법 상으로는 매우 졸렬함을 살필 수 있다. 이는 전석혼축가구기단을 조성하는 조사공의 기술력과 밀접한 관련이 있을 것으로 생각된다. 기단 축조술을 모방함에 있어 더 이상 발전시키지 못하였다는 점에서 가구기단 형식 중 가장 퇴보한 유구로 판단할 수 있다. 그리고 이러한 전석혼축가구기단이 여타의 고려 건물지에서 아직까지 검출되지 않은 것으로 보아 그 기술력 또한 폭넓게 전수되지 않았음을 확인케 한다.

한편, 전석혼축가구기단은 현재까지의 고고학적 자료를 검토해 보면 경주 사천왕사지 동·서 목탑지가 최초의 사례라 할 수 있다. 그리고 이러한 건축기술은 고려 초기에 이르러 합천 죽죽리사지까지 전파되었던 것으로 판단된다.

그렇다면 삼국시기에 존재하지 않았던 전석혼축가구기단이 통일신라기의 사천왕사에 등장할 수 있었던 계기는 과연 무엇일까? 이는 단언할 수 없지만 아마

사진27 | 남경 대행궁 지구 내 동진시기 도로의 전적기단

도 당시 신라와 당과의 문화교섭에 따른 결과가 아닌가 생각된다.

중국에서의 전적기단은 위진남북조시기(사진 27)[58])에 어렵지 않게 살필 수 있다[59]. 그리고 우주와 탱주가 시설된 가구기단은 이미 한대의 기와 건물(도면 13)[60])에서도 쉽게 찾아볼 수 있다. 이러한 혼축의 기단 형식은 수·당대(도면 14)[61])를 거치면서 하나의 기단 건축으로 발전되어 통일신라기의 사천왕사에도 영향을 미쳤던 것으로 파악된다.

하지만 통일신라기의 경우 전석혼축가구기단보다는 석축의 가구기

도면 13 | 사천성 성도 양자산 2호묘 출토 한대 화상전의 가구기단

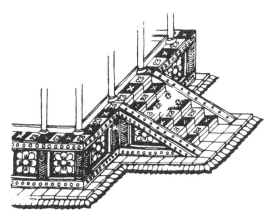

도면 14 | 돈황석굴 내 제 158굴의 당대 가구기단

---

58) 文物出版社, 2004, 『2003 中國重要考古發現』, 118쪽 상단 사진.
59) 전적기단은 건물이나 도로뿐만 아니라 탑파에서도 살필 수 있다.
60) 吳山 著·박대남 譯, 1996, 『중국역대장식문양 2』, 345쪽 하단 탁본.
61) 蕭默, 1989, 『敦煌建築硏究』, 209쪽 圖 144-4.

단62)이 다수 조성된 것으로 보아 전석혼축가구기단은 크게 발전하지 못하고 이내 쇠퇴한 것으로 판단된다. 이는 전돌이라는 재질이 내구성에서 화강암재 면석보다 약한 것이 가장 큰 원인이었을 것으로 생각된다.

3. 고려시기 淺積基壇과 傾斜基壇의 건축고고학적 의미

淺積基壇과 傾斜基壇은 경사면의 끝단을 절토하고 대지를 조성한 건축물의 기단에서 주로 볼 수 있다. 이럴 경우 경사면의 상단은 대지 조성을 위한 정지 작업이 필요하기 때문에 자연스럽게 생토면까지 굴토작업이 진행된다. 이에 반해 경사 하단부는 상단부와의 레벨을 맞추기 위해 성토작업이 주로 나타난다. 여기에 소용되는 토양은 경사 상단부에서 발생된 것을 주로 사용하게 된다.

따라서 성토작업은 경사 상단부에서 하단부로 내려올수록 본격화 되고, 성토된 토양도 많아지게 된다. 아울러 생토면에 있어서도 상단부의 경우는 바닥면 자체가 기반토인 반면, 전면 기단석이 놓이는 경사 하단부는 경사도의 깊이만큼 생토면이 더 아래에 위치할 수밖에 없다.

기단석이 기본적으로 기단토의 '止土(혹은 外裝)施設'인 것을 고려하면 이의 높이는 성토된 토양과 비례하게 된다. 따라서 기단석의 높이는 경사 상단부에서 하단부로 내려올수록 점차 높아지고, 안전성 또한 최고도로 고려되게 마련이다.

기단은 기단석의 築石 정도에 따라 만적기단과 천적기단, 경사기단 등으로 구분할 수 있다. 이 중 천적기단과 경사기단은 전술하였던 것처럼 주로 경사 면인 지형을 정지·성토하거나 자연 지형을 최대한 활용하는 과정에서 발생하게 되었다.

---

62) 감은사지 금당지를 비롯한 사천왕사지 금당지, 불국사 대웅전·극락전·무설전·비로전, 화엄사 각황전, 성주사지 금당지, 영암사지 금당지, 통도사 대웅전·극락전, 동화사 극락전 등에서 살필 수 있다(조원창, 2014, 『백제 사원유적 탐색』, 서경문화사 ; 국립문화재연구소, 2012, 『한국 고대건축의 기단 경북·경남·대구·울산 편』).

천적기단의 건물은 전면의 경우 만적기단으로 축조되나 측면과 후면은 초석 및 적심시설을 감싸는 기단토의 깊이까지만 기단석이 조성되므로, 전면과 동일한 깊이까지 築石되지는 않는다. 측면에서 보면 경사 윗면에서 아랫면을 향하여 "⟋⟍"형 혹은 "⟍⟋"형으로 기단석이 조성되고 있음을 확인할 수 있다.

이러한 기단 형식은 고려시기의 청평사 대웅전이나 수덕사 대웅전, 봉정사 극락전, 회암사지 보광전지·5단지 '바'건물지·'사'건물지·문지, 정청지, 서방장지, 나한전지, 대장전지63) 및 선원사지 금당지64), 안국사지 금당지65)

사진28 | 여주 신륵사 극락보전 전면 만적기단
(갑석+면석+지대석)

사진29 | 여주 신륵사 극락보전 후면 천적기단
(갑석+면석)

---

63) 이상 경기도 외, 2003, 『檜巖寺 Ⅱ 7·8단지 발굴조사 보고서』 및 경기도 외, 2009, 『檜巖寺 Ⅲ 5·6단지 발굴조사 보고서』 참조. 이들 건물지는 경사면을 층단식으로 조성한 대지에 조성되어 있어 전면 기단이 후면 기단에 비해 높게 조성되어 있다. 이 외에도 많은 건물지를 천적기단으로 파악할 수 있으나 기단석의 잔존 상태가 양호하지 못하여 더 이상의 확인은 쉽지 않다.

64) 전면 기단의 경우 3m 정도의 높이로 조성되었으나 후면 기단은 이보다 훨씬 낮게 축조되었다(東國大學校 博物館·江華郡, 2003, 『史蹟 259號 江華 禪源寺址 發掘調査 報告書 Ⅰ(本文)』, 132쪽).

65) 忠淸南道歷史文化院·唐津郡, 2006, 『唐津 安國寺址』, 27쪽.

등에서도 찾아볼 수 있다. 그리고 조선시기에 조성된 여주 신륵사 극락보전(사진 28·29)66)의 측면 및 후면에서도 이와 같은 천적기단을 살필 수 있다67).

이에 비해 경사기단은 지형을 활용하여 직각삼각형 모양으로 측면 기단을 조성한 것을 말한다. 건물의 전면에서 후면으로 올라갈수록 기단의 깊이가 점차 낮아지는 특징을 보이고 있다. 천적기단과 비교해 측면의 기단석을 경사지게 축조하였다는 점에서 차이가 있다.

그렇다면 고려 후기에 이르러 이와 같은 천적기단과 경사기단이 유행하게 된 이유는 과연 무엇일까?

이는 먼저 산지 지형을 토목·건축학적으로 이용할 수 있는 새로운 건축기법의 도입으로 이해할 수 있다. 산지가람의 경우 평지와 같은 방법으로 만적기단을 조성한다면 대지조성 이외의 별도 기단토 구축 작업이 필요하게 된다68). 이는 성토에 따른 토목공사 및 만적기단을 조성하기 위한 건축공사가 더욱 증대되는 요인이 될 수밖에 없다.

따라서 산지가람에서 만적기단이 아닌 천적기단 및 경사기단을 채용함으로서 얻어지게 되는 장점은 동일 공정에서 기단토 및 기단석의 소비가 절대적으로 적게 들어간다는 사실이다. 이는 공사비용의 절감과 공사기간을 단축시킬 수 있을 뿐만 아니라 노동력의 투여도 감소시킬 수 있다. 아울러 건물의 안전성 또한 확보되기 때문에 굳이 노동력과 물자가 많이 투여되는 만적기단의 필요성을 느끼지 못하였던 것이다.

하지만 부석사 무량수전이나 혜음원지 1-2건물지69), 영국사지 A지구 제

---

66) 필자 사진.
67) 극락보전의 전면은 가구기단으로 조성되어 있다.
68) 이러한 건물지는 원주 법천사지 탑비전지 중앙건물지에서 확인할 수 있다.
69) 단국대학교 매장문화재연구소·파주시, 2006, 『파주 혜음원지 발굴조사 보고서 -1차~4차-』.

사진30 | 여주 고달사지 나-1건물지 후면 만적기단(갑석+면석+지대석)

2·3건물지(금당지)[70], 고달사지 나-1건물지(금당지, 사진 30)[71], 법천사지 탑비전지(부도전지) 동서 건물지[72] 등에서 볼 수 있는 바와 같이 산지가람에서의 만적기단 역시도 완전 사라진 것은 아니었다.

다만, 이들 건물지가 경사기단 및 천적기단 등으로 조성된 건물지에 비해 좀 더 완만한 경사면에 조성되었다는 점에서 지형적 조건을 충분히 활용하였기 때문인 것으로 생각된다.

---

70) 忠清大學 博物館·永同郡, 2008, 『永同 寧國寺』, 56~60쪽. 금당지는 산 경사면 바로 아래에 조성되어 있다. 네 면이 가구기단으로 조성된 만적기단이다. 다만, 면석에 있어 전면 기단의 경우 높이가 60cm인 반면, 후면 기단의 면석 높이는 31cm를 보이고 있다. 이는 건물의 북쪽에 해당되는 후면의 면석 높이가 전면에 비해 약 30cm 정도 낮음을 알 수 있다. 이러한 면석의 높이 차는 결과적으로 건물지의 대지를 조성하는 과정에서 건물지의 후면이 상대적으로 삭토·정지작업이 덜 이루어졌음을 판단케 한다. 따라서 이러한 토목공사의 절감은 결과적으로 노동력의 감소뿐만 아니라 면석의 높이를 낮게 함으로서 발생하는 석재의 절약, 나아가 재정의 감소까지도 발생케 하고 있다.

71) 필자 사진.
京畿道博物館 외, 2002, 『高達寺址 I』, 26~29쪽.

72) 江原文化財研究所·原州市, 2009, 『原州 法泉寺 I』, 60~63쪽.

4. 고려시기 와적기단의 건축고고학적 의미

와적기단은 삼국시기 백제에서 창안된 후 신라와 일본에까지 전파되었다. 일본은 혈태폐사지를 비롯한 남자하폐사지, 회외사지, 숭복사지, 근강국아 등 백봉시기의 사원 및 관아건물에 와적기단이 사용되었다[73]. 백제에 비해 많은 유적에서 다양한 와적기단이 조성되었다.

이에 반해 신라에서는 전 인용사지 건물지 14(사진 31)[74] 및 천관사지 건물지 1[75] 등에서 사적식의 와적기단을 살필 수 있고, 삼국통일 이후에는 청주 복대동유적에서 평적식, 경주 인왕동 건물지에서 수직횡렬식의 와적기단을

사진31 | 경주 전 인용사지 건물지 14 전경과 사적식 와적기단

73) 조원창, 2004, 『百濟 建築技術의 對日傳播』, 서경문화사.
74) 국립경주문화재연구소, 2013, 『傳仁容寺址 발굴조사 보고서 L』, 사진 8.
75) 國立慶州文化財研究所, 2004, 『慶州 天官寺址 發掘調査報告書』, 51쪽 도면 14 및 273쪽 사진 17.

확인할 수 있다76). 신라도 백제나 일본과 마찬가지로 주로 사원이나 관아 등에 와적기단이 축조되었음을 살필 수 있다. 하지만 신라의 경우 백제나 일본과 비교해 많은 와적기단의 유적이 확인된 것은 아니다. 이는 아마도 건축기단의 재료에 있어 기와편 보다는 석재를 선호한 결과로 이해할 수 있다.

고려시기의 와적기단도 신라와 마찬가지로 특권층의 기와 건물에서만 주로 확인되고 있다. 이는 와적기단이 시설된 건물지에서 귀목문 와당이나 청자 등의 고급 유물이 수습되는 것으로도 판단할 수 있다. 기단 형식은 평적식과 수직횡렬식 등 실용성이 높은 와적기단을 중심으로 조성되었다.

그런데 고려시기의 와적기단은 발굴된 유적 수에 비해 그 수효가 극히 적음을 살필 수 있다. 이는 고려시기의 건축기단 대부분이 석축기단이라는 점에서도 파악할 수 있다. 따라서 와적기단이 창안된 백제시기 만큼 와적기단의 다양성이나 특수성을 발견하기가 쉽지 않다. 이러한 발굴 결과는 백제에서 신라, 고려로 내려오면서 와적기단이 석축기단으로 점진적으로 전환되었음을 보여주는 과정으로 이해할 수 있다.

IV. 맺음말

이상에서와 같이 고려시기의 이형기단에 대해 살펴보았다. 논고의 전개는 주로 발굴 내용을 중심으로 하였으며, 필요한 경우 현존 목조건축의 기단에 대해서도 검토해 보았다. 하지만 고려시기의 사지 및 건물지가 다수 발굴되었음에도 불구하고 이에 대한 기단의 형식 및 용어가 정립되지 않아 새로운 조어 작업도 불가피 하였다.

---

76) 사적식은 합장식의 아류작으로 판단할 수 있다(조원창, 2006, 「新羅 瓦積基壇의 型式과 編年」 『新羅文化』 28, 新羅文化研究所). 발굴 유적의 확대에 따라 신라 및 통일신라기의 와적기단이 증가할 가능성은 충분히 있다.

고려시기의 건축기단은 대부분 석축기단이다. 이는 전이나 기와보다 석재를 중심으로 기단을 조성하였음을 의미한다. 석축기단은 그 동안 석재의 종류 및 축석 방법에 따라 가구기단, 치석(정층, 난층)기단, 할석(정층, 난층)기단 등으로 불리곤 하였다.

하지만 평지가람이 아닌 산지가람의 경우 석재의 축석기법뿐만 아니라 축석 정도에 따라서도 얼마든지 그 형식이 분류될 수 있음을 확인할 수 있다. 이런 입지적 측면으로 말미암아 평지가람에서는 보기 힘든 천적기단이나 경사기단 등의 새로운 기단 형식이 등장하게 되었다.

또한 불탑에서의 경우 그 존재를 부각시키기 위해 기단부 아래에 별도의 기단을 부가하였다. 이는 마치 중국의 금강보좌탑 기단을 연상시키는 것으로 우리나라에서는 황룡사 구층목탑에서 처음으로 살펴지고 있다.

고려시기 대지기단은 거돈사지 삼층석탑에서 볼 수 있는 것처럼 기단 형식이 금당과 동일하다. 이는 대지기단이 탑의 높이를 올리기 위한 기능성뿐만 아니라 그 자체의 위상도 함께 고려되었음을 의미하는 것이라 할 수 있다.

이들 기단 외에도 고려시기에는 전적기단과 와적기단이 일부 기와 건물에서 검출되고 있다. 하지만 전술한 석축기단에 비해 그 유구수가 극히 미미하여 희귀성이 찾아지고 있다. 특히, 와적기단은 그 계통이 백제시기까지 소급되어 고려시기 백제계 석탑과 마찬가지로 그 기술력의 전파를 확인할 수 있다.

향후 고려시기 사지나 건물지는 계속적으로 발굴될 것이다. 특히, 개성 만월대를 중심으로 한 북한의 고려시기 건축유적은 새로운 기단 형식뿐만 아니라 축조기법의 특이성까지도 보여줄 것이라 생각된다. 이럴 경우 고려시기 이형기단 또한 새로운 형식의 출현이 자명할 것이며, 그때까지 이에 대한 관심도 식지 않기를 기원해 본다.

麻谷寺 5層石塔의 系統과
中國 喇嘛塔

I. 머리말

마곡사 5층석탑은 여느 탑파와 마찬가지로 기단부와 탑신부, 상륜부 등 세 부분으로 구성되어 있다. 이 중 기단부와 탑신부가 석재로 조성된 반면, 상륜부는 금동재로 제작되어 재료상의 차이가 뚜렷한 편이다[1].

특히 5층석탑의 상륜부는 당시 원나라를 비롯한 티베트, 네팔 등지에서 널리 유행한 라마탑의 형태를 띠고 있어, 일견 라마탑의 축소형으로도 파악되고 있다. 이렇게 볼 때 마곡사 5층석탑은 5층의 탑신부 위에 별도의 라마탑이 올려 있는 '탑 위의 탑'으로 이해할 수 있다.

그런데 마곡사 5층석탑과 같은 구조의 탑파는 중국 운강석굴 내 벽화나 조각 등을 살펴보면 이미 北魏시기부터 조성되었음을 알 수 있다. 물론 중국 운강석굴 벽화나 조각에서 볼 수 있는 탑파의 상륜부가 라마탑형이 아닌 인도의 산치탑(도면 1)[2] 형을 따르고 있다는 점에서 세부적 차이를 보이기도 한다.

---

1) 이처럼 기단부와 탑신부, 상륜부가 재료상의 차이를 보이는 예는 낙산사 7층석탑에서도 찾아볼 수 있다.

2) 김희경, 1994, 『한국의 미술 2 탑』, 열화당, 17쪽. 산치탑은 기원전 3세기 마우리아 왕조의 아소카왕 때 조성된 것으로 基壇, 반구형의 塔身, 平頭, 傘蓋 등으로 이루어져 있다. 석가탑과 같은 우리나라 석탑 상륜부에서도 이러한 변화형을 엿볼 수 있다.

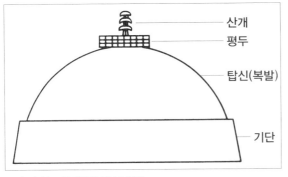

산개
평두
탑신(복발)
기단

도면 1 | 인도 산치탑의 각 부 명칭

하지만 탑파 상륜부의 경우 북위시기부터 원대를 거치며 내재적 변천을 하였다는 점에서 시기적인 속성의 차이로도 이해할 수 있다.

예컨대 元대의 라마탑에서 관찰되는 산개는 중국의 경우 대략 隋대 무렵부터 본격적으로 출현하고 있다. 이는 북위에서 원대로 접어들면서 塔材의 세부 속성이 점차 다양화되고 장식화 되었음을 의미하는 것이라 할 수 있다.

결과적으로 마곡사 5층석탑의 구조3)는 중국 북위시기부터 존재하였던 탑파의 한 형식으로 이해되며, 이러한 형식은 원대에 이르러 공주 마곡사에도 유입되었음을 판단케 한다. 그러나 마곡사 5층석탑 상륜부 문양은 돈황 및 투르판 지역에서 유행하는 문양과 유사하여 현재 북경에 남아 있는 묘응사 및 호국사의 라마탑과는 세부적으로 차이가 있음을 확인할 수 있다.

한편, 최근에는 마곡사 5층석탑에 대한 새로운 검토가 이루어지면서 5층석탑의 기단부 및 탑신부와 라마탑형의 상륜부가 건탑 과정에서 별도로 제작되었을 가능성이 있는 것으로도 해석되었다.

이에 대한 근거로는 기단부 및 탑신부의 편년과 상륜부의 제작 시기가 서로 일치하지 않는 다는 점을 들고 있다. 이 내용에 따르면 마곡사 5층석탑 상륜부의 경우 초기에는 불전 봉안용으로 제작되었을 것이라는 추론과 함께 조선시기에 금속공예품으로 별도 新鑄되었을 가능성도 있는 것으로 검토되었다. 그리고 상륜을 받치고 있는 卍자형 노반석의 크기가 5층 옥개석의 크기와 같

---

3) 이와 같은 구조는 累層의 탑신 위에 별도의 小塔이 올려진 경우를 말한다. 여기서 소탑은 북위~송대의 경우 산치탑형을 이루고 있고, 원대에는 라마탑형이 가미되고 있다.

아 구조적으로 불안정하고, 노반석의 바닥 면적이 5층 옥개석 상면을 벗어나고 있다는 점 등을 들어 위의 내용을 뒷받침하고 있다[4].

그렇다면 마곡사 5층석탑의 상륜부는 과연 초축기의 유물로 볼 수 없는 것일까?

본고의 작성은 바로 이러한 문제 제기에서 비롯되었다. 따라서 필자는 일차적으로 마곡사 5층석탑의 기단부 및 탑신부와 라마탑형 상륜부가 별도의 공정이 아닌 동시 작업으로 축조되었음을 살펴보고자 한다. 이를 위해 중국의 석굴사원에 표현된 벽화와 조각을 우선적으로 알아보도록 하겠다. 그리고 원대의 라마탑형 상륜부가 조성되는 과정에서 이의 조형이 될 수 있는 산치탑형 상륜부에 대해서도 인도의 사례를 통해 검토해 보도록 하겠다.

Ⅱ. 마곡사 5층석탑의 검토

마곡사 5층석탑(사진 1)[5]은 이중기단(사진 2)[6] 위에 탑신부와 상륜부를 올려 건립하였다. 지대석의 단면은 호형으로 제작되었고, 각각의 면에는 2구씩의 蟹目形 안상(사진 3)[7]이 조각되어 있다. 기단석의 각 부재는 통돌이 아

---

4) 이상 홍대한, 2013, 「麻谷寺 五層石塔의 樣式과 建立時期 研究 –라마양식 석탑구분에 대한 문제제기를 중심으로–」『동아시아문화연구』, 209~212쪽.
5) 필자 사진.
6) 필자 사진.
7) 필자 사진.
    이러한 안상은 통일신라기의 실상사 백장암 석등을 비롯해 조선시기의 봉정사 극락전 수미단에 이르기까지 다양한 유물에 오랜 기간 조각되었다. 이와 관련된 자료는 다음의 논고를 참조.
    秦弘燮, 1974, 「韓國의 眼象紋樣」『東洋學』 4, 檀國大東洋學硏究所, 250쪽 ; 박경식, 2014, 「마곡사 5층석탑에 관한 소고」『마곡사 5층석탑 상륜부의 금동보탑 –현황과 활용방안』, 7쪽.

사진2 | 공주 마곡사 5층석탑 이중기단

사진1 | 공주 마곡사 5층석탑 전경   사진3 | 공주 마곡사 5층석탑 지대석의 해목형 안상

닌 별석으로 조합되어 있다. 상층기단의 상대중석 끝단에는 호형으로 양각된 겹 우주(사진 4)[8]가 조각되어 있고, 그 안쪽으로도 1조의 벽선이 시문되어 있

---

8) 필자 사진.
    겹 우주는 동일하진 않지만 석탑 이외의 기와건물이나 승탑 기단에서도 찾아볼 수 있
    다. 예컨대 안동 봉정사 극락전(사진 5, 필자 사진)을 비롯해, 여주 신륵사 보제존자
    석종(사진 6, 필자 사진) 및 다층전탑(사진 7, 필자 사진), 여주 회암사 보광전지(사진
    8, 필자 사진) 등에서 관찰된다. 이로 보아 겹 우주의 등장 시기는 12~13세기로 추정

사진 4 | 공주 마곡사 5층석탑 기단부의 우주 세부　사진 5 | 안동 봉정사 극락전 기단 우주

사진 6 | 여주 신륵사 보제존자석종(나옹화상　사진 7 | 여주 신륵사 다층전탑 기단 우주
　　　사리탑) 기단 우주

다9). 하대갑석 및 상대중석 일부에서 석재의 이질성이 검출되는 것으로 보아

해 볼 수 있다. 하지만 탱주까지를 포함한다면 법천사지 부도전지 북(중앙)건물지의
존재로 보아 11세기 후반까지도 소급시킬 수 있을 것으로 생각된다.

9)　벽선은 자혜사 5층석탑, 학림사 5층석탑, 광조사 5층석탑, 성불사 5층석탑, 예산 향

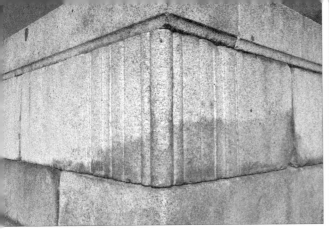

사진8 | 양주 회암사지 보광전지 월대 기단 우주

사진9 | 공주 마곡사 5층석탑 2층 옥신 사방불

부분적으로 후대에 보강되었음을 확인할 수 있다.

탑신부는 5층으로 이루어 졌으며, 옥개석의 층급받침은 2단으로 조출되어 있다. 옥개석과 옥신은 별석으로 결구되어 있다. 초층 옥신의 남면에는 문비가 조각되어 있고, 2층 옥신의 4면에는 광배와 함께 좌상의 사방불(사진 9)[10]이 조각되어 있다. 옥개석의 전각에는 垂直透孔方式[11]의 풍탁공이 투공되어 있어 본래는 풍탁이 매달려 있었음을 알 수 있다.

상륜부에는 亞자형의 노반석 위에 라마탑형의 금동보탑(사진 10, 도면 2)[12]이 올려져 있다. 금동보탑의 노반석은 외연이 기단부와 마찬가지로 亞자형[13]으로 조각되어 있으며, 노반석의 평면 형태와 仰蓮의 조각으로 보아 이는

천사 9층석탑 등에서도 확인되고 있다. 이에 대해선 단국대학교 엄기표 선생님의 가르침이 있었다. 지면으로나마 학문적 후의에 감사드린다.

10) 필자 사진.

11) 이는 기단과 더불어 백제양식으로 파악되고 있다(홍대한, 2013, 「麻谷寺 五層石塔의 樣式과 建立時期 硏究 −라마양식 석탑구분에 대한 문제제기를 중심으로−」『동아시아문화연구』, 182쪽).

12) 필자 사진. 도면은 文化公報部 文化財管理局, 1989, 『麻谷寺 實測調査報告書』, 300쪽 참조.

13) 혹은 斗出形으로 불리기도 한다. 이러한 평면 형태는 북인도 보다가야의 마야보디 사원 불탑 상륜부에서도 살필 수 있다. 이후 북방 및 남방불교권의 건축물(불탑, 불전

사진 10 | 공주 마곡사 상륜부 금동보탑(라마탑형)

도면 2 | 공주 마곡사 상륜부 금동보탑

금동보탑과 한 세트로 파악된다. 노반석의 아랫면에는 重瓣의 연화문이 위를 향해 시문되어 있고, 화판과 화판 사이에는 간판이 길게 조각되어 있다.

금동보탑의 기단은 冊자형으로 탑신은 상광하협의 覆鉢形을 띠고 있다. 기단부에는 금강저를 비롯한 향로, 화병, 코끼리, 사자 등이 조각되어 있는데, 금강저와 연꽃은 각 층마다 반복적으로 표현되어 있다. 복발형의 탑신 위에는 연주문으로 된 영락 장식이

**사진 11 | 호림박물관 소장
청자퇴화국화문표형소병**

조출되어 있으며, 영락의 끝단에는 화문이 조각되어 있다.

등) 기단에서 찾아볼 수 있다.

탑신 상면에는 아자형의 平頭가 놓여 있고, 그 위로는 13개의 원반으로 이루어진 탑찰이 원뿔 형태로 조각되어 있다. 원반 위에는 傘蓋가 장식되어 있으며, 정상부에는 표주박 형태의 작은 보병[14])이 올려 있다.

마곡사 5층석탑은 조선 후기 대광보전 화재 때 많은 손상을 입었으며, 2층 옥개석의 경우 後補된 것으로 추정되었다[15]). 본래 5층석탑의 위치는 대웅보전 방향으로 좀 더 북쪽에 건립되었으나, 1974년 현재의 장소로 이동되었다. 석탑의 축조 시기는 13세기 중엽[16]), 14세기[17]) 등으로 추정되고 있다.

Ⅲ. 중국 라마탑의 형식

여기에서는 벽화나 건축물, 사리장치, 조각 등으로 남아 있는 중국의 라마탑[18])을 성격별로 분류해 보고자 한다. 라마탑은 사찰의 불탑으로 조성되는 것이 일반적이나 현재 남아 있는 중국 자료들을 검토해 보면 승탑 및 건축물의 지붕, 출입문의 상부에도 일부 시설되었음을 확인할 수 있다.

마곡사 5층석탑과 같은 '탑 위의 탑'은 멀리 인도를 비롯해 중국 북위시기에도 그 형적을 찾아볼 수 있다. 그런데 이 시기의 탑 상륜부는 라마탑이 아닌

---

14) 이러한 표주박 형태의 병은 고려청자(湖林博物館, 1996, 『湖林博物館所藏品選集 –靑瓷3-』, 113쪽 사진 11)에서도 찾아볼 수 있다.

15) 박경식, 2014, 「마곡사 5층석탑에 관한 소고」 『마곡사 5층석탑 상륜부의 금동보탑 –현황과 활용방안』, 12쪽.

16) 기단 및 탑신부의 축조 시기만을 의미하며, 상륜부는 14세기말 혹은 조선시기로 추정하기도 한다(홍대한, 2013, 「麻谷寺 五層石塔의 樣式과 建立時期 硏究 –라마양식 석탑구분에 대한 문제제기를 중심으로-」 『동아시아문화연구』, 213쪽).

17) 秦弘燮, 1995, 『韓國의 石造美術』, 文藝出版社, 222쪽 ; 中央日報 『季刊美術』, 1992, 『韓國의 美⑨ 石塔』, 242쪽.

18) 이의 초축 시기는 대체로 13세기로 알려져 있으며, 명·청대에 이르기까지 라마탑은 계속적으로 조성되었다.

산치탑의 형태를 취하고 있어 형태상 분명한 차이를 보이고 있다. 그리고 중국에서는 '탑 위의 탑'이 한 기만이 아닌 다섯 기가 동시에 조성되는 경우도 있어 우리나라의 造塔 문화와 많은 차이가 있음을 살필 수 있다.

중국의 사례를 보면 라마탑은 원대 이후 명·청대에 이르기까지 오랜 기간 다양한 모습으로 조성되어 왔다. 이는 달리 말하면 산치탑형의 상륜부가 원대에 이르러 라마탑형 상륜부로 일부 변환되거나[19] 산개, 원반, 보병 등이 부분적으로 가미, 장식화 되었음을 의미한다.

이들 내용을 바탕으로 현재 남아 있는 중국의 라마탑을 성격별로 분류하면 아래와 같다.

A형식 : 불탑으로 조성되는 경우이다.

이 형식은 라마탑이 불탑 자체로 축조되는 경우(Aa형식)와 누층 전석탑의 상륜부(Ab형식)로 시설되는 경우로 세분할 수 있다.

먼저 Aa형식은 원대의 북경 妙應寺 白塔(도면 3)[20] 및 호국사 동탑(도면 4)[21], 산서성 五臺山 塔院寺 大白塔(도면 5)[22] 및 代縣城 내 圓果寺 阿育王塔(도면 6)[23], 돈황 백마사 불탑, 무위 백탑사 불탑 등과 같이 一塔(AaI형식)으로 조성된 것이 있는 반면, 청해 塔爾寺의 如意八塔(도면 7)[24] 혹은 영하회족

---

19) 이는 산치탑형의 상륜부가 모두 라마탑형 상륜부로 바뀌는 것이 아니다. 산치탑형 상륜부는 원대를 비롯해 명·청대에도 계속적으로 조성되었다.

20) T자형의 대좌 위에 아자형의 기단을 조성해 놓고, 그 위에 연판과 탑신을 올려놓았다. 탑신 위에는 탑목 및 13천을 상징하는 원반이 놓여 있으며, 원반의 끝단에는 수식이 화려한 원형의 傘蓋를 시설하였다. 불탑의 정상부에는 원래 寶瓶이 놓였으나 현재는 작은 라마탑 1기가 조성되어 있다. 원대 지원 8년(1271) 쿠빌라이의 치세기에 네팔의 젊은 조탑공인 阿育哥에 의해 50.86m의 높이로 축조되었다.
   도면은 劉敦楨 著·鄭沃根·韓東洙·梁鎬永 共譯, 2004,『중국고대건축사』, 도서출판 세진사, 408쪽 그림 149-2 참조.

21) 蕭默, 1989,『敦煌建築硏究』, 文物出版社, 166쪽 圖112-4.

22) 柴澤俊, 1999,『柴澤俊古建築文集』, 文物出版社, 241쪽.

23) 柴澤俊, 1999,『柴澤俊古建築文集』, 文物出版社, 237쪽.

24) 陳耀東, 1992,「靑海塔爾寺」『建築歷史硏究』, 中國建築工業出版社, 65~66쪽. 청해

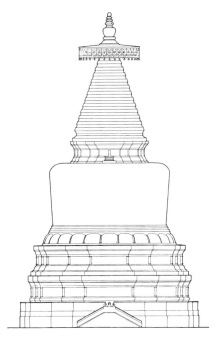

도면 3 | 북경 묘응사 백탑

도면 4 | 북경 호국사 불탑

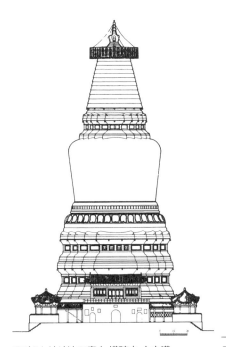

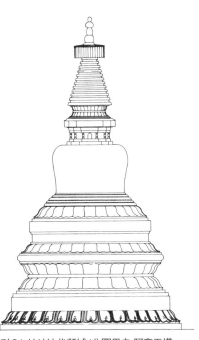

도면 5 | 산서성 五臺山 塔院寺 大白塔

도면 6 | 산서성 代縣城 내 圓果寺 阿育王塔

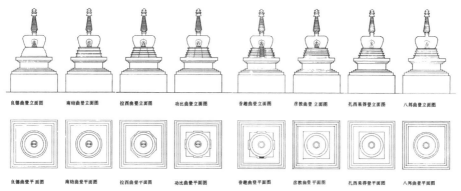

도면 7 | 청해성 湟中縣 塔爾寺의 如意八塔

사진 12 | 영하회족자치구 오충의 108탑

자치구 오충의 108탑(사진 12)[25]과 같이 8기 혹은 108기가 군집(AaⅡ형식)

성 동부의 湟中縣에 위치하고 있다.

25) 郭學忠, 2001, 『中國名塔』, 中國撮影出版社, 417쪽 ; 박경식, 2014, 「마곡사 5층석
탑에 관한 소고」 『마곡사 5층석탑 상륜부의 금동보탑-현황과 활용방안』, 15쪽.

도면8 | 酒泉 출토 라마탑형 소석탑(北涼)

사진 13 | 부다가야 대탑의 보리수 불탑

을 이루며 배치된 사례도 찾아볼 수 있다.

아울러 이 형식은 5호16국 중 하나인 北涼[26] 때에 이미 출현한 바 있어 주목되고 있다. 시기적으로 5세기 전반 무렵이고, 소형 석탑(도면 8)[27]의 출토

---

26) 흉노족이 감숙성 지역에 세운 나라로 397년에 건국되어 439년 북위의 침공으로 멸망되었다.

27) 蕭默, 1989, 『敦煌建築硏究』, 文物出版社, 166쪽 圖112-1.
   그런데 이러한 초기 형태의 라마탑 역시도 그 기원은 인도라 생각된다. 예컨대 부다가야 대탑의 보리수 불탑(사진 13, 高銀, 1993, 『신왕오천축국전』, 동아출판사, 194쪽)을 보면 아자형의 기단에 복발형의 탑신과 아자형의 평두 위에 원반 및 보주가 올려 있어 北涼의 소형 석탑 및 원대의 라마탑과 아주 흡사함을 살필 수 있다. 이 석탑의 확실한 제작 시기는 알 수 없으나 인도에서 검출되었다는 점에서 라마탑의 기원을 확인

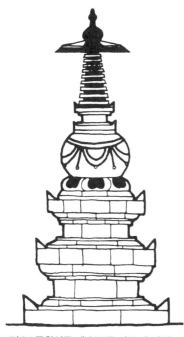 

도면 9 | 돈황석굴 제 285굴 지굴 내 벽화(元)   도면 10 | 투르판지역 발견 벽화(元)

지역이 실크로드 및 중국-인도 간 교통로상의 감숙성 酒泉[28]임을 볼 때 당시 인도와 밀접한 관련이 있을 것으로 생각된다[29]. 이렇게 볼 때 원대의 라마탑 역시도 그 외형적 모티브가 일찍이 인도에 있었음을 파악할 수 있다.

다음으로 Ab형식은 라마소탑이 누층의 전석탑 상륜부에 시설됨으로서 '탑

할 수 있을 듯싶다. 그리고 이 무렵에는 인도에서 티베트로도 라마탑의 조탑문화가 전파되었을 것으로 추정된다. 향후 이에 대한 면밀한 검토가 있어야 할 것으로 생각된다.

28) 만리장성의 남쪽에 위치하고 있으며 난주와 안서·돈황 사이에 자리하고 있다. 티베트와 거리상 인접해 있음을 알 수 있다.

29) 라마탑이 중국에서 본격적으로 조성되던 시기는 원대부터였다. 따라서 北涼시기 주천 지역에서 이러한 소형 석탑이 발견되었다는 사실은 초기의 인도문화가 중국 서쪽 지역을 중심으로 유입되었음을 확인케 한다. 그리고 원대 이전의 라마탑이 중국에서 거의 발견되지 않았음을 볼 때 소형 석탑은 중국 자체 제작보다는 인도에서 유입되었을 가능성이 적지 않다. 석탑의 크기가 작다는 점에서 소형의 예배상으로 제작되었음을 추정할 수 있다.

위의 탑' 형식을 취하는 것이다. 이 형식은 일탑(AbI형식)으로 조성된 것과 금 강보좌탑(AbII형식)의 사례로 다시 세분할 수 있다.

AbI형식은 돈황 제285굴 지굴 내의 元代 벽화(도면 9)[30]에서 찾아볼 수 있 다. 마곡사 5층석탑과 비교해 탑신 및 상륜부 등이 아주 흡사하여 양자의 직 접적인 교류 관계를 판단케 한다.

벽화에서 살펴지는 탑 기단부의 지대석은 3매의 석재로 결구되어 있고, 그 위로는 각형, 호형으로 보이는 몰딩이 표현되어 있다. 그리고 초층 옥신에는 우주가 조각되어 있으며, 옥개석의 상하에는 층급받침이 마련되어 있다. 특히 옥개석의 전각에는 직각삼각형태의 반전이 날렵하게 처리되어 있다. 2층도 초층의 옥신 및 옥개석과 동일한 모습을 취하고 있다.

상륜부에는 마곡사 5층석탑과 유사한 喇嘛塔形 장엄구가 올려 있다. 보탑 의 평면은 석탑과 마찬가지로 방형으로 판단되며, 기단부에는 複瓣의 연화문 이 伏蓮으로 시문되어 있다. 연화문 위에는 옆으로 긴 원형의 탑신이 놓여 있 고, 여기에는 선문[31]으로 이루어진 수식이 장식되어 있다[32]. 문양은 탑신의 상단에 2조의 선문이 돌아가고, 여기에서 다시 2조의 반원형 장식이 시문되어 있다. 반원형의 장식 좌우에는 3조로 보이는 수식이 아래로 늘어져 있는데, 반 원형의 선문과 길이를 비슷하게 하였다. 그리고 아래로 늘어진 2조의 반원형 수 식과 3조의 선형 수식 끝단에는 원형의 펜던트가 매달려 있음을 볼 수 있다[33].

항아리 형태의 탑신 위에는 이중으로 된 평면 사각형의 장식품이 놓여 있 고, 그 위로 9개의 원반이 조각되어 있다. 원반 위로는 간략화 된 산개가 장식

---

30) 蕭默, 1989, 『敦煌建築研究』, 文物出版社, 165쪽 圖 111-1.
31) 이러한 선문은 본래 連珠文일 것으로 생각된다.
32) 탑신에서의 연주문 장식은 인도 보두가야의 대보리사 불탑에서도 찾아볼 수 있다. 이 는 인도 → 중국 돈황·투르판 → 중국 중원 등 → 고려 마곡사로의 문화 전파를 추정케 한다.
33) 이와 유사한 라마탑형 장엄구는 중국 투르판지역에서 발견된 元代의 벽화편(蕭默, 1989, 『敦煌建築研究』, 文物出版社, 166쪽 圖 112-2, 도면 10)에서도 살필 수 있다.

되어 있으며, 이의 끝단에는 호리병 형태의 보병이 올려져 있다.

이처럼 돈황석굴 제285굴에 그려진 벽화에는 마곡사 5층석탑의 것과 아주 흡사한 상륜부가 표현되어 있다. 아울러 돈황석굴에 그려진 여러 벽화들이 설법이나 건축 등 하나의 완성된 이미지를 보여주고 있다는 점에서 285굴에 표현된 탑파는 금강보좌탑이 아닌 단독적인 불탑으로 조성되었음을 판단케 한다.

돈황은 앞에서 살핀 주천과 마찬가지로 감숙성에 위치하고 있으며, 이곳은 예로부터 실크로드상의 주요 거점 도시였다. 아울러 남쪽의 티베트와도 바로 인접해 있다. 돈황은 이러한 지리적 이점 때문에 중원지역보다 일찍 티베트문화를 받아들일 수 있었고, 그 결과 라마탑의 축조도 가능하였던 것으로 판단된다.

다음으로 AbⅡ형식은 라마탑형의 상륜부가 금강보좌탑에 조성된 것을 말한다.

이 탑은 금강계만다라의 5불과 제천보살들을 탑 형식으로 바꾸어 안치한 것으로서[34] 방형의 높은 기단 위에 다양한 군상들이 조각되어 있다. 5기의 탑 중 중앙의 것이 가장 규모가 크고, 주변의 4기 탑은 상대적으로 작게 조성되어 있다.

금강보좌탑은 위진남북조 이후 명·청대에 이르기까지 중국 각지에서 축조되었다[35]. 현재 중국에 남아 있는 대표적인 금강보좌탑으로는 북경 大正覺寺(도면 11·사진 14)[36]·碧云寺(사진 15·16)[37]·西黃寺(사진 17)[38] 및 내몽

---

34) 정은우, 2014, 「마곡사 5층석탑 상륜부의 금동보탑 연구」『마곡사 5층석탑 상륜부의 금동보탑 –현황과 활용방안』, 38쪽.

35) 정은우는 구조적 측면에서 중국의 金剛寶座塔이 마곡사 5층석탑에 영향을 준 것으로 보고 있다. 아울러 중국에서 가장 오래된 금강보좌탑으로는 1458년에 축조된 곤명의 官渡金剛塔을 들고 있다(정은우, 2014, 「마곡사 5층석탑 상륜부의 금동보탑 연구」『마곡사 5층석탑 상륜부의 금동보탑 –현황과 활용방안』, 38~39쪽).

36) 樓慶西, 2005, 『中國古建築博石藝術』, 275~276쪽. 진각사 혹은 오탑사라고도 불리고 있으며, 명대 성화 9년(1473)에 건립되었다.

37) 樓慶西, 2005, 『中國古建築博石藝術』, 278~279쪽.

38) 樓慶西, 2005, 『中國古建築博石藝術』, 290쪽. 서황사 정정화성탑은 石喇嘛塔으로서

도면 11 | 북경 대정각사 금강보좌탑(明 1473년)

사진 14 | 북경 대정각사 금강보좌탑(明)

사진 15 | 북경 벽운사 금강보좌탑(淸 1748년 중건)

사진 16 | 북경 벽운사 금강보좌탑(淸 1748년 중건)

사진 17 | 북경 서황사 靜淨化城塔(淸)

사진 18 | 내몽고 呼和浩特 금강보좌사리탑(淸 雍正期 1722~1735년)

도판 12 | 돈황석굴 제428굴 내 금강보좌탑 벽화
(北周)

고 呼和浩特 금강보좌사리탑(사진 18)[39] 등을 들 수 있다. 이들 탑은 탑신부가 모두 석재로 조성되어 있고, 라마탑형의 상륜부는 금속재로 만들어져 마곡사 5층석탑과 친연성을 살필 수 있다.

한편, 금강보좌탑은 중국의 경우 이미 위진남북조시기부터 제작되어 시기적으로 매우 이름을 살필 수 있다. 이는 돈황석굴 제428굴의 벽화(도면 12)[40]에서 찾아볼 수 있는데, 이곳에 그려진 금강보좌탑은 북주시기에 제작된 것으로 알려져 있다. 이때의 금강보좌탑은 원~청대의 금강보좌탑과 비교해 기단부 조각의 단순함을 엿볼 수 있다. 예컨대 북경 대정각사 및 내몽고 呼和浩特 금강보좌탑을 보면 기단부가 여러 층으로 구분되어 있고, 각 층의 가구기단 내에는 불보살 및 천, 보륜, 서수, 꽃 등이 화려하게 장식되어 있다. 그리고 상륜부의 산개를 금속재로 제작하여 이것이 제작되지 않은 북주시기의 금강보좌탑과 큰 차이를 보여주고 있다. 아울러 상륜부 탑신에서도 외형적으로 이질감을 살

네 모서리에 팔각형의 小石塔 8기가 배치되어 있으며, 청대 건륭 47년(1782)에 조성되었다(이상 劉敦楨 著 · 鄭沃根 · 韓東洙 · 梁鎬永 共譯, 2004, 『중국고대건축사』, 도서출판 세진사, 527~532쪽).

39) 樓慶西, 2005, 『中國古建築博石藝術』, 283쪽.

40) 蕭默, 1989, 『敦煌建築研究』, 文物出版社, 171쪽 圖 117.

사진 19 | 라마탑의 B형식 1(돈황석굴의 승탑<元>)

사진 20 | 라마탑의 B형식 2(등봉 소림사 탑림의 대장서공탑<明 1572년>)

사진 21 | 라마탑의 B형식 3(등봉 소림사 탑림의 탄연화상탑<明 1580년>)

필 수 있는데, 이는 산치탑형 상륜부로서 원대의 라마탑형 상륜부와는 다른 형태임을 확인케 한다.

B형식은 라마탑이 승탑으로 조성되는 경우이다.

원대의 라마탑형 승탑은 돈황석굴(사진 19)[41]에서 확인할 수 있고, 명·청대의 승탑은 소림사 탑림에서

---

41) 박경식, 2014, 「마곡사 5층석탑에 관한 소고」 『마곡사 5층석탑 상륜부의 금동보탑 –현황과 활용방안』, 15쪽 하단 좌측 사진.

사진22 | 라마탑의 C형식 2(개봉 相國寺 팔각전<청>)

도면13 | 라마탑의 C형식 1(북경 故宮 角樓 琉璃宝頂<청>)

찾아볼 수 있다. 후자 중에는 1572년의 大章書公塔(사진 20)42) 및 1580년의 坦然和尙(사진 21)43) 승탑이 포함되어 있어 원대의 승탑과 좋은 비교자료가 되고 있다. 특히 탄연화상 승탑에서 관찰되는 세장한 탑신과 과장되게 큰 산개 등은 이전 시기에 비해 형식화되었음을 살필 수 있다.

C형식은 목조건축물의 지붕에 라마탑을 올린 경우이다44).

---

42) 필자 사진.

43) 필자 사진.

44) 중국 건축물의 경우 용마루 중앙에는 연꽃을 비롯해, 瑞鳥, 기하학적 문양 등이 조각

이러한 형식은 북경 故宮 角樓 琉璃宝頂(도면 13)[45] 및 개봉 相國寺의 八角殿(사진 22)[46]에서 그 예를 볼 수 있다.

전자는 기와지붕의 용마루 중앙에 라마탑이 시설되어 있고, 후자는 팔각전의 지붕이 모아지는 꼭짓점에 장엄구가 시설되어 있다. 복발에서의 문양은 확인할 수 없고, 북경 고궁 각루의 경우에는 산개가 조성되지 않았다. 두 건축물 모두 청대의 것으로 추정된다.

한편, C형식과 같이 불전 상부에 탑형의 조형물이 시설된 사례는 멀리 인도

사진 23 | 2세기대 인도의 불상 조각

도면 14 | 돈황석굴 제257굴 내 벽화(북위)

되어 있다.

45) 劉大可, 2005, 『中國古建築瓦石營法』, 中國建築工業出版社, 206쪽.
46) 김성경 편, 1986, 『중국불교의 여로』상, 331쪽.

(사진 23)[47])에서 살필 수 있고, 중국에서는 북위시기(도면 14)[48])부터 확인할 수 있다. 아울러 현재의 네팔 킴돌 비하라[49]) 등지에서도 불전 상부에 탑형의 조형물이 시설된 사례를 찾아볼 수 있다. 따라서 C형식의 라마탑은 원대 건축물 지붕에도 시설되었을 가능성이 높을 것으로 생각된다.

그런데 인도 및 중국 북위시기 불전에서의 탑 모양은 산치탑을 취하고 있어 라마탑과는 다른 형태임을 알 수 있다. 따라서 원대 이후 명·청대의 목조건축물 지붕에 등장하는 라마탑 장식은 정치·사회 변화 및 시기적 변천에 따른 산치탑의 변환 형태임을 파악할 수 있다.

도면 15 | 라마탑의 D형식(청해 塔爾寺 門塔)

D형식은 라마탑형 상륜부가 사찰 출입문의 상부에 시설된 경우이다.

이러한 형식은 중국 청해성 황중현의 塔爾寺에서 살필 수 있으며(도면 15)[50]), 다른 형식에 비해 희귀한 사례에 속하고 있다.

塔爾寺 門塔은 건축물의 가운데에 홍예문이 갖추어져 있고, 처마 아래로는 5개의 공포가 등간격으로 배치되어 있다. 추녀마루에서의 잡상이나 용문 등은 확인되지 않는다. 라마탑의 기단부는 수미좌의 형식을 취하고 있으며, 상

---

47) 최완수, 1984, 『불상연구』, 지식산업사, 88쪽.
48) 蕭默, 1989, 『敦煌建築硏究』, 文物出版社, 157쪽 圖 103.
49) 정각, 1992, 『인도와 네팔의 불교성지』, 불광출판부, 214쪽.
50) 陳耀東, 1992, 「靑海塔爾寺」『建築歷史硏究』, 中國建築工業出版社, 64쪽 圖 3-23.

대와 하대에는 각형의
단이 조성되어 있다. 기
단의 평면은 아자형(두
출형)이 아닌 방형의 형
태를 띠고 있다. 복발형
의 탑신이나 산개에 비
해 원반의 크기가 상대
적으로 작게 만들어졌
다. 복발과 산개 사이의
평두는 형식화 되어 있
으며, 복발 표면에는 아

사진 24 | 라마탑의 E형식 1(북경 불아사리탑 내부 라마탑형
칠보금탑<사리기>)

사진 25 | 라마탑의 E형식 2(이성계 발원 사리구의
라마탑형 사리기)

사진 26 | 라마탑의 E형식 3(호암미술관 소장
라마탑형 사리기<14세기>)

무런 문양이 시문되지 않았다. 라마탑 상단에는 동그란 보주 1개가 올려 있다.

마지막으로 E형식은 라마탑이 사리장치로 조성되는 경우이다.

이러한 형식은 중국 남경박물관 소장품[51] 및 북경 불아사리탑 내부 칠보금탑(사진 24)[52], 미국 보스턴미술관 소장품[53] 등에서 살필 수 있다.

이 중 칠보금탑의 경우 3단의 수미좌 위에 원형의 기단부가 조성되어 있다. 기단부에는 범자와 伏葉의 複瓣이 빽빽하게 조각되어 있고, 복발형의 탑신부에는 불아사리가 봉안되어 있다. 아울러 탑신의 표면에는 마곡사 5층석탑의 금동보탑과 같이 연주문대의 수식과 영락이 장식되어 있다. 상륜부에는 원반과 산개, 그리고 초승달 형태의 받침대 위에 보주가 올려 있다.

우리나라에서의 E형식은 국립전주박물관 소장 이성계 발원 사리구(사진 25)[54] 및 호암미술관 소장품(사진 26)[55] 등에서 확인할 수 있다.

이렇게 볼 때 공주 마곡사 5층석탑은 전술한 여러 사례 중 AbI형식에 해당됨을 알 수 있다. 이는 하나의 불탑으로서 5기 및 9기의 금강보좌탑과는 다른 별도의 형식이었던 것으로 판단된다. 그리고 이러한 '탑 위의 탑'은 멀리 인도 및 중국 북위시기부터 등장하였음을 알 수 있다.

다만, 당시의 상륜부가 라마탑이 아닌 산치탑형을 이루고 있다는 점에서 세부적 차이를 엿볼 수 있다. 이러한 상륜부의 차이는 결국 원 집권 이후 중국 사회에 등장한 정치·종교적인 사회변화의 한 지류로 이해할 수 있다.

그렇다면 라마탑이 짧은 기간에 중국(元) 전역에서 유행할 수 있었던 원인은 과연 무엇이었을까? 이는 마곡사 5층석탑 상륜부의 계통을 검토함에 있어

---

51) 박경식, 2014, 「마곡사 5층석탑에 관한 소고」『마곡사 5층석탑 상륜부의 금동보탑 -현황과 활용방안』, 19쪽 사진.
52) 김성경 편, 1986, 『중국불교의 여로』 상, 30쪽.
53) 정은우, 2014, 「마곡사 5층석탑 상륜부의 금동보탑 연구」『마곡사 5층석탑 상륜부의 금동보탑 -현황과 활용방안』, 40쪽.
54) 국립중앙박물관, 1991, 『불사리장엄』, 93쪽 상단 사진.
55) 호암갤러리, 1995, 『大高麗國寶展 위대한 문화유산을 찾아서(1)』, 174쪽.

하나의 연결 고리가 된다는 점에서 짧게나마 언급해 보고자 한다.

1239년 오고타이칸(1185~1241)의 둘째 아들 쿠텐의 티베트 침입과 1259년 이후 世祖 쿠빌라이(1215~1294)의 티베트 정복은 티베트불교가 원대에 유입되는 기폭제가 되었다. 특히 쿠빌라이를 섬겼던 팍파가 國師로 임명되고, 1270년 帝師가 되면서 티베트불교는 원 사회에 깊숙히 자리 잡게 되었다.

아울러 成宗 테무르에 의해 불교교단 보호를 위한 칙령이 발표되면서 티베트 승려 및 티베트불교에 대한 우대조치들이 보다 적극적으로 시행케 되었다[56]. 이러한 원 정권의 티베트불교에 대한 옹호 정책은 이들 문화가 자연스럽게 원의 영토에 유입되는 요인이 되었다. 아울러 이들의 탑파 형식은 원 황실의 도움으로 중국 고유의 탑파[57]와 별개로 중국 전역으로 확대되는 결과를 낳게 되었다.

따라서 북경 묘응사 백탑이나 호국사의 불탑 역시 이러한 시대적 분위기의 산물로 이해할 수 있다. 그리고 이러한 탑파가 공주 마곡사 5층석탑의 상륜부에 축소 설치되었다는 점에서 티베트불교와 관련된 '라마탑'의 영향이라는 측면도 충분히 인지할 수 있다. 하지만 앞에서 살핀 바와 같이 형식의 차이는 마곡사 5층석탑이 북경 묘응사 백탑의 영향으로 제작되었다는 이론을 쉽게 취신할 수 없게 한다.

Ⅳ. 마곡사 5층석탑의 계통

이상으로 현재 중국에 남아 있는 라마탑에 대해 알아보았다. 이는 북경 묘응사 백탑과 같이 하나의 불탑으로 조성되는가 하면, 소림사 塔林에서처럼 승

---

56) 야마구치 즈이호·야자키 쇼켄 지음/이호근·안영길 옮김, 1990, 『티베트불교사』, 民族社, 1990, 70~72쪽.
57) 단층이 아닌 累層의 석탑이나 전탑, 목탑을 의미한다.

탑으로 축조되는 경우도 살필 수 있다. 아울러 북경 벽운사와 진각사에서와 같이 금강보좌탑의 상륜부나 탑이사의 문탑 상부로 시설되는 경우도 찾아볼 수 있다.

이와 같은 라마탑의 다양성에도 불구하고 돈황석굴 제285굴 지굴 내 벽화에서 발견된 탑파 그림은 공주 마곡사 5층석탑과 가장 유사한 모습을 보여주고 있다. 이는 불탑이라는 특징 외에 서로 다른 재료의 조합과 상륜부가 라마탑으로 조성되었다는 공통점을 가지고 있다

그렇다면 마곡사 5층석탑과 같은 '탑 위의 탑'은 과연 언제, 어느 곳에서부터 제작되었을까? 그리고 중국에서의 경우 라마탑형 상륜부가 등장하기 전의 탑파 상륜부는 대체 어떤 모습이었을까? 아울러 라마탑이 시설된 '탑 위의 탑'은 어떠한 과정을 거쳐 공주 마곡사에까지 전파되었을까?

이러한 여러 의문점들은 중국에서의 탑파 상륜부 변화뿐만 아니라 마곡사 5층석탑의 계통을 밝힐 수 있다는 점에서 중요한 과제가 아닐 수 없다. 본 장에서는 바로 이러한 의문점을 중심으로 내용을 정리하도록 하겠다.

불탑은 기본적으로 불사리를 봉안하기 위한 건축물로서 이의 축조는 당연히 인도에서부터 비롯되었다. 현재 인도에 남아 있는 불탑은 크게 두 가지 형식으로 대별할 수 있다. 하나는 산치탑 형식이고, 나머지 하나는 마야보디 불탑과 같은 고루형의 석탑이다. 그런데 후자의 경우 누층의 탑신부에 금속재의 상륜부가 올려 있어 '탑 위의 탑' 형식을 취하고 있다. 이는 마곡사 5층석탑과 같은 구조이어서 본고에서는 후자를 중심으로 살펴보고자 한다.

부다가야의 마야보디 사원(大菩提寺) 불탑(사진 27 · 28)[58]은 중앙의 대탑을 중심으로 사방에 소탑이 배치되어 금강보좌탑의 형식을 취하고 있다. 하지만 주변 탑들은 후대에 조성된 것으로 알려져 있어[59] 축조 당시에는 한 기만

---

58) 정각, 1992, 『인도와 네팔의 불교성지』, 불광출판부, 37쪽 ; 高銀, 1993, 『신왕오천 축국전』, 동아출판사, 242쪽 사진.
59) 벤자민 로울랜드 지음·이주형 옮김, 1996, 『인도미술사 굽타시대까지』, 예경, 162쪽.

사진 27 | 마야보디 사원 불탑　　사진 28 | 마야보디 사원 불탑 상륜부

존재하였던 것으로 판단된다.

　　중앙의 불탑은 누층의 탑신으로 이루어져 있고, 상륜부는 복발형의 탑신을 비롯해 평두, 원반, 산개 등 마곡사 5층석탑과 아주 흡사한 구조를 보이고 있다. 다만, 탑신 아래의 기단부는 원형을 이루고 있어 차이를 보인다.

　　기단부는 탑신부에 가려져 자세히 살필 수 없으나 옥개석의 층급받침과 같이 층단식으로 조출되어 있다. 이곳에는 단판의 연화돌대문이 앙련으로 조각되어 있고, 이의 상하에도 또 다른 문양들이 장식되어 있다. 층단식의 기단 아래에는 '∪'형 및 'Ⅲ'형식의 수식이 짧게 늘어져 있다.

　　탑신부에는 기단부에서와 같은 '∪'형 및 'Ⅲ'형의 수식이 마디를 이루며 아래로 늘어져 있다. 특히 '∪'형의 수식 내부에는 원주문이 일정한 간격을 두고 배치되어 있다. 마디와 마디 사이에는 만개한 연꽃이 조각되어 있고, 화판과 화판 사이에는 횡방향으로 1조의 연주문이 장식되어 있다.

복발형의 탑신 위에는 평두가 자리하고 있는데, 평면이 아자형(두출형)을 이루고 있다. 이러한 평면 형태는 마곡사 5층석탑의 금동보탑 기단부 뿐만 아니라 돈황석굴 내의 승탑 기단부, 그리고 남방불교권에 속해 있는 쁘리아 꼬 등의 크메르유적에서 어렵지 않게 확인할 수 있다[60].

이러한 유적 사례는 결과적으로 라마탑의 기단부에서 살펴지는 아자형(두출형)의 평면 형태가 인도에서 기원하여 남방의 소승불교 및 북방의 대승불교권 모두에 영향을 미쳤음을 파악케 한다.

마야보디 사원의 불탑은 '탑 위의 탑'이라는 점, 그리고 석탑 위에 금속재의 상륜부가 올려 있다는 점에서 마곡사 5층석탑과 친연성을 보이고 있다. 특히 이 사원에 대해서는 637년 이곳을 방문하였던 현장의 기록에도 자세히 언급되어 있다[61].

아울러 인도에서의 '탑 위의 탑'은 나란다대학 유적의 사리불탑(사진 29)[62]에서도 찾아볼 수 있다. 이는 기단부와 탑신, 상륜부로 이루어진

사진 29 | 나란다대학 유적의 사리불탑

60) 박경식, 2014, 「마곡사 5층석탑에 관한 소고」 『마곡사 5층석탑 상륜부의 금동보탑 –현황과 활용방안』.
61) 정각, 1992, 『인도와 네팔의 불교성지』, 불광출판부, 37~38쪽.
62) 高銀, 1993, 『신왕오천축국전』, 동아출판사, 50쪽 사진.

전석탑으로 탑신은 석재로 조성되어 있
다. 상륜부는 복발형으로 탑신 중앙에
여래좌상 1구가 정면을 응시하고 있다.
복발 상면은 돔형의 지붕으로만 남아
있어 정확한 상륜 구조를 파악할 수 없
다. 그리고 이러한 탑신과 복발에서의
좌상 조각은 중국 북위대에도 확인되고
있어 양자의 문화교섭을 유추케 한다.

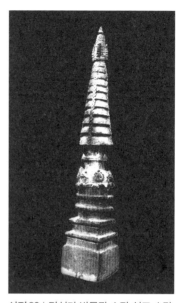

사진 30 | 탁실라 박물관 소장 석조 소탑

　이와 더불어 파키스탄 탁실라 박물
관에 소장되어 있는 석조 소탑(사진
30)63)을 통해서도 고대 인도에서의 '탑
위의 탑' 존재를 확인할 수 있다. 이 석
탑은 높은 기단 위에 4층의 탑신이 있
고, 그 위에 산치탑형의 상륜부가 올려
있다. 즉 반구형의 복발64)을 비롯해 평두, 11개의 원반, 산개, 보주 등이 장
식되어 있다.

　이처럼 고대 인도의 유적이나 유물에서는 累層의 탑신 위에 별도의 산치탑
형 상륜부가 조성된 탑의 존재를 어렵지 않게 살필 수 있다. 이는 산치탑과 다
른 형식으로서 인도에 남아 있는 또 다른 탑파 형식으로 이해할 수 있다. 그리
고 이러한 인도에서의 '탑 위의 탑'은 실크로드 및 인도-중국 간의 교통로를
통해 중국 북위65)에도 전파되었음이 여러 석굴사원의 벽화를 통해 확인할 수

---

63) 벤자민 로올랜드 지음·이주형 옮김, 1996, 『인도미술사 굽타시대까지』, 예경, 137쪽.
64) 탑신의 경우 옥개석과 옥신이 한 층을 이룸을 볼 때 반구형 복발 아래의 부재는 탑신
　　부의 옥신이 아닌 이의 기단으로 봄이 타당할 것이라 생각된다. 따라서 기단을 갖춘
　　반구형 복발은 석탑의 상륜부이면서 별도의 탑신으로 제작되었음을 판단할 수 있다.
65) 이는 북위대의 사원불사, 영령사 등의 존재를 통해서도 확인할 수 있다.

사진31 | 운강석굴 제11굴 탑파 조각(북위)   사진32 | 운강석굴 제2굴 탑파 조각(북위)

있다66).

즉, 운강석굴 제11굴(사진 31)67)과 제2굴(사진 32)68)에 조성된 탑파 조각
을 살펴보면 탑 위에 또 다른 탑(상륜부)이 올려 있음을 볼 수 있다. 탑신부에

---

66) 물론 이 시기의 것은 원대 탑파에 비해 축조 시기가 최소 700~800여 년에 이르기 때
    문에 상륜부의 형태나 문양 등에서 큰 차이를 발견할 수 있다.

67) 云岡石窟文物保管所, 1994,『中國石窟 云岡石窟 二』, 文物出版社, 사진 94. 11굴은
    운강석굴 개착의 홍성기에 해당되는 효문제 시기(471-494년)에 조성되었다(李裕群,
    2003,「中國北朝時期的石窟寺綜合考察」『中國의 石窟 雲岡·龍門·天龍山石窟』, 國
    立昌原文化財研究所, 317쪽).

68) 云岡石窟文物保管所, 1991,『中國石窟 云岡石窟 一』, 文物出版社, 사진 14. 2굴은
    11굴과 동 시기에 개착되었다(李裕群, 2003,「中國北朝時期的石窟寺綜合考察」『中
    國의 石窟 雲岡·龍門·天龍山石窟』, 國立昌原文化財研究所, 317쪽).

는 교각보살 및 이불병좌상 등이 4방에 조각되어 있고, 각 층의 감실은 형태와 크기를 약간씩 달리하였다. 탑신은 3층이고, 지붕에서의 기와 골과 처마의 공포로 보아 두 탑 모두 목탑을 모방하여 제작하였음을 알 수 있다.

사진 33 | 운강석굴 제11굴 탑파 조각(북위)

그런데 중국 북위시기에 이처럼 모든 탑들이 '탑 위의 탑'으로 조성된 것만은 아니었다. 즉, 같은 제11굴에 조각된 쌍탑(사진 33)[69]을 보면 기단부와 탑신부는 비슷하게 축조되어 있으나 상륜부에서 큰 차이가 있음을 발견할 수 있다. 즉, 노반석 위로 별도의 복발형 탑신이나 앙화 등이 조각되어 있지 않음을 확인할 수 없다. 복발형 탑신이 없기에 화불도 당연히 찾아볼 수 없다.

운강석굴 제11굴은 전술하였듯이 북위의 효문제(471~494년) 시기에 조성되었다. 시기적으로는 5세기 후반~말에 해당되고 있다. 그런데 이 시기의 목탑을 보면 하나는 복발형의 탑신 내부에 불상[70]이 조각되어 있는 반면, 다른 하나는 복발(탑신) 자체가 아예 존재하지 않는 것도 살필 수 있다.

이러한 상륜부의 차이는 결과적으로 북위시기에 이미 '탑 위의 탑'뿐만 아니라 '탑 위의 無복발 장엄구' 등도 함께 조성되고 있었음을 파악할 수 있다. 특히, 전자의 사례가 인도의 탑파문화를 여과 없이 보여주고 있다는 점에서

69) 云岡石窟文物保管所, 1994, 『中國石窟 云岡石窟 二』, 文物出版社, 사진 97.
70) 인도와 마찬가지로 좌상 1구가 조각되어 있다.

중국의 초기 탑파가 인도와 밀접한 관련이 있음을 확인케 하고 있다.

이상의 내용을 정리하면 중국에서는 적어도 5세기 후반~말경에 마곡사 5층석탑과 같은 '탑 위의 탑'이 이미 존재하였음을 알 수 있다. 그리고 이러한 탑파 형식은 동·서위를 거치면서 6세기 후반 무렵 북주시기의 金剛寶座塔으로 나타나고 있다.

그런데 여기서 한 가지 흥미로운 사실은 '탑 위의 탑'이 북위시기만 하더라도 단독적으로 1기만 건립되었다는 사실이다. 그리고 이것이 반세기 정도를 거치면서 5기의 금강보좌탑에도 영향을 미쳤다는 사실이다.

이러한 자료 검토는 결과적으로 마곡사 5층석탑과 같은 '탑 위의 탑'이 중국에서의 경우 1탑에서 점차 5기의 금강보좌탑으로 영향이 미쳤음을 파악케 한다. 또한 오늘날 중국 각지에 남아 있는 원대 및 명·청대의 금강보좌탑은 적어도 그 시원이 북주까지 소급될 수 있음을 판단케 하고 있다.

원대에 접어들어 '탑 위의 탑'은 돈황석굴 제285굴의 지굴 벽화와 같이 상륜부가 산치탑형에서 라마탑형으로 일부 변화되었음을 살필 수 있다. 아울러 이의 출토지가 당시 수도(북경)와 멀리 떨어진 돈황 및 투르판 등 서쪽 지역이라는 점에서 라마탑 전래지로서의 가능성도 유추케 한다.

이러한 추정은 한편으로 酒泉지역에서 검출된 소형의 석재 라마탑을 통해서도 확인할 수 있다. 이 라마소탑은 전술하였듯이 北涼시기에 제작된 것으로 원 집권 이전의 유물이다. 원대의 묘응사 백탑이나 호국사 불탑 등과 비교해 전혀 다른 형태를 취하고 있다는 점에서 정형화된 라마탑으로는 생각되지 않는다.

초기의 라마탑이 북경 묘응사 백탑 조성 이전에 酒泉지역에서 발견되었다는 사실은 인도나 티베트의 탑파문화가 돈황을 중심으로 한 서쪽 지역에 부분적이나마 일찍부터 유입되어 있었음을 확인케 한다. 이것이 국가와 국가 간의 공식적인 전파인지, 아니면 지역과 지역 간의 사적인 전파인지는 좀 더 숙고하여야겠지만 필자는 후자일 것으로 판단하고 있다. 왜냐하면 북량 이후 원대 이전으로 편년되는 실재 크기의 라마탑이 그 동안 중국에서 거의 발견된 바 없기 때문이다.

이렇게 볼 때 마곡사 5층석탑의 계통이 될 수 있는 '누층의 탑신과 라마탑형 상륜부'는 현재까지의 중국 자료들을 검토해 볼 때 북경을 중심으로 한 중원 지역은 아닐 것으로 생각된다. 그런 점에서 돈황을 중심으로 한 감숙성 및 청해성 등의 서쪽 지역을 주목하는 것이 좀 더 합리적일 것이라 판단된다. 그리

표1 | 마곡사 5층석탑의 계통

인도

북위

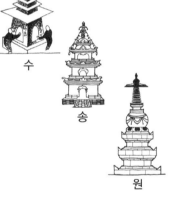
수

송

원

고려 마곡사

고 이러한 탑파 형식의 시원은 나란다대학 유적의 사리불탑으로 보아 인도에 있었음도 확인할 수 있다.

따라서 중국에서의 '탑 위의 탑'은 돈황을 중심으로 한 서쪽 지역에서 점차 중원 및 전국으로 확대되어 갔음을 파악할 수 있다. 그리고 이러한 조탑문화는 당시 원과 긴밀한 관계에 있었던 고려에도 영향을 미쳐 마곡사 5층석탑이 조성되었던 것으로 판단된다.

위의 내용을 중심으로 마곡사 5층석탑의 시원 및 계통이 될 수 있는 '탑 위의 탑'의 변화 과정을 살피면 <표 1>과 같다.

V. 맺음말

이상으로 중국 라마탑의 다양한 형식과 마곡사 5층석탑의 계통에 대해 살펴보았다. 마곡사 5층석탑은 탑신 위에 금동재의 라마탑형 상륜부가 올려 있어 우리나라에 단 한 기밖에 존재하지 않는 특수한 구조로 분류되고 있다.

학계에서는 그 동안 마곡사 5층석탑의 라마탑형 상륜부가 북경 묘응사 백탑과 친연성이 찾아져 이의 계통이 元에 있었음을 보고하고 있다. 하지만 전술한 원대 탑들의 경우 탑신부가 累層으로 조성되지 않았다는 점에서 계통상 마곡사 5층석탑과는 전혀 다른 형식임을 파악할 수 있다.

마곡사 5층석탑과 같이 누층의 탑신에 라마탑형의 상륜부가 올려진 사례는 돈황석굴 285굴 支窟 내의 원대 벽화에서 찾아볼 수 있다. 그리고 이러한 '탑 위의 탑' 형식은 일찍이 인도에서부터 살펴지고 있다. 즉, 부다가야의 마하보디 대탑과 나란다대학 유적의 사리불탑, 그리고 탁실라박물관 소장의 석재 소탑은 누층의 탑신 위에 산치탑형의 상륜부가 올려 있음을 확인할 수 있다. 특히, 마하보디 대탑의 경우는 탑신부와 상륜부의 재질이 달라 마곡사 5층석탑과의 친연성을 보여주고 있다.

이러한 인도의 탑파와 돈황석굴 내 탑파 조각과 그림을 비교해 보면 중국의 산치탑형 상륜부는 원대에 이르러 일부 라마탑형 상륜부로 변화되고 있음을 살필 수 있다. 그리고 '탑 위의 탑' 형식은 중국의 경우 북위시기부터 명·청시기에 이르기까지 중국 석탑의 한 형식으로 계속해서 변천해 왔음을 볼 수 있다.

　현재 중국에 전해오는 탑파 중 누층의 탑신부와 라마탑형의 상륜부가 함께 갖추어진 사례는 대략 두 가지 형식으로 구분할 수 있다. 첫 번째는 돈황석굴의 벽화에 그려진 불탑과 같이 단독적으로 조성된 경우이고, 두 번째는 여러 기의 탑들이 함께 축조되는 금강보좌탑을 들 수 있다. 여기서 마곡사 5층석탑은 당연히 전자의 사례에 해당된다고 볼 수 있다.

　이렇게 볼 때 마곡사 5층석탑의 직접적인 계통은 돈황을 중심으로 한 감숙성 및 청해성 지역의 원대 탑파일 가능성이 높고, 이러한 탑파 형식은 중국 중원을 비롯해 고려 마곡사에도 영향을 미쳤던 것으로 판단된다.

　한편, 라마소탑이 일찍이 북량시기의 주천지역에서 검출되었다는 사실은 티베트와 인접해 있는 감숙성 및 청해성 등지에서 이른 시기의 라마탑이 확인될 가능성 또한 적지 않음을 암시해 주고 있다. 그리고 이러한 라마탑의 크기가 크지 않다는 점에서 소형의 예배상으로 추정할 수 있다.

　최근까지 마곡사 5층석탑에 관한 학계의 관심은 그리 크지 않았다. 하지만 상륜부가 라마탑형을 보이는 금동보탑이라는 점에서 이의 중요성은 결코 간과될 수 없다고 생각된다. 향후 중국 라마탑의 발생과 시기적 변화 과정 등에 대한 연구도 심화되기를 기대해 본다[71].

---

71) 이 글은 아래의 논고를 정리하여 옮겨 놓은 것이다.
　조원창, 2015.12.04., 「마곡사 오층석탑의 계통과 중국 라마탑」 『제107회 한국중세사학회 정기발표회』 ; 조원창, 2015, 「中國 喇嘛塔의 性格과 麻谷寺5層石塔의 系統」 『文化史學』 第44號, 韓國文化史學會.

고려사지와 건축고고

제3부

제3부 제1장

高麗時期 雜像 研究

I. 머리말

흔히 대당사부, 손행자, 저팔계, 사화상, 이귀박, 이구룡 등으로 불리는 雜像은 흙으로 구워 만든 환조로서 장식기와의 한 부류이다. 이들은 정전이나 왕의 침전, 한양도성이나 수원성 등과 같은 격이 높거나 중요한 건물의 추녀

사진 1 | 서울 창덕궁 진선문의 추녀마루 위 잡상

사진 2 | 공주 신원사 중악단 추녀마루 위 잡상

사진 3 | 동한시기 건축물 추녀
마루 장식

마루(사진 1)[1])에서 살펴지고 있다. 일부 신원사 중악단(사진 2)[2]) 및 흥국사 등의 사찰 내에서도 잡상이 확인되고 있으나 이들 건축물의 경우 왕실과 밀접한 관련이 있다는 점에서 순수한 의미의 종교적 건물로는 파악하기 어렵다.

잡상은 달리 像瓦라고도 하고, 이를 만드는 장인은 잡상장이라 하여 瓦署에 소속시켜 놓았다[3]). 이러한 내용으로 보아 조선 초기에는 이미 잡상장과 기와를 만드는 와장(공)이 명확하게 구분되었음을 알 수 있고, 이는 잡상과 왕실 건물 간에 서로 뗄 수 없는 상징적 관계라는 측면에서도 쉽게 이해할 수 있다. 그리고

---

1) 필자 사진.
2) 필자 사진.
3) 이상 윤홍로, 1993.6, 「궁전건물의 잡상」『건축역사연구』 제2권 1호 통권 3호.

사진4 | 觀經變相圖(일본 西福寺 소장) 중 잡상　사진5 | 雅集圖 對聯 중 잡상

조선 초기에 이처럼 수공업 직제가 분명하였음을 볼 때 잡상과 왕실의 관계는
이미 고려시기에 체계화되었음도 추정해 볼 수 있다.

　잡상은 중국의 경우 송대부터 제작된 것으로 알려져 있다[4]. 그러나 이미 한
대의 누각건물에서도 잡상으로 보이는 瑞鳥(사진 3)[5] 등이 관찰되고 있어 이
의 의미와 시원, 계통 등에 대해선 향후 좀 더 면밀하게 검토해 볼 필요성이 있
다. 중국에서 발생한 잡상은 여러 발굴 자료와 편년 등을 검토해 볼 때 고려
전기[6] 무렵에는 우리나라에도 전파되었을 것으로 생각된다. 이는 통일신라기
잡상의 부재와 고려시기 불화(사진 4)[7]나 고화(사진 5, 14세기)[8], 동경(사진
6, 10~14세기)[9], 금동소탑(사진 7)[10] 등에 표현되어 있는 잡상의 존재를 통

4)　윤홍로, 1993.6, 「궁전건물의 잡상」『건축역사연구』제2권 1호 통권 3호. 한편, 일
　　부에서는 宋初·五代 혹은 晩唐으로 보기도 한다(東國大學校博物館, 2003, 『史蹟
　　259號』江華 禪源寺址 發掘調査 報告書I(본문), 364쪽).

5)　중국 하남박물원 도록.

6)　한편, 12세기 이후의 불화나 공예품 등에서 잡상과 유사한 형태의 장식기와가 확인된
　　점을 들어 늦어도 고려 중기 이후에는 잡상이 등장하였을 것으로 본 연구도 있다(경기
　　도 외, 2009, 『檜巖寺Ⅲ 5·6단지 발굴조사 보고서(본문)』, 191쪽).

7)　호암갤러리, 1993, 『高麗, 영원한 美 高麗佛畵特別展』, 14쪽 도판 1-1.

8)　호암갤러리, 1995, 『大高麗國寶展 위대한 문화유산을 찾아서(1)』, 65쪽 도판 61. 호
　　암미술관에 소장되어 있는 雅集圖 對聯 중의 일부이다. 이에 대해선 후술하기로 하겠다.

9)　호암갤러리, 1995, 『大高麗國寶展 위대한 문화유산을 찾아서(1)』, 204쪽 도판 220.

10)　國立光州博物館, 1998, 『국립광주박물관』, 60쪽 사진 114.

사진 6 │ 銅製陽刻龍樹殿閣文圓形鏡
(국립청주박물관 소장) 중 잡상

사진 7 │ 금동소탑 중 잡상

해 어느 정도 판단해 볼 수 있다.

고려시기의 잡상[11]은 궁궐인 개성 고려궁성을 비롯하여 원주 거돈사지·법천사지, 파주 혜음원지, 강화 선원사지, 여주 회암사지, 당진 안국사지, 합천 백암리사지 등 여러 건축물에서 수습되었다[12]. 왕궁을 제외하고는 거의 대부

---

11) 지금까지의 잡상은 흔히 조선 후기의 것을 의미하였다. 이런 점에서 고려시기 추녀마루에 장식된 환조품을 과연 잡상으로 부를 수 있는지 의문스럽다. 그러나 이미 고려시기의 청동탑을 연구하는 과정에서 추녀마루에 장식된 기와를 잡상으로 호칭한 바 있어 본고에서도 이 명칭을 따르고자 한다(천득염·지승용, 1998.6, 「韓國의 靑銅塔에 관한 硏究」 『建築歷史硏究』 제7권 2호 통권 15호).

12) 이는 발간된 발굴보고서를 근거로 한 것이다. 따라서 향후 고려시기의 사지 발굴과 자료정리에 따라 잡상의 수효는 자연스럽게 증가할 것이다. 아울러 기존의 자료 중에서 특수기와 및 장식기와로 보고된 것 중에 잡상으로 분류할 수 있는 것도 등장할 것으로

분 사지에서 출토되어 왕실과 사원간의 관련성을 주목케 한다. 이는 한편으로 왕릉, 한양도성, 문묘, 동묘, 수원성 등에 잡상이 설치된 조선시기와 비교해 그 사용처가 현저히 달랐음을 확인해 볼 수 있다[13].

그 동안 잡상에 대한 연구는 윤홍로를 비롯해 김홍식[14], 윤나영[15] 등에 의해 진행된 바 있다[16]. 윤홍로와 김홍식은 조선시기 잡상의 의미와 명칭, 그리고 이들의 위치 등에 대한 초보적 연구를 실시하였고, 윤나영은 고려시기와 조선시기의 마루장식기와를 다루면서 부분적으로 잡상을 언급하였다. 특히 고려시기의 탑공예품이나 불화, 그리고 중국 자료 등을 충실히 다루면서 상호 비교하였다는 점에서 잡상 연구의 진일보한 성과를 제시하고 있다. 그러나 최근까지 진행된 여러 발굴 자료의 내용을 충실히 반영하지 못한 점은 하나의 아쉬움으로 남는다. 이는 나아가 고려시기 잡상의 형식이나 그 변화 등에 대한 궁금증 또한 낳게 하고 있다.

따라서 본고는 그 동안 발굴조사를 통해 수습된 고려시기의 잡상을 형식별로 살펴보고 이들이 추녀마루에 어떻게 설치되는지도 검토해 보고자 한다. 아울러 시기가 분명한 자료를 중심으로 잡상이 고려시기에 걸쳐 어떻게 변화하는지에 대해서도 간략하게나마 살펴보도록 하겠다.

생각된다.

13) 고려시기와 조선시기의 잡상은 사용처뿐만 아니라 형상(외형)에 있어서도 차이를 보이고 있다.

14) 김홍식, 2005.9, 「조선후기 잡상의 명칭과 자리에 대한 연구」 『建築歷史研究』 제14권 3호 통권 43호.

15) 尹那瑛, 2010, 「高麗와 朝鮮의 마루장식기와 研究」, 홍익대학교 대학원 미술사학과 석사학위논문.

16) 이 외에도 잡상에 관한 논고는 여러 곳에서 살필 수 있으나 거의 대부분 조선시기의 것을 대상으로 하고 있다. 따라서 고려시기의 잡상 연구는 거의 불모지에 가깝다.

Ⅱ. 고려시기 잡상의 사례 검토

1. 개성 고려궁성[17]

919년(태조 2) 태조 왕건에 의해 송악산 남록에 조성되었다. 1361년 홍건적의 침입으로 폐기될 때까지 고려 왕궁으로 사용되었다. 최근까지 발굴조사가 진행되고 있으며 여러 궁전지가 확인되었다. 이곳에서는 용두형을 비롯한 괴수형, 어형, 조형 등의 잡상이 수습되었다.

용두형(사진 8·9·10)[18]은 궁성

사진9 | 고려궁성 출토 용두형 잡상 2

사진8 | 고려궁성 출토 용두형 잡상 1

사진10 | 고려궁성 출토 용두형 잡상 3

---

17) 국립문화재연구소, 2008, 『開城 高麗宮城』.
18) 국립문화재연구소, 2008, 『開城 高麗宮城』, 42쪽 사진 19-① 및 91쪽 사진 64-③, 192쪽 사진 160-②.

의 시굴조사 과정에서 여러 편이 수습되어 이를 통해 상을 복원해 보고자 한다. 얼굴에는 용의 눈, 코, 입, 귀, 수염 등이 상세하게 묘사되어 있고 몸체에는 비늘, 목에는 음각된 주름 등이 표현되어 있다. 몸체의 양 측면에는 날개가 2조의 선문으로 표현되어 있다. 여러 개의 점토를 테쌓기하거나 여러 매의 기와를 붙여 제작한 것으로 추정되며 내부는 비어 있다.

어형(사진 11)[19]은 물고기의 꼬리나 양 옆 지느러미를 연상시키는 것으로 한쪽 면에만 여러 조의 음각선이 표현되어 있다. 도구를 이용하여 표면을 깨끗하게 정리하였고, 끝단에는 두 개의 투공이 나 있다.

기타, 괴수형(사진 12)[20]은 코, 입술, 치아 등이 비교적 상세하게 묘사되어 있고 조형(사

사진 11 | 고려궁성 출토 어형 잡상

사진 12 | 고려궁성 출토 괴수형 잡상

사진 13 | 고려궁성 출토 조형 잡상

19) 국립문화재연구소, 2008, 『開城 高麗宮城』, 138쪽 사진 106-②.
20) 국립문화재연구소, 2008, 『開城 高麗宮城』, 191쪽 사진 159-②.

진 13)[21]은 파주 혜음원지 출토 잡상과 유사성을 보여주고 있다. 머리와 날개, 꼬리 등이 양호한 상태로 남아 있고, 하단부는 수키와와 접합되어 있다. 부리는 위를 향하게 돌출되어 있으며 눈은 원형으로 음각되었고 몸통과 날개에는 깊은 선문이 'V'자 모양으로 표현되어 있다.

2. 원주 거돈사지[22]

거돈사지는 9세기경인 통일신라기에 창건된 사찰로 중문지, 3층석탑과 금당지, 강당지, 승방지, 추정 식당지 등의 건물지가 확인되었다. 사지에서 출토된 유물은 암·수막새를 비롯해 잡상, 청자류(대접, 접시, 병 등), 백자류(발, 대접, 종지, 접시 등), 토기류, 철기류(문고리, 철정, 철마 등), 청동류(완, 향통, 젓가락, 촛대받침 등), 옥제품 등이 있다.

잡상(사진 14)[23]은 출토위치가 분명치 않으며, 새의 형상을 하고 있다. 머리와 목 일부분만 남아 있어 전체적인 형상파악은 불가능하다. 부리는 결실되

사진 14 | 거돈사지 사진 15 | 법천사지 출토 조형 잡상
　　　출토 조형 잡상

21) 단국대학교 石宙善紀念博物館, 2015, 『고려행궁 혜음원』, 104쪽.
22) 翰林大學校博物館, 2000, 『居頓寺址』.
23) 翰林大學校博物館, 2000, 『居頓寺址』, 366쪽 사진 240.

었고 눈은 구멍을 뚫어 표현하였다. 목을 길게 조각하였다는 점에서 선원사지 출토 잡상과 친연성이 있다. 잔존 높이 8.8cm이다.

3. 원주 법천사지[24]

법천사는 고려시기 법상종 사찰로 통일신라시기부터 조선시기 전·중기까지 법맥이 이어져 왔다. 사역내에는 지광국사 해린의 탑비(1085년 건립)를 비롯해 약 20여 동의 건물지가 시기차를 두고 조성되었다.

새 모양의 잡상(사진 15)[25]은 건물지 15호에서 수습되었다. 잡상은 회청색 경질의 소성도를 보이며, 양 날개를 활짝 펴고 있으나 머리 부분은 결실되어 있다. 깃털은 곡선과 음각 사선을 이용하여 표현하였고, 목과 어깨부분에는 '⌒'문양을 반복하여 세부적으로 묘사하였다. 꼬리부분은 중앙에 종방향으로 직선을 그어 좌우 분할을 하고 '⌒'문양을 이중으로 음각하였다. 새의 형상을 만들기 위해 반복적인 손누름 흔적이 확인된다. 별도의 날개를 부착하지 않았다는 점에서 고려궁성 및 혜음원지 출토 조형 잡상에 비해 先作된 것으로 추정된다.

4. 파주 혜음원지[26]

혜음원은 개경과 남경의 교통 요지에 여행자들의 편의를 제공하기 위하여 조성되었다. 1차 창건은 1122년이나 이후 별원(행궁)의 축조가 시작되어 이의 최종 완성 시기는 확실히 알 수 없다.

---

24) 江原文化財研究所·原州市, 2009, 『原州 法泉寺I 第 I區域 發掘調査 報告書』.
25) 江原文化財研究所·原州市, 2009, 『原州 法泉寺I 第 I區域 發掘調査 報告書』, 521쪽 사진 84-177. 보고서에는 장식기와로 기술하고 있다.
26) 단국대학교 매장문화재연구소, 2006, 『파주 혜음원지 발굴조사보고서 -1차~4차-』.

| 사진 16 | 혜음원지 출토 어형 잡상 | 사진 17 | 혜음원지 출토 조형 잡상 |

　혜음원은 院址와 별원(행궁)지로 크게 구분되었고, 잡상은 용두, 취두 및 다량의 귀목문 와당과 함께 별원(행궁)지에서 출토되었다27). 잡상은 어형과 조형 두 부류로 나누어지고 있다.

　어형 잡상(사진 16)28)은 입을 크게 벌리고 있으며, 눈은 동그랗고, 코 2개가 표현되어 있다. 눈과 코 위에는 장식물이 있었으나 결실되었고, 얼굴의 측면에는 날개 또는 지느러미와 같은 장식이 표현되었다. 머리 뒤로는 꼬리가 이어져 있다. 기저부는 원통형29)으로 길이가 약 20cm 정도 남아 있다.

27) 단국대학교 매장문화재연구소, 2006, 『파주 혜음원지 발굴조사보고서 –1차~4차–』, 343~344쪽.

28) 단국대학교 石宙善紀念博物館, 2015, 『고려행궁 혜음원』, 102쪽 ; 단국대학교 매장문화재연구소, 2006, 『파주 혜음원지 발굴조사보고서 –1차~4차–』, 409쪽 사진 143.

29) 이는 고려궁성 잡상편에서도 살필 수 있다(국립문화재연구소, 2008, 『開城 高麗宮

조형 잡상(사진 17)[30]은 비교적 완전한 형태를 갖추고 있는 것으로 머리와 몸통, 날개와 꼬리로 이루어져 있다. 눈은 동그랗게 표현되었고, 부리는 뾰족하게 돌출되어 있다. 몸통의 양 옆에는 3조의 음각선이 새겨져 있고, 볼록 튀어나온 배에는 '○'문 3개가 시문되어 있다. 날개는 원형 내지 타원형으로 만들어졌는데 전자는 5조의 음각선으로 깃을 표현하였고, 후자는 단을 이루어 날개를 묘사하였다. 꼬리의 끝단은 동그랗게 처리되었고 3조의 음각선이 있다. 조형 잡상의 하단부는 둥글게 곡면 처리되어 수키와 등면에 올려놓았음을 알 수 있다.

5. 강화 선원사지[31]

이 사원은 최우의 원찰로서 대몽항쟁기인 1246년 강화도에 창건되었다. 고려의 국찰로서 대장경을 봉안·관리하였다. 사지에서 출토되는 분청사기로 보아 조선 초기까지 법맥이 이어진 것으로 판단된다.

선원사지에서는 괴수형, 인물형, 조형 등의 잡상이 수습되었다. 괴수형(사진 18)[32]은 앞발로 몸체를 받들고 있는 형태이나 상단과 하단이 결실되어 정확한 형상을 파악할 수 없다. 정수리 부위에는 혹과 같은 것이 볼록 튀어나와 있고, 눈과 입은 선각으로 처

사진 18 │ 선원사지 출토 괴수형 잡상

城」, 192쪽 사진 160-①).

30) 단국대학교 石宙善紀念博物館, 2015, 『고려행궁 혜음원』, 102쪽 ; 단국대학교 매장문화재연구소, 2006, 『파주 혜음원지 발굴조사보고서 -1차~4차-』, 410쪽 사진 144-399.

31) 東國大學校博物館, 2003, 『史蹟 259號 江華 禪源寺址 發掘調査 報告書』.

32) 東國大學校博物館, 2003, 『史蹟 259號 江華 禪源寺址 發掘調査 報告書』, 427쪽 유물도판 79-④.

사진 19 | 선원사지 출토 인물형 잡상 1

사진 20 | 선원사지 출토 인물형 잡상 2

리되었다. 온몸에는 음각을 이용하여 비늘을 장식하고 있다. 목 뒤에는 갈기와 같은 것이 넓게 펼쳐져 있고, 그 내부에는 종선문이 시문되어 있다. 하단부의 중간 위로는 지름 1.3cm 정도의 고정용 원공이 뚫려 있다. 잔존 높이 22.2cm이다.

인물형 1(사진 19)[33]은 몸통부분만 남아 있는 것으로 양 손을 들어 올려 복부에서 모으고 있는 형상이다. 손목 부위에는 둥그런 테가 감겨 있으나 정확한 성격은 알수 없다. 전면 어깨 부위에는 3조의 옷주름이 시문되어 있

사진 21 | 선원사지 출토 인물형 잡상3

사진 22 | 선원사지 출토 인물형 잡상 4

고, 등면에는 'ᴗ'모양의 선각이 표현되어 있다. 잔존 높이는 13.5cm이다.

인물형 2~4(사진 20·21·22)[34]는 머리 부분만 남아 있는 것으로 얼굴은 달걀형의 세장한 모습과 넓적한 모습 두 종류가 관찰된다. 전자의 경우는 얼굴에 비해 이목구비를 상세하게 조각하였고, 머리에는 뿔이나 관을 쓰고 있는 형상을 취하고 있다. 반면, 후자의 경우는 전자에 비해 이목구비가 섬세하지

---

33) 東國大學校博物館, 2003, 『史蹟 259號 江華 禪源寺址 發掘調査 報告書』, 427쪽 유물도판 79-①.

34) 東國大學校博物館, 2003, 『史蹟 259號 江華 禪源寺址 發掘調査 報告書』, 425쪽 유물도판 77-①·④·⑧.

사진 23 | 선원사지   사진 24 | 선원사지   사진 25 | 선원사지 출토   사진 26 | 선원사지 출토
출토 조형 잡상 1   출토 조형 잡상 2   조형 잡상 3   조형 잡상 3-1

않음을 살필 수 있다. 얼굴의 크기는 5.6~8.2cm 정도이다.

조형 1·2(사진 23·24)[35]는 대부분 머리만 남아 있는 것으로 원주 거돈사지 조형 잡상과 같이 목이 세장함을 살필 수 있다. 부리는 날카롭게 앞으로 돌출되어 있고, 비구 2개가 큼직하게 조각되어 있다. 눈은 원형으로 음각되어 있으며 얼굴은 통통한 모습을 하고 있다. 회암사지나 고려궁성의 잡상에 비해 과장되고 간략화 되었음을 볼 수 있다.

조형 3·3-1(사진 25·26)[36]은 기와의 등면에 새발가락을 조각해 놓은 형상이다. 잡상과 기와를 동시에 제작하여 추녀마루에 올려놓은 것으로 생각된다. 새발가락은 방사선상으로 벌어지고 있으며 3개가 2조씩 양쪽에 모두 12개가 조각되어 있다. 다리에는 '◡'모양의 비늘이 세로방향으로 시문되어 있고, 바닥에는 마루에 고정키 위한 원공[37]이 뚫려 있다. 기와의 내면에는 포흔이나 타날흔으로 보이는 자욱이 있고, 백회와 같은 이물질은 확인되지 않는다.

---

35) 東國大學校博物館, 2003, 『史蹟 259號 江華 禪源寺址 發掘調査 報告書』, 425쪽 유물도판 77-⑥ 및 426쪽 유물도판 78-⑤.

36) 東國大學校博物館, 2003, 『史蹟 259號 江華 禪源寺址 發掘調査 報告書』, 427쪽 유물도판 79-⑥·⑦.

37) 이러한 원공은 회암사지 잡상에서도 찾아볼 수 있다.

6. 당진 안국사지[38]

안국사지에서는 석조삼존불입상을 중심으로 금당지와 건물지 등이 확인되었다. 금당은 고려 현종대인 1030년에 창건된 것으로 발굴조사 당시 연화문와당을 비롯한 귀목문와당, 명문와 등이 함께 수습되었다. 잡상은 금당지에서 출토되었으며, 대부분 편으로 확인되었다.

조형(사진 27·28)[39]은 마치 오리와 같이 웅크리고 있으며, 목은 짧고 배부분으로 갈수록 풍만해지는 모습을 하고 있다. 눈은 거칠게 음각해 놓았고, 일부에서는 자기조각을 박아놓은 것도 살필 수 있다. 입은 뾰족하나 부리 끝단은 결실되었다. 몸통은 비대하고, 날개는 음각선으로 둥글게 표현하였다. 배의 아랫부분은 수키와와의 접착을 위하여 오목하게 처리하였다.

괴수형(사진 29·30)[40]은 귀와 등, 눈이 남아있고, 다리와 몸통부분은 모두 결실되었다. 입술은 도톰하며 크게 벌어진 입속에서 혀를 볼 수 있다. 귀는 타원 형태이며 움푹 들어가 있다. 이마부분은 볼록 튀어나왔고, 목은 짧게 표

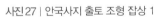

사진27 | 안국사지 출토 조형 잡상 1   사진28 | 안국사지 출토 조형 잡상 1-1

38) 忠淸南道歷史文化院, 2006, 『唐津 安國寺址』.
39) 忠淸南道歷史文化院, 2006, 『唐津 安國寺址』, 241쪽 도판 111-①·②.
40) 忠淸南道歷史文化院, 2006, 『唐津 安國寺址』, 241쪽 도판 111-③·④.

사진 29 | 안국사지 출토 괴수형 잡상 1   사진 30 | 안국사지 출토 괴수형 잡상 1-1

현되었다. 등에는 'V'자 모양으로 2조의 음각선이 평행하게 시문되어 있다. 가슴부분은 납작하고 배는 수키와의 접착을 위하여 오목하게 처리되어 있다.

7. 양주 회암사지[41]

창건연대는 확실
치 않으나 인도 승
려 指空이 천력연간
(1328~1329)에 회
암사의 절터를 측량
했다는 기록으로 보
아 14세기 전반에
는 회암사가 건립
되었던 것으로 생각
된다. 1376년(우왕

사진 31 | 회암사지 출토 인물형 잡상(I형식)

---

41) 경기도 외, 2009, 『檜巖寺Ⅲ 5·6단지 발굴조사 보고서』.

2)에는 지공의 제자인 懶翁이 중창하였고, 조선 초기에는 무학대사 및 태조 이성계 등이 수도하기도 하였다.

잡상은 5·6단지 및 7·8단지에서 수습되었다42). 여기에서는 잔존 상태가 양호한 5·6단지 출토품을 중심으로 살펴보도록 하겠다. 잡상은 세부적으로 6가지 형식으로 분류할 수 있다.

Ⅰ형식은 무장을 한 倚坐형의 인물형 잡상(사진 31)43)으로 두 다리를 벌린

상태에서 대좌 위에 앉아 두 손을 무릎 위에 얹고 있다. 머리에는 투구형의 뾰족한 관모를 착용하고 있다. 얼굴은 둥글 넙적하며 두 눈은 돌출되어 있고, 귀는 조각되지 않았다. 이마의 정중앙에는 동그란 장식품 하나가 붙어 있다. 갑옷은 사천왕처럼 정교하게 표현되었다.

Ⅱ형식은 반인반수형 잡상(사진 32)44)으로

사진 32 | 회암사지 출토 반인반수형 잡상(Ⅱ형식)

---

42) 회암사는 곡간에 창건된 관계로 각각의 건축물은 축대상에 조성되어 있다. 단지는 이들 축대상에 조영된 일체의 건물을 포함하고 있으며, 1단지, 2단지 등과 같은 숫자는 곡간 아래에서부터 붙여진 번호이다.

43) 경기도 외, 2009, 『檜巖寺Ⅲ 5·6단지 발굴조사 보고서』, 352쪽 상단 사진(7000). 6단지 보광전지 북동쪽 모서리 기단 밖 와적층에서 출토되었다.

44) 필자 사진.
경기도 외, 2009, 『檜巖寺Ⅲ 5·6단지 발굴조사 보고서』, 354쪽 하단 사진(7018). 6

사진 33 | 회암사지 출토 반인반수형 잡상 1(Ⅲ형식)

사진 34 | 회암사지 출토 반인반수형
잡상 2(Ⅲ형식)

상반신은 나신의 인물상인 반면, 하반신은 동물상을 하고 있다. 얼굴의 이목
구비는 크고, 돌출되어 있으며, 특히 눈썹이 강조되어 있다. 두 손은 가슴 앞
까지 들어 올려 보주를 감싸고 있다. 등에는 두 개의 날개가 위로 솟아 있고,
외면은 선문을 이용하여 깃을 표현하였다. 날개 아래로는 나팔형의 요갑이 층
단식으로 돌려져 있다. 하반신은 두 다리와 비늘이 있는 꼬리로 이루어졌고,
특히 꼬리 중간부에는 선문이 시문된 반원형의 돌출부가 부착되어 있다.

Ⅲ형식(사진 33·34)[45)은 Ⅱ형식과 같은 반인반수형 잡상이나 머리와 얼굴,
천의의 표현에서 약간의 차이를 보이고 있다[46). 여기에서는 <사진 33>을 중

단지 보광전지 북동쪽 모서리에서 출토되었다.

45) 필자 사진.
경기도 외, 2009, 『檜巖寺Ⅲ 5·6단지 발굴조사 보고서』, 356쪽 상단 사진(7028). 6
단지 보광전지 북동쪽 모서리 기단 밖 와적층에서 출토되었다.

46) Ⅱ형식은 천의가 팔꿈치 안쪽을 지나 허리 부분에서 끝나는 반면, Ⅲ형식은 팔꿈치 바

사진 35 | 회암사지 출토 어형 잡상(Ⅳ형식)

심으로 살펴보고자 한다. 상은 오각형의 발판 위에 우뚝 서 있고, 가운데에는 추녀마루와의 고정을 위해 원공이 뚫려 있다.

얼굴은 이목구비가 뚜렷하며 활짝 웃고 있다. 두 손은 가슴까지 들어 올려 보주와 같은 것을 감싸고 있다. 모자의 창 안쪽으로는 다양한 문양이 빽빽하게 장식되어 있다. 귀는 어깨부위까지 길게 조각되어 있고, 어깨에는 짧게 날개가 조각되어 있다. 날개는 모자와 마찬가지로 화려한 문양으로 장식되어 있다. 요갑의 후면 아래로는 꼬리로 생각되는 것이 기판 위까지 길게 조각되어 있고, 이곳에도 삼각형문, 선문 등이 시문되어 있다.

Ⅳ형식은 어형 잡상(사진 35)[47]으로 몸통에는 비늘이 시문되어 있다. 꼬리 지느러미 부분에는 5줄의 횡선이 음각되어 있다. 지느러미 아래쪽에는 1.5cm 두께의 발판이 일부 남아 있다.

Ⅴ형식은 꼬리를 바닥에 대고 서 있는 조형 잡상(사진 36)[48]이다. 몸체는 'S'자형으로 휘어졌으며 두 날개는 뒤로 접어 모아 놓았다. 머리는 삼각형에

끝쪽을 지나 꼬리 끝단에서 끝나고 있다.

47) 경기도 외, 2009, 『檜巖寺Ⅲ 5·6단지 발굴조사 보고서』, 357쪽 사진(7036). 6단지 서쪽 석축단 아래 흑갈색 사질점토층(부식토층)에서 수습되었다.

48) 필자 사진.
경기도 외, 2009, 『檜巖寺Ⅲ 5·6단지 발굴조사 보고서』, 358쪽 상단 사진(7042). 6단지 보광전지 동쪽 기단 석축 아래 답석에서 출토되었다.

사진 36 | 회암사지 출토 조형 잡상(V형식)

사진 37 | 회암사지 출토 괴수형 잡상 1(VI형식)　　사진 38 | 회암사지 출토 괴수형 잡상 2(VI형식)

가깝고, 부리는 뾰족하게 돌출되어 있다. 두 발은 발판 위에 3개의 발톱이 날 카롭게 표현되어 있다. 발판 중앙에는 마루에 고정시키기 위한 원공이 뚫려 있다. 발판의 모습에서 강화 선원사지 출토 조류상과 친연성이 살펴진다.

Ⅵ형식은 뒷다리를 접고 앉아 있는 괴수형(사진 37 · 38)[49]이다. 얼굴은 말 이나 양서류 · 파충류 등과 유사하며 입은 돌출되어 있다. 선문을 주로 하여 문 양을 장식하였고, 앞다리는 길게 조각하여 기판 위에 올려놓았다.

8. 합천 백암리사지[50]

지표에서 수습된 새(도면 1)[51] 모양의 잡상이다. 손으 로 빚어 만든 후 전면을 물손 질 정면하였다. 새의 경부와 견부 일부 만 남아 있어 전체 적인 형상은 살필 수 없다. 눈 은 도드라지게 표현되어 있고, 경부에는 깃털을 묘사한 것으 로 보이는 침선 수조가 음각되 어 있다. 내부에는 소성 시 균 열을 방지하기 위해 구멍을 뚫어 놓았다. 현 길이는 11cm이다.

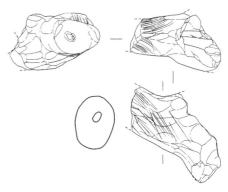

도면 1 | 백암리사지 출토 조형 잡상

---

49) 필자 사진.
경기도 외, 2009, 『檜巖寺Ⅲ 5 · 6단지 발굴조사 보고서』, 359쪽 하단 사진(7050). 6 단지 보광전지 북동쪽 모서리 기단 밖 와적층에서 수습되었다.
50) 慶南文化財研究院, 2009, 『陜川 伯岩里 廢寺址』.
51) 慶南文化財研究院, 2009, 『陜川 伯岩里 廢寺址』, 81쪽 도면 22-50.

Ⅲ. 고려시기 잡상의 형식과 편년

1. 잡상의 형식분류

여기에서는 잡상의 외형에 따라 그 형식을 살펴보고자 한다. 발굴조사 당시 대부분 편으로 확인되어 완전한 형상파악은 쉽지 않다. 따라서 얼굴의 생김새 나 몸체 등을 통해 형식을 분류해 보도록 하겠다.

1) 龍頭形

용의 목과 머리가 남아 있는 잡상 형식이다. 용두는 추녀마루보다 흔히 용 마루나 내림마루(사진 39)[52]에서 그 존재를 확인할 수 있다. 이 형식은 개성

사진 39 | 용마루와 내림마루의 용두

---

52) 필자 사진.

고려궁성에서만 출토되었으며 다른 사지나 건물지에서는 아직까지 검출된 바 없다. 출토 수가 많지 않은 점, 그리고 왕이 거주하는 궁성 내부에서 수습되었다는 점에서 고려시기 잡상 중 그 격(상징성)이 가장 높았음을 유추할 수 있다.

2) 鳥形

새의 형태를 취한 것으로 원주 거돈사지 및 법천사지, 당진 안국사지, 합천 백암리사지, 여주 회암사지, 강화 선원사지 등에서 살필 수 있다. 조형은 날개와 몸체의 표현기법에 따라 3가지 형식으로 분류할 수 있다.

첫 번째는 법천사지 및 안국사지, 백암리사지 출토 잡상처럼 마치 비둘기와 같은 모습을 취한 사례이다. 날개는 별도로 제작하지 않고 음각선을 이용하여 간략하게 표현하였으며 목은 짧게 조각되어 있다.

두 번째는 개성 고려궁성 및 혜음원지 출토 잡상과 같이 몸체가 날렵하면서 양 날개를 활짝 펴고 있는 모습이다. 첫 번째 형식에 비해 좀 더 사실적인 모습을 취하고 있다.

세 번째는 여주 회암사지 잡상에서 볼 수 있다. 마치 봉황처럼 세부 기법이 화려하고 장식적으로 표현되어 있다. 날개와 꼬리, 발가락 등에서 섬세한 조각기법을 엿볼 수 있다. 조형 잡상 중 기법면에서 가장 뛰어난 형식에 해당되고 있다. 이 부류의 잡상에는 별도의 기판이 부착되어 있고, 그 가운데에는 고정시키기 위한 원공이 뚫려 있다.

3) 人物形

강화 선원사지 및 여주 회암사지 등에서 확인할 수 있다. 전자의 경우 머리만 남아 있어 자세한 형상파악은 어려우나 모자를 쓰고 있음을 알 수 있다. 후자는 武將形으로서 당당한 자세에 갑옷을 걸치고 있다. 조각면에서도 얼굴이나 옷주름 등 섬세한 표현기법을 찾아볼 수 있다.

4) 半人半獸形

여주 회암사지에서만 수습되었다. 상반신은 인간이며, 하반신은 동물형을 취하고 있다. 다른 유적에서 출토된 사례가 없어 비교하기 어렵다.

5) 怪獸形

개성 고려궁성, 여주 회암사지, 당진 안국사지 등에서 확인되었다. 동물형으로 볼 수도 있지만 괴수형에 가깝다. 이는 눈을 크게 조각하였거나 비대칭적으로 코나 입을 조각한 데서 확인할 수 있다.

6) 魚形

개성 고려궁성 및 파주 혜음원지, 여주 회암사지 등에서 살필 수 있다. 이들 유적 중 가장 완벽한 어형 잡상은 혜음원지에서 살필 수 있다. 마치 지느러미를 날개처럼 조각하여 팔딱거리는 모습을 표현하고 있다. 고려궁성 및 회암사지에서는 비늘이 있는 몸체 및 꼬리 등이 수습되었다.

이상의 발굴 자료를 검토해 볼 때 고려시기의 잡상은 모두 6가지 형식으로 분류할 수 있다. 그런데 법천사지 및 안국사지 등의 경우는 전체 사역에 비해 일부만 조사되었기 때문에 향후 조사의 진행정도에 따라 더 많은 잡상이 검출된 것으로 생각된다. 따라서 잡상의 형식 또한 좀 더 늘어날 것으로 판단되고 있다.

아울러 위의 형식 분류는 초보적 관점에서 얼굴이나 몸체 등을 일차적 기준으로 하였기 때문에 기와와 잡상의 접합기법 및 잡상의 제작방식에 따라 좀 더 다양한 형식 분류가 실시될 수 있으리라 생각된다.

고려시기 잡상 형식을 유적별로 살피면 다음의 <표 1>과 같다.

표 1 | 유적별 출토 잡상 형식

	용두형	조형	인물형	반인반수형	괴수형	어형
고려궁성	●	●			●	●
거돈사지		●				
법천사지		●				
혜음원지		●				●
선원사지		●	●		●	
안국사지		●			●	
회암사지		●	●	●	●	●
백암리사지		●				

2. 잡상의 편년

그 동안의 발굴조사를 통해 수습된 고려시기의 잡상은 개성 고려궁성을 비롯해 원주 거돈사지와 법천사지, 파주 혜음원지, 강화 선원사지, 여주 회암사지, 당진 안국사지, 합천 백암리사지 등의 출토품이 있다.

여기에서는 전술한 잡상의 편년을 검토해 보고자 한다. 이를 위해 이들과 공반 출토된 와당이나 기와, 청자 등을 함께 살펴보도록 하겠다. 아울러 공반 유물이 빈약할 경우에는 잡상의 상호비교를 통해 그 편년을 유추해 보도록 하겠다. 먼저 공반 유물이나 문헌기록이 확실한 유적부터 살펴보고자 한다.

안국사지 출토 잡상은 금당지 및 주변에서 확인된 것으로 공반 출토된 명문 암키와를 통해 이의 편년을 유추해 볼 수 있다. 즉, "太平十…"명 기와의 경우 여기서 "太平"은 遼 성종의 연호로서 곧 1030년을 의미한다. 이 시기는 고려 현종대로서 11세기 전반기임을 알 수 있다.

혜음원지 출토 잡상은 귀목문와당 및 용두 등과 함께 별원에서 수습되었다. 별원은 1122년 이후에 창건되었으나 확실한 시기는 알 수 없다. 다만, 공반 출토된 귀목문(일휘문) 암막새 등을 통해 12세기 전반 무렵임을 알 수 있다53).

선원사지는 몽고침략과 더불어 강화도에 입도하면서 창건된 사찰이다. 최우의 원찰이면서 대몽 항쟁의 결의를 다지고자 1245년에 창건되었다. 대장경을 봉안·관리하는 역할뿐만 아니라 잠시나마 실록을 보관하기도 하였다. 잡상의 출토 위치 및 제작 시기는 확실히 알 수 없으나54) 이미 고려 전기부터 잡상이 제작되었음을 전제할 때 선원사의 창건과 더불어 잡상 역시 지붕에 올렸을 것으로 생각된다. 이렇게 볼 때 선원사의 잡상 편년은 13세기 전반으로 추정할 수 있다.

윤나영은 명·청대 잡상과의 비교를 통해 회암사지 출토 잡상을 조선 전기로 편년하고 있다55). 그런데 현재 남아 있는 선원사지 및 회암사지 출토 조형 잡상과 비교해 보면 표현기법이나 자세, 그리고 암키와 잡상의 접합기법 등에서 상호 친연성을 살필 수 있다. 물론 조형 이외의 인물형이나 반인반수형 등을 보면 회암사지 출토 잡상이 좀 더 세련됨을 살필 수 있고, 시기적으로도 약간 후행함을 유추해 볼 수 있다.

따라서 여기에서는 회암사지 출토 잡상의 편년을 살펴보기 위한 방편으로 이들과 함께 보광전지에서 검출된 암·수막새 와당의 제작시기를 검토해 보고자 한다56). 아울러 잡상 편년의 이해를 돕기 위해 고려청자의 시기도 함께 검토해보도록 하겠다.

---

53) 단국대학교 매장문화재연구소, 2006, 『파주 혜음원지 발굴조사보고서 –1차~4차–』, 359쪽.
54) 보고서에는 잡상이 수습된 그리드만 기술되어 있을 뿐, 정확한 출토 위치 및 공반 유물 등에 대해선 기록되어 있지 않다.
55) 윤나영, 2010, 「高麗와 朝鮮의 마루장식기와 研究」, 홍익대학교 대학원 미술사학과 석사학위논문.
56) 회암사지 출토 잡상은 5단지 및 6단지의 천량지, 수좌료지 등에서 출토되고 있지만 다수는 보광전지에서 확인되고 있다. 즉, 보광전지 내부를 비롯해 북쪽 및 북동쪽·북서쪽 모서리 기단 밖 와적층, 동쪽 기단 밖 답석, 월대 남서쪽 아래 답석 상부 와적층, 월대 남동쪽 석축 아래 와적층 등에서 모든 형식의 잡상이 수습되고 있다.

보광전지에서 수습된 수막새는 모두 205점으로 이 중 IAai@형식이 104점으로 가장 다수를 차지하고 있다. 그 다음으로 IAai⑥형식이 69점을 보이고 있고, 기타 IIAbi형식이 1점, IIIBa형식이 6점, IVA형식이 1점, VA형식이 1점, VB형식이 3점 등을 보이고 있다[57].

수막새에 비해 암막새는 총 83점이 수습되었고, 이중 31점이 IAai@형식이고 IAai⑥형식이 20점을 보이고 있다. 기타 IIAai형식이 3점, IIAbi형식이 5점, IIB형식이 3점, IIIAb형식이 1점, IV형식이 1점을 차지하고 있다.

이렇게 볼 때 보광전지에서 수습된 와당 중 I형식과 II형식이 가장 다수를 차지하고 있음을 알 수 있다. 수막새의 경우 I형식에는 범자문(사진 40)[58], II형식에는 연화문이 조각되어 있고, 암막새는 I형식에 범자문(사진 41)[59], II형식에 용문이 시문되어 있다.

여기서 범자문이 시문된 암·수막새의 경우는 원의 영향을 받아 제작된 것으로 그 제작 시기는 대략 14세기대로 추정되고 있다[60]. 아울러 귀목문(일휘문)[61] 및 용문[62]의 경우도 대체로 고려 후기부터 시문되고 있음을 볼 때 범자

---

57) 경기도 외, 2009, 『檜巖寺III 5·6단지 발굴조사 보고서』, 119쪽 표 16 참조.
58) 필자 사진.
   경기도 외, 2009, 『檜巖寺III 5·6단지 발굴조사 보고서』, 266쪽 유물사진(5715).
59) 경기도 외, 2009, 『檜巖寺III 5·6단지 발굴조사 보고서』, 337쪽 유물사진(6786). 보광전지 기단 내 북서쪽에서 출토되었다.
60) 박은경, 1988, 「고려 와당문양의 편년연구」『고고역사학지』 4, 82~83쪽 ; 김태근, 2003, 「여주 원향사지 출토 막새와의 연구」, 동국대학교 대학원 석사학위논문, 98쪽.
61) 귀목문은 월정사 8각9층석탑 주변 폐기 구덩이에서 수습된 청자음각초화문과형병과의 공반 관계로 볼 때 12세기 전반 무렵에는 제작되었을 것으로 생각된다(대한불교조계종 유지재단 문화유산발굴조사단, 2004, 『오대산 월정사 석조보살좌상 주변지역 문화유적 시·발굴조사보고서』, 75쪽). 이에 반해 김태근의 경우는 초기의 일휘문 암막새 등장을 12세기 중반으로 보고 있다(김태근, 2003, 「여주 원향사지 출토 막새와의 연구」, 동국대학교 대학원 석사학위논문, 100쪽).
62) 보광전지 북동쪽 모서리에서 수습된 IIAbii식 용문 암막새를 보면 "天順", "庚辰", "五年" 등이 양각되어 있다. 이 명문으로 보아 보광전지는 조선 세조6년(1460)에도 운영

사진 40 | 회암사지 보광전지 출토 수막새   사진 41 | 회암사지 보광전지 출토 암막새

문 와당과 비슷한 시기임을 알 수 있다.

　이러한 암·수막새의 편년은 적어도 보광전지가 14세기 무렵에는 창건되었음을 확인케 하고, 조선 전기 무렵까지 그 법맥이 유지되었음을 파악할 수 있다. 이러한 가능성은 한편으로 5·6단지에서 수습된 고려청자 및 분청사기 등의 존재를 통해서도 확인할 수 있다. 즉, 이곳에서는 12세기 전성기의 세련된 순청자와 상감청자 및 13~14세기의 상감청자 등 각 시기를 대표하는 최고의 청자가 출토되었다[63].

　따라서 보광전지에 수습된 여러 형식의 잡상은 공반 출토된 암·수막새나 청자 등과의 편년을 검토해 볼 때 늦어도 회암사지 중창 무렵인 1376년경에는 제작되었던 것으로 생각된다[64].

　기타, 개성 고려궁성의 잡상은 시굴조사에서 수습되어 정확한 시기를 알 수

되었음을 살필 수 있다.

63) 경기도 외, 2009, 『檜巖寺Ⅲ 5·6단지 발굴조사 보고서』, 462쪽.

64) 이는 나옹화상의 대대적인 중창과 관련시켜 볼 것이다.

없다. 다만, 이곳에서 출토된 조형 잡상을 통해 그 시기를 유추해 볼 수 있다. 이는 파주 혜음원지에서 수습된 조형 잡상과 자세, 날개 짓, 몸체 문양 등에서 아주 흡사함을 살필 수 있다. 파주 혜음원지 출토 잡상의 경우 공반 출토된 와당을 통해 12세기 전반으로 편년되었다. 따라서 고려궁성의 잡상도 12세기 전반 무렵에 제작되었음을 추정케 한다[65].

원주 거돈사지 출토 잡상은 조형으로 목 부분만 확인되었다. 전체적으로 목이 길게 표현되었다는 점에서 강화 선원사지 출토 조형 잡상과 친연성을 보인다. 따라서 거돈사지 출토 조형 잡상의 편년은 13세기 전반으로 유추할 수 있다.

원주 법천사지 출토 잡상은 조형으로 목의 일부와 몸통부분이 확인되었다. 별도의 날개를 부착하지 않고 음각선으로만 표현하였다는 점에서 당진 안국사지 출토 조형 잡상과 유사성을 보이고 있다. 이를 통해 법천사지 출토 조형 잡상의 편년은 11세기 전반으로 추정된다. 이는 한편으로 합천 백암리사지 출토 조형 잡상의 경우도 마찬가지라 생각된다.

Ⅳ. 고려시기 잡상의 변천

여기에서는 Ⅲ장의 내용을 바탕으로 고려시기의 잡상이 시기적으로 어떻게 변화해 가는지를 검토하는데 일차적 목적이 있다. 그런데 고려시기 잡상은 조선시기의 것과 비교해 아주 제한된 유적에서 그것도 편으로만 남아있어 모든 형식의 변천을 살피기란 실로 불가능하다.

따라서 잡상 중 가장 많은 수가 확인된 조형을 중심으로 그 변화 양상을 관

---

65) 이는 개성 고려궁성에서 앞으로 검출될 잡상의 편년까지도 포함하는 것은 아니다. 고려시기의 잡상은 적어도 중국 송의 영향으로 제작되었기 때문에 고려궁성에서의 경우 10세기 말의 잡상도 등장할 수 있으리라 생각된다. 앞으로의 정밀 발굴조사를 기대해본다.

찰해 보고자 한다. 아울러 잡상과 이와 접합되는 기와 및 기판이 어떠한 방법으로 결합되는지, 그리고 기와의 변화 양상을 통해 잡상이 올라가는 추녀마루의 구조도 함께 살펴보도록 하겠다.

조형 잡상은 개성 고려궁성을 비롯한 원주 법천사지·거돈사지, 당진 안국사지, 파주 혜음원지, 강화 선원사지, 여주 회암사지 등 잡상이 출토된 거의 모든 유적에서 공통적으로 수습되고 있다.

이들 잡상 중에서 가장 시기가 이른 것으로는 11세기 전반기의 당진 안국사지 잡상을 손꼽을 수 있다. 꼬리가 결실되었지만 통통한 몸체에 이목구비 및 날개의 형식적인 음각선 처리가 눈에 띤다. 이러한 鳥形의 모습은 원주 법천사지 및 합천 백암리사지 출토 잡상에서도 어렵지 않게 관찰되고 있어 비슷한 시기의 것으로 이해할 수 있다.

12세기 전반기에 이르면 파주 혜음원지 조형 잡상에서와 같이 날렵한 몸체에 두 날개가 팔딱거리는 모습을 볼 수 있다. 11세기 전반기의 조형 잡상이 정적이라면 12세기 전반기에 이르러서는 완전 동적으로 변화하였음을 확인할 수 있다. 이러한 형상은 개성 고려궁성에서도 살필 수 있어 역시 같은 시기의 잡상으로 추정할 수 있다. 아울러 이 단계의 조형 잡상에서는 11세기와 마찬가지로 목의 길이가 짧게 조각되었음을 살필 수 있다.

한편, 13세기 중반에 이르면 조형 잡상의 목은 강화 선원사지에서와 같이 통통하면서도 길게 제작되고 있다. 원주 거돈사지 출토 잡상의 경우도 이와 같은 형식이어서 비슷한 시기의 잡상임을 유추할 수 있다.

14세기 말에 이르면 여주 회암사지 출토 잡상에서처럼 상징성뿐만 아니라 회화적인 장식미까지도 찾아볼 수 있다. 잡상의 모습은 마치 고구려 사신도에 나오는 주작과 비슷하며 부리, 뿔, 날개, 몸체 등에서 섬세한 표현기법을 엿볼 수 있다.

이처럼 고려시기의 조형 잡상은 초기에는 추상적인 모습에서 점차 사실적으로 변화하다 마지막에는 장식적으로 표현되고 있음을 확인할 수 있다. 이를 표로 살피면 다음과 같다.

표 2 | 조형 잡상의 변천

구분	11세기 전반	12세기 전반	13세기 중반	14세기 후반
조형 잡상				

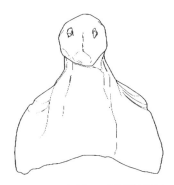

도면 2 | 안국사지 출토 조형 잡상의 하부

다음으로는 잡상과 평기와의 접합기법에 대해 살펴보고자 한다. 먼저 11세기 전반기에 해당되는 당진 안국사지 출토 조형 및 괴수형 잡상을 보면 하단부에 둥그렇게 깎인 흔적을 살필 수 있다(도면 2)[66]. 이는 수키와의 등면에 원활하게 접합하키기 위해 곡면 처리해 놓은 것으로 생각된다. 잡상과 수키와는 점토를 이용하여 접합하였던 것으로 생각된다.

이에 반해 12세기 전반에 해당되는 파주 혜음원지의 잡상을 보면 하단부에 원통형의 대각이 길게 부착되어 있음을 볼 수 있다. 아울러 개성 고려궁성의 잡상에서도 긴 원통형 대각과 수키와가 상하 접합되어 있음을 살필 수 있다(사진 42)[67]. 이로보아 12세기 전반기에는 잡상과 수키와가 원통형의 대각을 매개로 하여 상하 연결되어 있음을 확인할 수 있다. 아울러 수키와는 내면의

---

66) 忠淸南道歷史文化院, 2006, 『唐津 安國寺址』, 132쪽 도면 55-④.

67) 국립문화재연구소, 2008, 『開城 高麗宮城』, 192쪽 사진 160-①.

곡면 상태로 보아 접촉 면적이 좁은 추
녀마루 위에 올려 졌음을 판단해 볼 수
있다.

　13세기 중반에 조성된 강화 선원사지
의 잡상을 보면 다리 아래의 기판이 수
키와가 아닌 암키와임을 볼 수 있다. 그
리고 기판의 중앙에 원공이 뚫려 있는
것으로 보아 잡상과 추녀마루는 철정 등
을 통해 고정되었던 것으로 생각된다.
수키와가 아닌 암키와를 사용하였다는
점에서 추녀마루의 접착 면적이 넓었음
을 알 수 있고, 구멍을 뚫어 고정시켰다
는 점에서 이전 시기의 잡상에 비해 안전
성 또한 높았음을 인지할 수 있다.

　14세기 후반에 해당하는 여주 회암사

사진 42 │ 고려궁성 출토 원통형 대각과
수키와

지의 잡상도 선원사지와 마찬가지로 암키와 위에 잡상을 세워두고 추녀마루
와는 구멍을 뚫어 고정시켜 놓았다. 이때 추녀마루는 조선시기 왕실 관련 건
물처럼 양성바름이 이루어졌던 것으로 생각된다. 이에 대해서는 후술하기로
하겠다.

　잡상과 이를 받치는 기와와의 관련성을 표로 살피면 다음 <표 3>과 같다.

　한편, 잡상이 올라가는 추녀마루의 경우도 시기에 따라 약간의 변화가 있어
살펴보고자 한다. 즉, 11~12세기에 해당하는 당진 안국사지 및 파주 혜음원
지, 개성 고려궁성의 단계에서는 추녀마루의 상부가 수키와로 이루어졌음을
볼 수 있다. 이는 잡상과 결합된 수키와의 존재 및 잡상 하부에 깎여진 곡면
상태를 통해 확인할 수 있다.

표 3 | 잡상 하부 기와의 변천

구분	11세기 전반	12세기 전반	13세기 중반	14세기 후반
조형 잡상				
	안국사지	고려궁성	선원사지	회암사지

사진 43 | 회암사지 출토 잡상 하부 암키와 및 원공

반면, 13~14세기에 해당하는 강화 선원사지(도면 3)[68] 및 여주 회암사지(사진 43)[69]에서는 추녀마루의 상부가 수키와에서 암키와로 바뀌고 있음을 살필 수 있다. 이는 추녀마루의 구조 변화를 의미하는 것으로서 지붕의 경관에도 어느 정도 영향을 미쳤을 것으로 생각된다. 이런 점에서 주목되는 것이 14세기에 그려진 고려불화이다.

---

68) 東國大學校博物館, 2003, 『史蹟 259號 江華 禪源寺址 發掘調査 報告書I』, 129쪽 유물도면 49-②.

69) 필자 사진.

불화에는 지붕 및 마루의 표현이 비교적 상세하게 묘사되어 있다. 수키와와 암키와, 그리고 처마의 서까래에 이르기까지 세부적으로 표현되어 있다. 먼저 1312년에 그려진 觀經變相圖(사진 44, 일본 大恩寺 소장)[70]를 보면 용마루와 내림마루가 흰색에 가까운 밝은 색으로 채색되어 있다. 그리고 잡상의 설치로 인해 잘 보이지 않는 추녀마루 역시도 내림마루와의 연결 상태를 고려해 보면 밝은 색으로 채색되었음을 확인할 수 있다. 이에 반해 암키와, 수키와 서까래 등은 다른 색채로 표현하여 건축물의 각 요소를 알기 쉽게 구분해 놓았다.

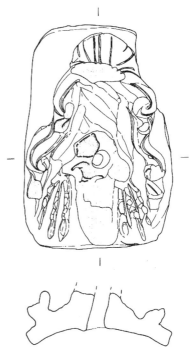

도면 3 | 선원사지 출토 잡상 하부 암키와

이러한 색채는 아마도 조선 후기 건축물의 용마루나 내림마루, 추녀마루 등에 시설된 양성바름(樑上塗灰)을 나타내는 것으로 생각된다. 양성바름[71]은 마루를 구성하는 기와를 보호하기 위해 시설된 것으로 정확한 성분은 알 수 없지만 색채로 보아 강회로 판단된다.

이러한 마루의 표현은 한편으로 14세기의 것으로 추정되는 雅集圖 對聯(사진 45)[72]에서도 확인되고 있다. 용마루는 구름이나 나무에 가려져 확실치 않

---

70) 호암갤러리, 1995, 『大高麗國寶展 위대한 문화유산을 찾아서(1)』, 24쪽 상단 사진.

71) 궁궐건축이나 바람이 센 남부 해안지역에서 건축물 지붕마루 전체를 회로 감싸 바르는 것을 말한다(김왕직, 2012, 『알기 쉬운 한국건축 용어사전』, 동녘, 192쪽).

72) 필자미상이고 14세기에 그려진 것으로 추정되었다. 가까운 벗들과 더불어 시를 짓고 그림을 감상하며 한가로이 여가를 보내는 문사들의 모습을 표현하였다(호암갤러리, 1995, 『大高麗國寶展 위대한 문화유산을 찾아서(1)』, 65쪽 도판 61 중).

사진 44 | 용마루와 추녀마루의 양성바름(화살표가 가리키는 밝은색 부분)

사진 45 | 추녀마루의 양성바름(화살표가 가리키는 밝은색 부분)

으나 내림마루와 추녀마루는 확연하게 살펴지고 있다. 내림마루 끝에는 용두가 설치되어 있고, 추녀마루 위에는 잡상이 표현되어 있다. 수키와는 청색으로 채색하였으며 암키와는 색을 달리하여 기와 골을 묘사하였다. 아울러 공포나 도리, 벽면 등의 경우도 다른 색채를 이용하여 건축물의 구조를 알기 쉽게 표현하였다. 여기에서도 내림마루와 추녀마루는 노란색으로 밝게 채색하여 앞의 그림과 같은 양성바름이 이루어졌음을 살필 수 있다.

따라서 14세기대의 잡상은 추녀마루의 양성바름 위에 설치되었고(사진

사진 46 | 서울 창덕궁 돈화문의 추녀마루 위 잡상과 양성바름

46)[73], 잡상과 양성바름은 잡상 가운데의 원공을 통해 철정 등을 이용하여 고정되었던 것으로 생각된다. 이는 11~12세기대 수키와의 등면에 설치된 잡상에 비해 상대적으로 안전하였을 것으로 판단된다.

한편, 회암사지에서 관찰되는 잡상과 이를 받치는 암키와, 그리고 암키와 중앙에 나 있는 원공은 13세기 중반경의 강화 선원사지에서도 동일하게 확인되고 있다. 이는 달리 말하면 회암사지와 유사한 방법으로 선원사지에서도 추녀마루의 양성바름과 잡상 설치가 이루어졌을 것이라는 점이다. 현재 남아 있는 건축물이 없어 이를 확인할 수는 없지만 조선 후기의 잡상과 설치방법을 통해 볼 때 상호 연관성이 있었음은 부인하기 어렵다.

아울러 이러한 추녀마루의 급격한 변화는 선원사지의 조성시기를 고려해 볼 때 당시 원나라의 건축문화와 밀접한 관련이 있었을 것으로 생각된다[74].

---

73) 필자 사진. 조선시기에도 잡상은 양성바름 위에 설치되었다.
74) 이는 원(元)의 와당에서 흔히 관찰되는 넓은 주연부의 무문처리가 고려궁성과 같은 고

이는 한편으로 송대에 해당되는 11~12세기의 고려궁성이나 안국사지, 혜음 원지[75] 등의 유적에서 선원사지와 같은 잡상의 기판(암키와)이 전혀 검출되지 않는 것으로도 이해할 수 있다. 그리고 결정적으로 1312년에 그려진 일본 대은사 소장 고려불화(관경변상도)에서 양성바름 및 추녀마루의 잡상이 살펴지는 것으로도 확인할 수 있다. 이 시기는 원나라의 말기로서 명나라가 건국되는 1368년보다 이전에 해당된다.

원의 고려 침입과 이에 따른 문화 전파는 탑파[76], 와당[77], 청자 등의 물질문화뿐만 아니라 변발과 같은 생활문화에까지 급속하게 파급되었다. 이러한 상황하에서 원의 건축문화 또한 유입되었을 것이고, 이 과정에서 추녀마루의 양성바름 또한 전래되었을 것으로 생각된다.

V. 맺음말

이상으로 최근까지 발굴조사 과정에서 수습된 고려시기의 잡상에 대해 살펴보았다. 그 동안 해당 시기의 잡상은 개성 고려궁성을 비롯해 원주 법천사지 · 거돈사지, 파주 혜음원지, 강화 선원사지, 여주 회암사지, 당진 안국사지, 합천 백암리사지 등 많지 않은 유적에서 검출되었다.

안국사지 출토 조형 잡상은 공반 출토된 명문와의 존재로 보아 11세기 전반으로 편년되었고, 원주 법천사지 및 합천 백암리사지 출토 조형 잡상 역시

려유적에서 어렵지 않게 수습된다는 점에서도 확인할 수 있다.

75) 혜음원지의 사례로 보아 12세기 전반 무렵에는 양성바름이 실시되지 않았던 것으로 생각된다. 왜냐하면 양성바름을 하고 그 위에 접착력이 현저하게 떨어지는 수키와를 올릴 필요성이 없기 때문이다. 따라서 강화 선원사지 출토 잡상의 사례로 보아 고려시기의 양성바름은 13세기대 원의 건축문화 영향으로 가능하였을 것으로 판단된다.

76) 공주 마곡사 5층석탑 상륜부의 금동보탑을 통해 확인할 수 있다.

77) 제주 법화사지 출토 와당을 통해 살필 수 있다.

이 시기로 판단되었다. 혜음원지 출토 잡상은 공반 출토된 귀목문 와당으로 보아 12세기 전반으로 추정되었다. 아울러 강화 선원사지 출토 잡상은 사찰의 창건시기로 미루어 13세기 중반으로 편년하였다. 아울러 원주 거돈사지 조형 잡상은 목이 길게 조각되었다는 점에서 선원사지 출토 잡상과 친연성이 찾아져 13세기 중반으로 설정하였다. 마지막으로 여주 회암사지 출토 잡상은 공반 출토된 범자문 와당 및 상감청자 등의 존재로 보아 14세기 후반으로 편년하였다.

고려시기의 잡상은 외형에 따라 용두형, 조형, 인물형, 반인반수형, 괴수형, 어형 등 6가지로 형식 분류해 보았다. 이 중 용두형은 개성 고려궁성에서만 확인되었고, 조형은 모든 유적에서 공통적으로 수습되었다. 조형이나 괴수형의 잡상은 고려 전기부터 제작되었던 것으로 추정된다. 그러나 인물형이나 어형 등의 잡상은 출토 사례가 많지 않아 현재 시점에서 조성시기를 논하기가 쉽지 않다.

조형은 11세기 전반기의 경우 형식적·추상적인 모습을 취했으며, 12세기 전반기에 이르러서는 사실적으로 조각되었다. 그리고 14세기 후반기에는 장식적인 면이 눈에 띄게 강조되었음을 살필 수 있다.

잡상은 추녀마루에 올라가는 만큼 잡상 하부의 기와에 있어서도 시기적 변화를 보이고 있다. 즉, 11~12세기 전반 무렵에는 수키와가 잡상을 받치고 있던 반면, 13~14세기 후반에는 암키와가 잡상을 받치고 있다. 이는 현재 남아 있는 잡상 하부 기와의 곡면 상태와 기와의 잔재 등을 통해 확인할 수 있다. 이러한 잡상 하부 기와의 변화는 자연스럽게 추녀마루의 구조(양성 등)와도 직접적인 관련성이 있을 것으로 생각되고, 이는 시기적으로 볼 때 당시 원의 건축문화 영향으로 이해할 수 있다.

고려시기의 잡상은 기본적으로 발굴 작업을 통해 확인되고 있다. 따라서 발굴조사의 진행 정도에 따라 좀 더 다양한 형식의 잡상이 검출될 가능성도 적지 않다. 그리고 이를 통해 고려궁성(중앙)과 지방, 혹은 시기적으로 잡상 모양이나 출토 건물지 등에 대해서도 상호 비교해 볼 수 있을 것이다.

한편, 기존의 발굴된 유물 중에서도 잡상으로 분류할 만한 것이 확실히 있을 수 있다. 향후 여유를 가지고 고려사지 및 권위유적 출토 유물에 대한 재검토를 실시해 볼 필요성이 바로 여기에 있다[78].

---

[78] 이 글은 조원창, 2013, 「고려시기 잡상 연구」『지방사와 지방문화』 제16권 1호에 게재된 것을 정리하여 옮겨놓은 것이다.

제3부 제2장

靑陽 長谷寺 上大雄殿 內部 塼의
編年的 檢討

I. 머리말

청양의 명산인 칠갑산에는 고찰 장곡사가 위치하고 있다. 이곳에는 통일신라기로 추정되는 철조약사불좌상을 비롯해 여러 기의 불상이 자리하고 있다. 아울러 가람의 상부와 하부에는 보물로 지정된 상·하 대웅전이 고즈넉하게 자리를 지키고 있다.

하대웅전의 정면으로는 중문으로 추정되는 운학루가 자리하고 있고[1], 이의 서쪽으로는 범종루가 위치하고 있다. 아울러 운학루와 하대웅전 사이의 중정 서편으로는 설선당이 건립되어 있다.

상대웅전은 보물 제162호로 정확하게 언제 건립되었는지는 알 수 없으나[2] 조선 정조 1년(1777)과 고종 3년(1866), 1906년, 1960년에 중수되어 오늘날까지 이르고 있다.

---

1) 조선시기의 산지가람 형식을 보면 금당 앞에 강당 성격의 큰 건물이 위치하고 있음을 볼 수 있다. 이는 공주 갑사나 서산 개심사, 태안 흥주사, 안동 봉정사 등에서 찾아볼 수 있다. 그리고 건물 아래나 주변으로는 계단이나 문이 시설되어 있어 통행할 수 있게 하였다.

2) 상대웅전은 흔히 고려시기에 창건된 것으로 알려져 있으나 현재의 모습은 조선시기에 중수된 것이다. 그러나 내부에서 고려시기의 塼이 확인되는 것으로 보아 상대웅전의 고려시기 창건은 충분한 타당성이 있어 보인다.

상대웅전은 정면 3칸, 측면 2칸의 규모로 맞배지붕을 하고 있다. 공포는 다포 양식이고 내부에는 철조약사불좌상 및 석조대좌(국보 제58호), 철조비로자나불좌상(보물 제174호), 아미타불좌상 등이 봉안되어 있다. 상대웅전의 바닥은 방형의 塼으로 시설되어 있어 마루로 이루어진 하대웅전과 큰 차이를 보이고 있다.

고려시기 건축물 중 내부 바닥에 塼이 깔린 경우는 금당지를 포함한 일부 유구에서만 검출되고 있어 그 특수성마저 인정되고 있다[3]. 아울러 고려시기 塼은 대부분 무문이 많아 장식적 측면에서 통일신라기[4]의 그것과 쉽게 비교되고 있다[5].

하지만 장곡사 상대웅전 내부에는 연화문과 당초문이 시문된 정방형의 塼이 시설되어 다른 사찰(지)의 바닥 전과 큰 차이를 보여주고 있다. 고려시기로 추정되는 이들 전은 철조약사불좌상 석조대좌 후면에서 현재 여러 점이 확인

---

3) 건물 내부에 塼이 시설된 경우는 홍천 물걸리사지 금당지(國立春川博物館, 2007, 『洪川 物傑里寺址 學術調査報告書』, 15~16쪽)를 비롯해 논산 개태사지 금당지(忠南大學校博物館·論山郡, 1993, 『開泰寺 I』, 28쪽), 청주 흥덕사지 敷塼建物址(청주시 외, 2005, 『흥덕사지의 어제와 오늘』, 225쪽), 영동 영국사지 제2건물지(추정 운장대지, 忠清大學博物館·永同郡, 2008, 『永同 寧國寺』, 53쪽), 강화 선원사지 B지구 남 제2석축 상면 건물지(東國大學校博物館·江華郡, 2003, 『史蹟 259號 江華 禪源寺址 發掘調査 報告書 II』, 228쪽 도판 159), 파주 혜음원지 4-4건물지(특수 건물지, 단국대학교 매장문화재연구소·파주시, 2006, 『파주 혜음원지 발굴조사 보고서 -1차~4차(본문)-』, 18쪽), 개성 고려궁성 등에서 확인할 수 있다. 공주 구룡사지 금당지의 경우는 건물 벽체 외부에 塼이 깔려 있다(公州大學校博物館·公州市, 1995, 『九龍寺址』, 66~67쪽).
    이처럼 건물 내부에 전이 시설된 경우는 사찰의 금당만이 아니고, 특수 건물지 및 추정 운장대지 등도 포함되어 있다.
4) 통일신라기의 문양전에는 龍을 비롯해 탑상문, 불상문, 연화문, 보상화문, 당초문 등이 시문되어 있다.
5) 고려시기에 제작된 塼 중 연화문이 시문된 사례는 합천 죽죽리사지를 비롯해 서산 보원사지, 원주 법천사지, 강화 선원사지 등에서 찾아볼 수 있다. 하지만 거의 대부분의 전 표면은 통일신라기의 전과 달리 무문으로 이루어져 있다.

되고 있다.

최근까지 장곡사 塼에 대한 논고는 이은창의 것이 유일하다[6]. 그러나 이는 전의 생김새와 시문 양상만을 개략적으로 기술한 것이어서 이의 제작 시기 및 문양 검토에 대해서는 부족한 면이 적지 않다. 또한 최근에 이르기까지 전의 주요 문양을 이루는 연화문에 대한 연구가 전무한 실정이어서 이의 정확한 편년을 살피기도 매우 어려운 상황이다[7].

따라서 본고는 장곡사 상대웅전 내부에 깔려 있는 연화당초문전의 제작 시기를 살펴보는데 일차적 목적이 있다. 아울러 이의 정확한 제작 시기를 파악하기 위해 기년명의 청동 금구나 동종을 비롯해 음각·상감청자, 와당, 그리고 탑비 및 배례석과 중국 遼대의 연화문 등에 대해서도 함께 검토해 보고자 한다. 그럼으로써 이들 전이 궁극적으로 어느 시기에 상대웅전에 시설되었는지 확인해 보도록 하겠다.

II. 상대웅전 내부 전 문양의 비교 검토

상대웅전 내부의 고식 전(사진 1·2)[8]은 석조대좌 후면에서 확인되고 있다. 최근에 새로 제작된 전과 함께 섞여 있어 언뜻 보면 쉽게 구별하기 어렵다. 다만, 고식 전의 경우 석조대좌와 접해 일렬로 깔려 있고, 색감 및 표면의 박리 상태에서 최근의 전과 뚜렷한 차이를 보이고 있다.

고식 전은 모두 평면 형태가 정방형을 이루고 있다. 연화문이 일부 퇴락되어 있어 오랜 기간 사용되었음을 추정할 수 있다. 자방 및 화판의 형태로 보아

---

6) 이은창, 1962, 「靑陽 長谷寺 上大雄殿의 方塼」 『미술사학연구』 3, 한국미술사학회.
7) 고려시기 연화문에 대한 연구는 주로 와당을 중심으로 이루어졌다.
8) 필자 사진.

사진1 | 장곡사 상대웅전 내 고식 전   사진2 | 장곡사 상대웅전 내 고식 전 세부

모두 동 시기에 제작되었음을 판단할 수 있다.

화판은 단판 8엽으로 'x'자 형태로 교차하는 4엽과 '+'자 형태로 배치된 4엽이 서로 상이하게 조각되어 있음을 살필 수 있다. 전자의 화판은 판근에서 판단으로 올라가는 횡선이 볼륨감 있게 처리된 반면, 후자의 경우는 오목하게 축약되어 풍만한 감을 잃고 있다. 화판의 판단부는 뾰족하게 처리되어 판단첨 형식임을 알 수 있으며, 내부에는 '川'자 모양의 수술대가 양각되어 있다.

연화문의 중심부에 자리하고 있는 자방은 화판에 비해 크게 제작되었음을 볼 수 있다[9]. 동그란 자방 내부에는 꽃무늬(화문)처럼 보이는 또 다른 문양대

---

9) 이처럼 판단첨형의 연화문에 화판이 작고 자방이 큰 배치는 고려시기 와당에서 어렵지 않게 살필 수 있다. 다만, 고려시기 판단첨형식 연화문 와당의 경우 그 형태가 삼국~통일신라기에 비해 매우 다양함을 확인할 수 있다. 이와 관련된 와례는 다음의 책자를 참조할 수 있다.

가 간결하게 장식되어 있다. 이러한 모티브는 통일신라 이후의 와당에서 일부 살펴지고 있으나[10] 일반적인 문양 속성으로는 파악하기 어렵다. 자방 내부에는 1+4+4과의 연자가 규칙적으로 배치되어 있다.

전의 크기는 당초문대가 조각된 전의 경우 가로×세로가 23.5cm이고, 두께는 약 6cm이다[11]. 아울러 전의 표면에는 「上」자가 표기되어 있어 부설할 때 위 방향으로 향하도록 하였다.

현재 장곡사 경내에서 상대웅전에 시설된 전의 연화문과 동형의 사례는 찾아 볼 수 없다. 다만, 연화문의 가장 큰 특징 중의 하나인 자방 내에서의 화문 장식이 철조약사불좌상 및 철조비로자나불좌상 후면 광배에서 그 형적이 확인될 뿐이다. 전과 같은 속성을 보이기에 본고에서 짧게나마 그 특징에 대해 살펴보고자 한다.

철조약사불좌상은 석조대좌와 더불어 국보 제58호로 지정되어 있다. 상대웅전 내부의 맨 오른쪽에 위치하고 있으며, 약사불의 왼손바닥 위에는 약호로 보이는 것이 가지런하게 올려 있다. 약사불의 후면으로는 나무로 만들어진 광배가 커다랗게 別造되어 있다[12]. 여기에는 두광과 신광을 비롯한 거신광이 형형색색으로 채색되어 있으며, 연화문은 이중 두광에 표현되어 있다.

연화문(도면 1)[13]은 전체 8엽으로 重瓣[14]이면서 협판의 형식을 띠고 있다.

釜山直轄市立博物館, 1993, 『釜山萬德寺址』, 137쪽 도판 19-6 ; 충청대학 박물관·제천시, 2008, 『堤川 長樂寺址 1~3차 발굴조사 보고서』, 350쪽 사진 12-② ; 국립부여문화재연구소, 2012, 『瑞山 普願寺址 Ⅱ』, 375쪽 도판 208-14 ; 안양시·한울문화재연구원, 2013, 『安養寺址』, 208쪽 도면 69-247 ; 단국대학교 석주선기념박물관, 2015, 『고려행중 혜음원』, 110쪽.

10) 이에 대해서는 제Ⅲ항에서 살펴보고자 한다.

11) 이은창, 1962, 「靑陽 長谷寺 上大雄殿의 方塼」 『미술사학연구』 3, 한국미술사학회, 258쪽.

12) 文化公報部 文化財管理局, 1988, 『長谷寺 實測調査報告書』.

13) 文化公報部 文化財管理局, 1988, 『長谷寺 實測調査報告書』, 108쪽.

14) 화판 내부에 호상의 화엽이 장식되어 있다.

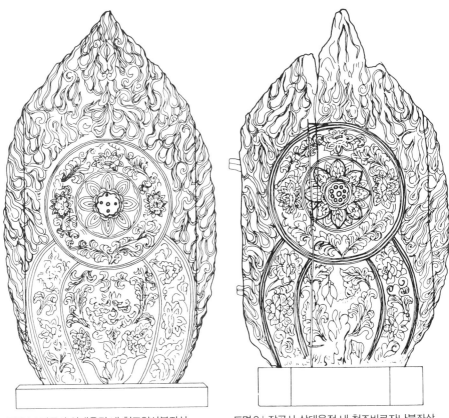

도면 1 | 장곡사 상대웅전 내 철조약사불좌상
후면 목조 광배

도면 2 | 장곡사 상대웅전 내 철조비로자나불좌상
후면 목조 광배

화판의 크기는 각기 동일하여 塼의 연화문과 차이를 보이고 있다. 화판과 화
판사이의 간판은 물결무늬로 형식화 되어 있다. 자방은 화판에 비해 크게 조
각되어 있고, 내부 외곽에는 10엽의 화문이 장식되어 있다. 전의 4엽 화문에
비해 많은 수가 장식되었음을 확인할 수 있다. 자방 내부의 연자는 1+4과가
배치되어 있다.

자방 내부 외곽에서의 화문 장식은 상대웅전 내 철조비조자나불좌상 후면
광배에서도 찾아지고 있다(도면 2)[15]. 이 불상은 상대웅전 내부 중앙에 자리

---

15) 文化公報部 文化財管理局, 1988, 『長谷寺 實測調査報告書』, 112쪽.

하고 있는 것으로 철조약사불좌상의 왼쪽에 위치하고 있다.

후면 광배는 목조로서 두광과 신광, 거신광 등으로 이루어져 있다. 두광과 신광이 당초문 및 화문, 연화문 등으로 조각된 반면, 거신광은 화염문으로 표현되어 있다. 전체적인 문양 구성과 내용에 있어 철조약사불좌상의 광배와 거의 흡사함을 살필 수 있다.

연화문은 두광에 조각되어 있으며 단판 8엽을 띠고 있다. 화판 내부는 엽문으로 처리되어 있고, 화판과 화판 사이는 '∧(혹은 ∩)'형의 간판이 장식되어 있다. 자방 내부의 외곽에는 8엽의 화문이 조각되어 있고, 1+8과의 연자가 배치되어 있다.

철조약사불좌상 및 철조비로자나불좌상 후면 광배에서의 연화문은 화판 수 및 자방 내부 외곽의 화문을 제외하고는 대부분 큰 차이를 보이고 있다. 이는 화판의 생김새와 간판의 형식화, 그리고 연자 배치 등에서 자세히 살필 수 있다.

이러한 연화문의 세부 차이는 결과적으로 두 광배가 서로 다른 시기에 제작되었음을 의미하는 것으로 이해할 수 있다. 특히, 전자의 경우 간판의 형식화가 살펴지고 있다는 점에서 후자에 비해 늦게 제작되었음을 판단케 하고 있다[16].

광배와 달리 상대웅전 내부에서 관찰되는 불상 대좌의 연화문은 전과 비교해 전혀 다른 형식임을 확인할 수 있다. 즉, 철조약사불좌상의 대좌에 시문된 연화 하대석의 연화문(사진 3)[17]은 단판이 아닌 복판으로 화판의 형태에서 기본적인 차이를 보이고 있다. 아울러 연화 상대석의 경우도 화판(사진 4)[18] 내부에 또 다른 화문이 장식되어 있어 塼의 연화문과 확연한 차이를 살피게 한다. 이는 판단 중앙의 원형 돌기를 통해서도 확인할 수 있다.

이러한 연화문의 차이는 한편으로 상대웅전 중앙의 철조비로나자불 대좌[19]

---

16) 광배 연화문에 대한 검토는 별고에서 진행하고자 한다.
17) 필자 사진.
18) 필자 사진.
19) 대좌는 연화하대석, 중대석(간석), 연화상대석 등으로 구분되어 있는데 전체적인 모

사진3 | 장곡사 상대웅전 내 철조약사불좌상 대좌 연화하대석

사진4 | 장곡사 상대웅전 내 철조약사불좌상 대좌 연화상대석

사진5 | 장곡사 상대웅전 내 철조비로자나불좌상 대좌 연화하대석

사진6 | 장곡사 상대웅전 내 철조비로자나불좌상 대좌 연화상대석

에서도 살필 수 있다. 여기서 연화 하대석의 연화문(사진 5)[20]은 단판으로 조각되어 있으나 판단중앙에 원형 돌기와 같은 소주문이 형성되어 있다. 그리고 연화 상대석(사진 6)[21]에는 복판의 연화문이 시문되어 있다.

이렇게 볼 때 상대웅전 바닥에 시설된 고식 전의 문양은 광배에서만 그 친

습에서 석등의 기단부임을 확인할 수 있다. 간석의 단면은 8각형으로 이루어져 있다.

20) 필자 사진.

21) 필자 사진.

연성을 찾아볼 수 있다. 이는 자방 내부 외곽의 화문을 통해 확인할 수 있다. 반면에 볼륨감의 차이를 보이는 연화문은 상대웅전 내부의 연화문에서 전혀 찾아볼 수 없다. 이는 주로 고려시기의 연화문에서 관찰되는 것으로 이에 대해선 다음 장에서 살펴보기로 하겠다.

Ⅲ. 연화문전의 편년

여기에서는 장곡사 상대웅전 내 바닥에 시설된 고식 전의 연화문과 친연성이 있는 유물들을 검토하여 전의 제작 시기를 살펴보는데 목적이 있다. 이를 위해 고려시기의 동종과 청동 금구[22], 청자, 그리고 원주 거돈사지 소재 원공국사승묘탑비[23] 및 3층석탑 앞 배례석 등 비교적 편년이 확실한 자료를 중심으로 검토해 보고자 한다. 아울러 장곡사 상대웅전 전돌 편년의 정확성을 높이기 위해 중국 요대의 연화문에 대해서도 함께 살펴보도록 하겠다.

고려시기의 연화문전은 그 동안의 발굴조사 결과 많은 수량이 검출되지는 않았다. 비율로 볼 때 무문전이 다수를 차지하고 있으며, 일부 명문전도 포함되어 있다. 통일신라기의 화려한 전에 비해 장식적으로는 오히려 퇴보된 감을 보여주고 있다.

고려시기의 연화문전은 화판의 표현 기법에 따라 크게 세 가지 형식으로 구분할 수 있다. 첫 번째는 보원사지 출토 전(도면 3·4)[24]과 같이 화판이 상하 중복됨이 없이 단판으로 조각되는 경우이고(A형식), 두 번째는 화판이 상하

---

22) 이는 달리 반자, 금고 등으로도 불리고 있다. 연화문은 두드리는 부분인 고면에 시문되어 있다.
23) 고려 현종대인 1025년에 건립되었다.
24) 국립부여문화재연구소, 2012, 『瑞山 普願寺址 Ⅱ』, 330쪽 도면 85-248 및 331쪽 도면 86-249.

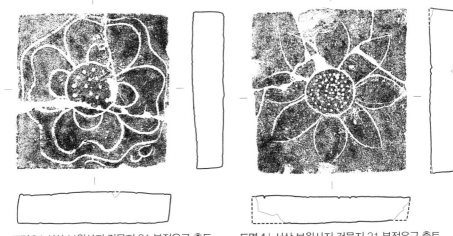

도면 3 | 서산 보원사지 건물지 21 부전유구 출토
　　　　연화문전 1(A형식)

도면 4 | 서산 보원사지 건물지 21 부전유구 출토
　　　　연화문전 2(A형식)

중복되어 볼륨감의 차이를 보이는 경우이다(B형식)[25]. B형식은 다시 화판의
표현 기법에 따라 회화적 수법(Ba형식, 도면 5)[26]인지 아니면 장곡사 연화문
전과 같은 정형적 수법(Bb형식)인지에 따라 두 유형으로 세분할 수 있다.

　마지막으로 세 번째는 연화문이 꽃이나 나비 등과 함께 복합적으로 시문되
는 경우이다(C형식). 이러한 형식은 법천사지 및 선원사지(사진 7)[27] 출토 연
화문전 등에서 확인할 수 있다.

　이처럼 고려시기 연화문전은 통 시기적으로 볼 때 여러 형식으로 다양하게
변화해 가고 있음을 살필 수 있다. 이는 단적으로 시기성을 반영하는 것으로

---

25) 삼국시기 및 통일신라기의 유물에서는 거의 살필 수 없고, 고려시기의 와당 및 전, 동
　　종, 금구 등에서 주로 확인되고 있다.
26) 慶尙南道·國立晉州博物館, 1986, 『陜川竹竹里廢寺址』, 68쪽 그림 25-②.
27) 東國大學校 博物館·江華郡, 2003, 『史蹟259號』 江華 禪源寺址 發掘調査 報告書 I(本
　　文)』, 34쪽 원색도판 62. 보고서에서는 이를 보상화문전으로 기술하고 있으나 문양
　　이 연화문과 꽃 등이 복합적으로 어우러져 있어 연화복합문전으로 기술하고자 한다.

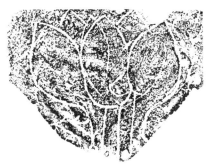

도면5 | 합천 죽죽리사지 금당지 기단 출토 전
(Ba형식)

사진7 | 강화 선원사지 출토 연화복합문전
(C형식)

서 연화문전 뿐만 아니라 연화문 와당 등에서도 그 변화 양상이 쉽게 관찰되고 있다.

장곡사 상대웅전 내 연화문전에는 제작 시기를 알 수 있는 연호나 연도가 전혀 기록되어 있지 않다. 따라서 이의 편년을 알아보기 위해서는 먼저 제작 시기가 확실시 되는 유물을 중심으로 연화문의 기준 편년안을 검토하는 것이 우선적으로 필요할 것이다. 여기서 편년의 기준은 연화문의 여러 요소(화판, 자방, 연자 주연, 제작기법 등)들을 고려할 수 있으나[28] 화판 문양이 삼국시기 이후 가장 보편적으로 활용되고 있기에 이를 중심으로 연화문의 편년을 살펴보도록 하겠다.

최근까지 발굴된 볼륨감의 차이[29]를 보이는 연화문전 중 비교적 이른 시

---

28) 연화문전의 시기적 변천은 제작 기법으로도 파악할 수 있겠으나 본고에서는 문양을 중심으로 검토해 보고자 한다.

29) 볼륨감의 차이를 보이는 연화문은 10세기 무렵의 고려 초기 와당(도면 6·7)에서도 살필 수 있다. 그런데 이들 연화문은 상하 중복된 것이 아닌 평면 상태에서만 볼륨감의 차이를 보이고 있어 장곡사 연화문전의 시문 기법과는 차이가 있다.
江原文化財研究所·神興寺, 2004, 『襄陽 陳田寺址 發掘調查 報告書』, 76쪽 도면 22-①; 江原大學校博物館, 1985, 『寒溪寺』, 72쪽 그림 10-⑤.

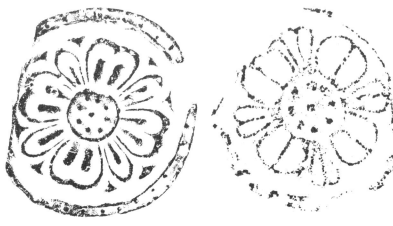

도면 6 | 양양 진전사지 출토 연화문 와당   도면 7 | 인제 한계사지 출토 연화문 와당

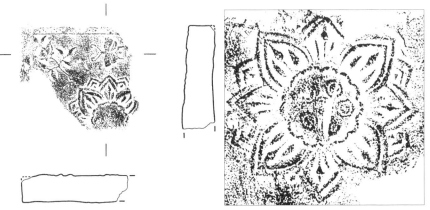

도면 8 | 원주 법천사지 부도전지 석축 1호   도면 9 | 원주 법천사지 지표수습 연화문전의 세부
　　　　수습 연화문전

기의 것으로는 원주 법천사지에서 확인할 수 있다30). 법천사지는 당탑을 중
심으로 한 사찰의 중심지역과 지광국사 해린의 탑비가 있는 부도전지로 크게

---

30) 이는 향후 고려 사지의 발굴 증가에 따라 얼마든지 바뀔 수 있음을 밝혀 둔다.

사진8 | 원주 법천사지 부도전지 석축 1호

양분되어 있다[31]. 이 중 논제가 되는 볼륨간의 차이를 보이는 연화문전(도면 8·9)[32]은 부도전지의 석축 1호(사진 8)[33]에서 검출되었다.[34]

석축 1호는 세 동의 건물지와 탑비가 위치하고 있는 상전과 출입문의 좌우로 한 동씩의 건물지가 배치되어 있는 하전 사이에 동-서를 장축으로 축조되어 있다. 현재의 석축 1호는 여말선초기에 조성된 것으로서 초창기의 유구는 석축 1호 내부에 그 일부(계단면석 받침석 및 석축렬)가 잔존하고 있다[35].

---

31) 江原文化財研究所·原州市, 2009, 『原州 法泉寺 I 第 I區域 發掘調査 報告書』; 원주시·江原考古文化研究院, 2014, 『原州 法泉寺 II-III구역 발굴조사 보고서-』.

32) 江原文化財研究所·原州市, 2009, 『原州 法泉寺 I 第 I區域 發掘調査 報告書』, 283~285쪽.
N14E16에서 수습된 연화문전으로 보아 길이는 30.3cm, 너비 29.8cm, 두께 4.5~6cm 정도의 방형 전으로 추정된다. 전의 정 중앙에 단판 8엽의 화판이 상하 중복되어 있고, 이의 외곽으로 나비와 초화문이 화려하게 장식되어 있다.

33) 필자 사진.

34) 연화문전은 지표 및 N14E16에서도 수습되었는데 같은 형식의 연화문으로 파악된다.

35) 江原文化財研究所·原州市, 2009, 『原州 法泉寺 I 第 I區域 發掘調査 報告書』, 66쪽 및 429쪽.

따라서 석축 1호에서 수습된 연화문전은 층위상 여말선초기의 석축 1호를 조성하는 과정에서 폐기된 유물로 이해할 수 있다. 그리고 전의 사용처가 사원에서 극히 일부분에 한정되었음을 볼 때 이는 상전의 북건물지나 동·서건물지 등에 시설되었음을 추정해 볼 수 있다.

이러한 고고학적 자료를 기준으로 할 때 석축 1호에서 수습된 연화문전은 부도전의 축조와 동 시기의 것으로 편년할 수 있다. 따라서 이의 제작 시기는 해린의 입적(1070년, 문종 24) 이후~탑비의 건립(1085년, 선종 2) 무렵으로 파악해 볼 수 있다. 시기적으로는 11세기 3/4~4/4분기로 판단할 수 있다.

이후 12세기에 접어들면 남원 만복사지 출토 와당(도면 10)[36]과 같이 이전 시기의 화판뿐만 아니라 새로운 문양 요소도 등장하고 있음을 확인할 수 있다. 아울러, 일본 高知縣 室戶市 金剛頂寺에 소장된 고려 동종의 당좌(도면 11)[37]에서는 전술한 법천사지 출토 연화문전과 마찬가지로 판단 첨형에 화판

도면 10 | 남원 만복사지 출토 와당   도면 11 | 일본 금강정사 소장 고려 동종 당좌

36) 全羅北道·全北大學校博物館, 1986, 『萬福寺 發掘調査報告書』, 插圖 22-1.
37) 奈良文化財研究所·飛鳥資料館, 2004, 『新羅鐘·高麗鐘 拓本實測圖集成』, 196쪽.

사진 9 | 해강도자미술관 소장 청자음각운문유병   사진 10 | 국립청주박물관 소장 '정우'명 청동 금구

의 평면이 5각형에 가까운 것도 살필 수 있다.

하지만 두 연화문의 화판 내부를 자세히 살펴 보면 화문 장식이 기하학적으로 표현되어 있음을 볼 수 있다. 이는 법천사지 화판에서 살필 수 있는 3조의 술 장식38)에 비해 좀 더 장식적으로 변화되었음을 확인케 한다. 이러한 화판 문양은 13세기 1/4분기에 이르면 국립청주박물관 소장 '貞祐十二年(고종 11, 1224년)…'명 금구의 연화문(사진 10)39)과 같이 화판이 세장하면서 기형적으로 바뀌게 됨도 살필 수 있다.

13세기에 접어들면 볼륨감의 차이를 보이는 연화문은 이전 시기에 비해 많은 수량의 와당 및 금구, 동종 등에서 찾아지고 있다. 특히 강화 선원사지에서 수습된 연화복합문전(도면 12·13)40)은 11세기의 화판 특성을 복고적으로 잘 표현하고 있다는 점에서 동일 사지 출토 와당의 화판과 문양상의 차이를 보여주고 있다.

---

38) 이는 12세기로 편년된 청자음각운문유병(사진 9)에서도 확인할 수 있다(海剛陶磁美術館, 1990, 『海剛陶磁美術館』, 16쪽 사진 6).

39) 국립청주박물관, 1999, 『고려공예전』, 19쪽.

40) 東國大學校 博物館·江華郡, 2003, 『史蹟 259號 江華 禪源寺址 發掘調査 報告書 Ⅱ (圖版)』, 137쪽 유물도면 57-②.

| 도면 12 | 강화 선원사지 출토 연화복합문전 | 도면 13 | 강화 선원사지 출토 연화복합문전 세부 |

전은 평면 방형으로 한 변 길이가 27.1~29.1cm 정도를 보이고 있으며, 두께는 4.5cm 내외이다. 가운데의 연화문을 중심으로 네 방향에 보상화문과 당초문이 화려하게 장식되어 있다. 화판은 단판 8엽으로 평면 5각형을 띠고 있으며, 내부에는 이등변 삼각형 모양의 거치문이 세장하게 표현되어 있다. 자방 외곽으로는 화문이 돌아가고 있다.

이에 반해 와당(도면 14)[41]은 화판의 형태가 삼각형 혹은 유엽형으로서 자방이 귀목으로 이루어져 있다. 이처럼 화판이 삼각형 혹은 유엽형을 띠는 사례는 합천 영암사지 출토 와당(도면 15)[42] 및 일본 南部利英 소장 '大和六年' (1206)명 고려 동종(도면 16)[43]에서도 찾아볼 수 있다. 특히 남부리영 동종

41) 東國大學校 博物館·江華郡, 2003, 『史蹟 259號』江華 禪源寺址 發掘調査 報告書 Ⅱ (圖版)』, 117쪽 유물도면 37-②. 강화 선원사의 창건이 1245년(고려 고종 32)이었음을 볼 때 와당은 기본적으로 13세기 전반기에 제작되었음을 알 수 있다.

42) 경상문화재연구원, 경상남도 합천군, 2011, 『陜川 靈巖寺址』, 74쪽 도면 42-13.

43) 奈良文化財研究所·飛鳥資料館, 2004, 『新羅鐘·高麗鐘 拓本實測圖集成』, 236쪽.

도면 14 | 강화 선원사지 출토 와당

도면 15 | 합천 영암사지 출토 와당

도면 16 | 일본 南部利英 소장 고려 동종

사진 11 | 제주 법화사지 출토 와당

의 연화문으로 보아 삼각형 및 유엽형의 화판은 13세기 1/4분기 무렵에는 고려 사회에 등장하였을 것으로 판단된다.

한편, 13세기 3/4~4/4분기에 이르면 이전의 화판과는 전혀 다른 이형적인 문양이 등장하고 있음을 살필 수 있다. 즉, 제주 법화사지 출토 와당(사진

11)[44]을 보면 단판 8엽 중 4엽은 보통 크기이고, 나머지 4엽은 현저히 크게 제작되었음을 확인할 수 있다. 화판의 판단부가 주연부에까지 이어져 있어 이른 시기의 화판과는 전혀 다른 형식임을 파악할 수 있다.

이렇게 볼 때 볼륨감의 차이를 보이는 고려시기의 연화문은 화판에서 특징적인 변화를 보여주고 있다. 이는 한편으로 화판이 연화문의 편년을 검토함에 있어 가장 중요한 기준이 될 수 있음을 인식케 한다.

그런데 이상의 연화문 중 장곡사 상대웅전 내 연화문전과 같이 상하 볼륨감이 있는 화판의 존재는 거의 찾아볼 수 없다. 이는 단언할 수 없지만 장곡사 상대웅전 내 연화문전이 법천사지 연화문전에 선행하는 11세기 후반 이전의 것이라는 점을 강하게 시사해 준다.

아울러 이런 측면에서 주목할 수 있는 것이 바로 원주 거돈사지 소재 3층석탑 앞 배례석(사진 12)[45] 상면의 연화문이다. 문양(사진 13)[46]은 단판 8엽으

사진 12 | 원주 거돈사지 3층석탑 앞 배례석

----

44) 西歸浦市·濟州大學校博物館, 1997, 『法華寺址』, 219쪽 사진 61-③. 이 와당은 '至元六年己巳始重 … 至元十六年己卯畢'이라 쓰인 명문와의 존재로 보아 1269~1279년간의 중창기에 제작되었음을 판단케 한다.

45) 필자 사진.

46) 필자 사진.

사진 13 | 원주 거돈사지 3층석탑 앞
배례석 상면 연화문

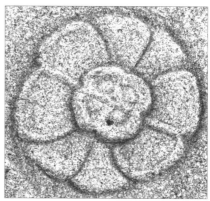

사진 15 | 원주 거돈사지 원공국사승묘탑비
(1025년) 귀부의 연화문

로 화판의 형식은 장곡사 상대웅
전 내 전과 같이 판단첨형식을 띠
고 있다. 화판의 볼륨감은 풍만하
고, 상하 중복이 뚜렷하게 표현되
어 있다. 판구 내의 술 장식만 없
을 뿐 장곡사 연화문전과의 친연
성을 보여주고 있다.

배례석에는 기년명이 없어 이
의 정확한 조성 시기를 파악할 수
없으나 같은 형식의 연화문이 동
쪽에 위치한 원공국사승묘탑비
(1025년, 사진 14)[47]의 귀부에 조
각되어 있어 비교·검토해 보고자
한다.

사진 14 | 원주 거돈사지 원공국사승묘탑비(1025년)

47) 필자 사진.

귀부의 연화문(사진 15)48)은 배례석과 마찬가지로 단판 8엽에 화판이 상하 중복되어 볼륨감의 차이를 보여주고 있다. 배례석의 연화문과 달리 탑비 귀부에 소형으로 조각되어 있어 조각의 정밀성은 찾아보기 어렵다. 다만, 화판이 입체적으로 상하 중복되어 있고, 자방 내부에서 4개의 연자가 배치되어 있음을 살필 수 있다. 특히, 자방 외곽으로도 반원형의 화문 4개가 등간격으로 조각된 것이 확인되고 있다.

하지만 연화문의 판단부가 첨형이 아닌 호상으로 표현된 점, 자방 외곽의 화문, 연자의 개수 등에서 원공국사승묘탑비 귀부의 연화문과 배례석의 그것은 분명한 속성상의 차이가 있음을 볼 수 있다. 특히 조화(균형)와 장식적 측면에서 배례석의 연화문은 탑비의 연화문에 비해 완숙된 멋을 풍기고 있다.

이러한 양자의 연화문 차이는 결과적으로 배례석의 연화문이 원공국사승묘탑비의 연화문에 비해 後造되었음을 판단케 한다. 이는 아마도 거돈사가 원공국사 智宗의 하산소로 선택되면서 배례석이 중창 과정에 새롭게 조성된 것과 밀접한 관련이 있을 것으로 생각된다49).

한편, 거돈사지 삼층석탑에 대한 발굴조사 과정에서 장방형의 구덩이도 함께 검출되었다. 이는 초창기 배례석의 위치로서 석탑과의 배치로 보아 동 시기에 축조되었음을 판단케 한다. 그런데 주지하듯 거돈사지 3층석탑은 통일신라기에 축조된 것으로 알려져 있고, 석탑 아래의 대지기단은 후대에 신축된 것으로 이해되고 있다50). 이러한 축조상의 차이와 배례석의 출토 층위를 고려

---

48) 필자 사진.
49) 원주 법천사의 사례에서 살필 수 있듯이 하산소로의 지정은 사찰의 새로운 중창을 의미하였다.
50) 이는 대지기단의 해체 과정에서 신라와 고려의 기와편이 출토된 것으로도 확인할 수 있다. 기와편은 기단 최상부로부터 60~140cm 아래의 세 번째 기초에서 수습되었다 (무진종합건축사사무소, 2001, 『거돈사지 3층석탑 정밀실측 및 수리공사보고서』, 원주시, 109~110쪽). 대지기단의 세 번째 기초에서 유물이 출토된 것으로 보아 후대의 교란은 기대하기 어렵다. 특히 고려시기의 와편이 수습되었다는 점에서 대지기단의

해 볼 때 현 배례석은 창건기의 것이 아닌 금당의 중건 및 3층석탑의 대지기단이 조성되는 과정에서 새롭게 시설된 것으로 파악할 수 있다.

이 시기는 아마도 하산소로 결정된 1018년(현종 9) 이후로 판단된다. 금당이나 강당, 3층석탑 등의 중창이 짧은 시일에 완공되기 어려웠음을 볼 때 탑비(1025년) 제작보다도 오히려 후대에 제작되었음을 추정할 수 있다[51]. 그런 점에서 배례석은 11세기 2/4분기 무렵에 조성되었을 가능성이 높다고 생각된다.

화판의 상하 중복에서 관찰되

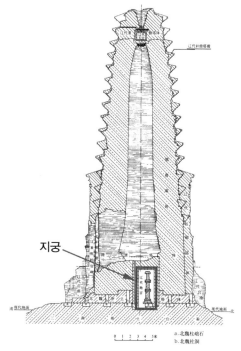

지궁

도면 17 | 중국 조양북탑 내 지궁의 석경당

조성 시기는 고려 초기보다 배례석과 마찬가지로 11세기 전반으로 추정해 보는 것이 타당할 것이라 생각된다.

한편, 금당지 기단토에서도 통일신라 및 고려시기로 편년되는 기와편과 토기편이 수습되었다. 이로 보아 현재의 금당지 역시도 창건기의 것이 아닌 중건기의 것으로 판단되었다(原州市·翰林大學校博物館, 2000,『居頓寺址 發掘調査 報告書』, 51~52쪽). 아울러 여기서의 금당 중건은 원공국사 智宗의 하산과 밀접한 관련이 있었을 것으로 생각된다.

51) 이러한 추정은 원공국사 智宗 사후 법안종의 쇠퇴와도 맥을 같이 하는 것이다. 法眼宗의 쇠퇴는 곧 법상종의 전성기를 의미하는 것이어서 고려의 많은 문벌귀족들은 후자를 적극적으로 지지하게 되었다. 이러한 과정에서 법안종 사찰인 거돈사에 중창을 위한 경제적 지원은 많지 않았을 것이다. 이는 거돈사의 중창을 더디게 하였음이 분명하기에 배례석은 원공국사승묘탑비 보다 후대에 제작되었을 가능성이 높다.

도면 18 | 중국 조양북탑 지궁 내부 석경당의 연화문

는 볼륨감의 차이는 한편으로 중국 遼대 유적에서도 살펴지고 있어 기술해 보고자 한다. 연화문은 朝陽北塔(도면 17)[52] 내부의 石經幢에서 확인할 수 있고, 이곳에는 비천상과 신장상, 주악상, 건축물 및 각종 화문 등이 함께 조각되어 있다.

연화문(도면 18)[53]은 단판 8엽으로 가운데에 종선이 그어져 있다[54]. 연화문 중 4엽은 볼륨감이 있으면서 화판의 판근이 자방에까지 이어져 있다. 반면, 나머지 4엽은 전술한 연화문에 가려져 있어 시각적으로 볼륨감의 차이를 보여주고 있다. 자방은 화판에 비해 크게 제작되었고, 내부에는 7과의 연자가 배치되어 있다.

자방이 화판에 비해 크게 제작되었고, 연화문의 횡선과 종선의 길이가 거의 비슷한 점, 그리고 화판의 볼륨감 차이가 확연하게 드러난다는 점에서 장곡사 상대웅전 내 전의 연화문과 친연성이 찾아지고 있다.

조양북탑의 지궁은 내부에서 검출된 명문을 통해 요(거란) 重熙 13년(1044)에 조성되었음이 밝혀졌다. 이로보아 지궁 내부의 석경당 역시도 같은 해에 축조되었음을 확인할 수 있다. 이렇게 볼 때 석경당에 시문된 연화문은 1044년에 제작되었음을 알 수 있다.

---

52) 文物出版社, 2007, 『朝陽北塔』, 156쪽 圖五三.
53) 文物出版社, 2007, 『朝陽北塔』, 95쪽 圖三六.
54) 연화문 내부에 종선이 그어져 있는 것으로 보아 연화돌대문으로 분류할 수 있다.

이상의 자료들을 검토해 볼 때 장곡사 상대웅전 내 연화문전의 화판은 거돈사지 3층석탑 앞 배례석의 연화문과 가장 흡사함을 살필 수 있다. 이는 화판이 볼륨감이 있고, 판단부가 첨형인 점에서 비교할 수 있다. 아울러 자방 외곽의 화문은 원공국사승묘탑비(1025년)에서 찾아볼 수 있어 11세기 전반의 특징을 그대로 간직하고 있음을 볼 수 있다.

이상에서와 같이 장곡사 상대웅전 내 연화문전의 편년을 검토하기 위해 볼륨감의 차이가 나는 화판에 대해 주로 살펴보았다. 이러한 화판 형식은 그 동안의 발굴 자료들을 검토해 볼 때 대체로 고려시기인 11세기 이후에 등장하였음을 알 수 있다. 그런 점에서 장곡사 상대웅전 내 연화문전은 11세기 전반기에 제작되어 바닥에 시설되었음을 판단할 수 있다.

이상의 연화문들을 시기적으로 살펴보면 아래의 <표 1>과 같다.

표 1 | 볼륨감 차이를 보이는 고려시기 연화문의 시기적 변천

시기	연화문	출토지	비고
11세기		청양 장곡사 상대웅전 내 바닥 전의 연화문	
		거돈사지 3층석탑 앞 배례석의 연화문	11세기 전반 추정

시기	연화문	출토지	비고
		조양북탑 지궁 내부 석경당의 연화문	重熙 13년(1044) 제작
		법천사지 석축 1호 수습 전의 연화문	11세기 후반 추정
12세기		일본 금강정사 소장 동종의 당좌 연화문	
		남원 만복사지 출토 와당	

시기	연화문	출토지	비고
13세기 이후		선원사지 출토 전의 연화문	
		합천 영암사지 출토 와당	
		제주 법화사지 출토 와당	1269~1279년간

한편, 장곡사 상대웅전 내 연화문전에는 자방 외곽으로 1조의 화문이 돌아가고 있다. 이러한 장식은 일찍이 통일신라기[55]에 등장하여 고려 전 시기[56]

---

55) 國立慶州博物館, 2000, 『新羅瓦塼』, 131쪽 사진 422(본문 사진 16) 및 392쪽 사진 1292(본문 사진 17) ; 충청대학박물관, 2014, 『충청대학교 박물관 30년』, 175쪽(본문 사진 18).

56) 國立扶餘文化財研究所, 2010, 『瑞山 普願寺址I』, 71쪽 하단(본문 도면 19) ; 中央文化財研究院, 2008, 『安城 長陵里寺址』, 36쪽 圖面 13-⑪(본문 도면 20) ; 충청대학

사진 16 | 경주 갑산사지 출토 와당(9세기 추정)

사진 17 | 경주 숭복사지 출토 연목와(9세기 추정)

사진 18 | 충청대학교 박물관 소장 와당
(8~9세기 추정)

도면 19 | 서산 보원사지 출토 와당
(10세기 중엽이후)

도면 20 | 안성 장릉리사지 출토 와당
(10세기 중엽이후)

사진 19 | 충주 숭선사지 출토 연목와
(10~11세기 추정)

도면21 | 일본 鶴岡八幡宮 소장 고려 동종
(1324년)

도면22 | 국립광주박물관 소장 고려 동종
(14세기 추정)

에 걸쳐 제작되고 있다. 따라서 화
문만을 가지고 연화문의 편년을
검토하기에는 많은 어려움이 따를
것으로 생각되어 본고에서는 그
사례만을 살펴보고자 한다.

도면23 | 국립부여박물관 소장 고려 동종
(14세기 추정)

박물관, 2014, 『충청대학교 박물관 30년』, 85쪽 아래 사진(본문 사진 19) ; 奈良文
化財研究所·飛鳥資料館, 2004, 『新羅鐘·高麗鐘 拓本實測圖集成』, 278쪽(본문 도
면 21), 322쪽(본문 도면 22), 367쪽(본문 도면 23).

Ⅳ. 맺음말

청양 장곡사는 유명한 약사도량으로 대웅전이 경내의 위, 아래에 배치되어 있다. 특히, 상대웅전에는 3구의 불상 및 대좌가 자리하고 있고, 약사불의 대좌 후면에는 고식의 전이 시설되어 있다. 본고는 이들 전의 제작 시기를 검토해 보는 데 목적을 두었다.

전은 평면 방형으로 오랜 기간 사용되어 일부 문양이 지워져 있다. 문양은 전의 상면에만 시문되어 있는데 연화문과 당초문이 주를 이루고 있다. 외곽에 장식된 당초문의 경우 대부분 잔존 상태가 양호하지 못해 문양 관찰이 쉽지 않다. 반면, 전의 중심부에 시문된 연화문은 자방을 비롯한 화판 등의 상태가 양호하여 문양 파악이 비교적 수월한 편이다.

전에 시문된 연화문의 가장 큰 특징은 화판이 상하 중복되어 아래의 것이 위 것에 일부 가려져 볼륨감의 차이를 보여주고 있다는 점이다. 이와 같은 화판의 중복은 삼국시기나 통일신라시기의 연화문에서는 거의 관찰할 수 없는 속성으로서 고려시기의 문양 특성으로 이해할 수 있다.

이러한 화판의 중복 상태는 고려의 경우 11세기 이후의 와당이나 배례석, 탑비, 그리고 청자, 범종의 당좌, 금고 등에서 어렵지 않게 살필 수 있다. 하지만 화판의 판단부가 완만하면서 후육한 사례는 쉽게 찾아보기가 어렵다. 이러한 연화문은 거돈사지 출토 배례석 및 중국 요대 조양북탑 지궁의 석경당에서 일부 확인할 수 있다.

따라서 장곡사 상대웅전 내에 시설된 전은 거돈사지 배례석과 원공국사승묘탑비 귀부의 연화문, 그리고 조양북탑 석경당(重熙 13년, 1044년)에 시문된 연화문으로 보아 11세기 전반 무렵에 제작되었음을 추정할 수 있다. 아울러 이러한 편년 설정은 12~13세기 이후에 제작된 상하 중복된 화판과의 비교를 통해서도 쉽게 확인할 수 있다.

현재 장곡사 상대웅전은 그 조영 시기가 고려시기[57]로 추정될 뿐, 초축이나 중수 등에 대해선 알려진 것이 많지 않다. 하지만 상대웅전 내부의 전이 11세기 전반 무렵으로 편년되고 있음을 볼 때 상대웅전의 초축 또한 해당 시기까지 소급될 수 있을 것이라 생각된다[58].

　이러한 축조시기의 추정은 상대웅전과 관련된 사찰기나 복장 유물이 없이 내려진 결과이기에 향후 면밀한 건축학적인 검토가 수반되어야 할 것이다. 아울러 상대웅전 내부에 봉안된 3구의 불상에 대해서도 고고학적인 발굴조사를 통해 본래의 위치를 확인함이 필요할 것이다.

---

57) 충청남도·충청남도역사문화연구원, 2009, 『충청남도 문화재대관 1』, 116쪽. 특히 주두 아래는 14세기로 보기도 한다(中央日報 季刊美術, 1993, 『寺院建築』, 사진 70·71).

58) 이는 현재의 상대웅전을 11세기 중엽 이후로 편년하는 것이 아니다. 건물 내부에 전이 시설되었다면 마땅히 이와 관련된 건물이 있어야만 당연하다. 이런 점에서 현재 건물 이외의 또 다른 선축 건물이 존재하였음을 유추할 수 있다. 그리고 현재의 건물을 조성하는 과정에서 선축 건물의 건축 부재가 포함될 수 있다는 가능성 또한 배제할 수 없다.

靑陽 長谷寺 上大雄殿 內
木造 光背의 編年

I. 머리말

청양 칠갑산에 위치하고 있는 장곡사는 상하 대웅전을 갖추고 있는 약사도 량으로서 많은 사람들의 발길이 항상 끊이지 않고 있다. 이는 칠갑산의 산세 뿐만 아니라 이곳에 소장되어 있는 다양한 불교문화재1)를 보기 위해서다.

장곡사에는 보물로 지정된 상·하 대웅전이 있고, 각각의 대웅전에는 약사 불이 안치되어 있다. 특히 상대웅전에는 철조약사불좌상 외에 철조비로자나 불좌상과 철조아미타불좌상 등 세 구가 횡렬로 배치되어 있다. 이 중에서 철 조비로자나불좌상과 철조약사불좌상 후면에는 나무로 만든 광배가 별도로 배 치되어 있다(사진 1·2)2).

광배는 오랜 기간 노출되어 있던 관계로 파손되거나 탈색된 부분이 여러 곳 에서 관찰되고 있다. 다만, 거신광에는 적색, 두광 및 신광에는 녹색, 적색, 백색 등을 이용하여 화염문, 연화문, 초화문 등을 다채롭게 채색해 놓았다.

광배는 전체적으로 볼 때 背身과 받침대로 이분되어 있다. 받침대는 단면 5

---

1) 장곡사 소장 불교문화재는 다음의 책자를 통해 살필 수 있다.
   문화재청·(재)대한불교조계종 유지재단 문화유산발굴조사단, 2004, 『한국의 사찰 문화재 전국사찰문화재일제조사 충청남도|대전광역시』, 472~477쪽.
2) 필자 사진.

사진 1 | 장곡사 상대웅전 소장 철조비로자나불좌상
및 후면 목조 광배

사진 2 | 장곡사 상대웅전 소장 철조약사불좌상
및 후면 목조 광배

각형 및 6각형으로 제작되었고, 상면 중앙에는 배신을 꽂을 수 있게 홈을 길게 파놓았다. 배신은 종단면의 경우 두광 상면에서 내외로 약하게 휘어져 있고, 횡단면은 양쪽 끝단을 덧대어 안쪽으로 내만토록 하였다.

최근까지 장곡사 상대웅전 내 목조 광배에 대한 연구는 불상 및 대좌에 비해 거의 전무한 실정이다. 요컨대 이의 제작 시기[3] 및 문양에 대한 분석조차도 아직까지 체계적으로 이루어진 것이 없다. 이는 아마도 광배가 조선시기 이후에 제작되었을 것이라는 막연한 추정이 가장 큰 원인이었을 것으로 생각된다. 하지만 두광에 조각된 연화문은 고려시기의 청자나 와당, 동종 등에 시문된 것과 친연성이 찾아져 광배의 제작 시기를 조선시기가 아닌 고려시기의

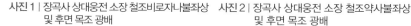

3) 불상의 後補物로 이해되고 있으나 구체적인 편년은 제시된 바 없다(中央日報, 1994, 「季刊美術」『韓國의 美⑩ 佛像』, 218쪽).

것으로 판단케 하고 있다.

따라서 본고는 철조비로자나불좌상 및 철조약사불좌상 후면에 배치된 목조 광배의 편년을 살펴보는데 일차적 목적이 있다. 이를 위해 두광에 시문된 연화문과 고려시기 여러 공예품에 표현된 연화문을 상호 비교·검토해 보고자 한다. 아울러 두 광배 중 어느 것이 선행하는지, 그리고 어떤 광배에 영향을 미쳤는지에 대해서도 알아보도록 하겠다.

Ⅱ. 목조 광배의 문양 검토

철조비로자나불좌상은 상대웅전의 중앙에 안치된 여래상으로 지권인을 결하고 있다. 철불의 조성 시기는 고려 전기로 추정되고 있다[4]. 이 불상의 후면에 배치된 광배(도면 1)[5]는 목재품으로 두광과 신광, 거신광 등으로 이루어져 있다. 특히, 두광 내에는 8엽의 연화문이 조각되어 있고, 자방 내에도 연자와 함께 화문이 장식되어 있다.

연화문은 화판과 간판, 자방 등으로 이루어져 있다. 화판은 柳葉形으로 표현되어 있고, 내부에는 나뭇잎이 장식되어 있다. 화판과 화판 사이에는 'ㅅ'모양의 간판이 3중으로 시문되어 있다.

자방 내에는 1+8과의 연자가 배치되어 있고, 연자 외곽으로는 'ㅅ'형태의 화문이 8엽으로 돌아가며 연자를 감싸고 있다. 아울러 자방 외곽으로도 꽃술

---

4)   문화재청·(재)대한불교조계종 유지재단 문화유산발굴조사단, 2004, 『한국의 사찰문화재 전국사찰문화재일제조사 충청남도/대전광역시』, 472쪽.
      이에 반해 이 불상의 조성 시기를 11세기(황수영 외, 1982, 『韓國佛像三百選』, 219쪽 및 中央日報, 1994, 「季刊美術」『韓國의 美 ⑩ 佛像』, 218쪽) 혹은 12세기(秦弘燮, 1992, 『韓國의 佛像』, 一志社, 292쪽)로 편년하기도 한다.
5)   文化公報部 文化財管理局, 1988, 『長谷寺 實測調査報告書』, 112쪽.

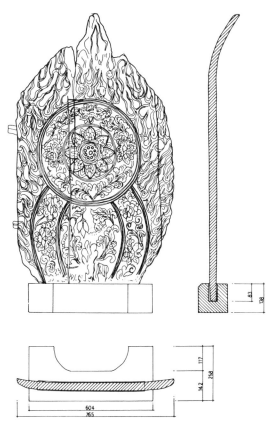

도면1 | 철조비로자나불좌상 후면 목조 광배

도면2 | 울산 영축사지 출토 통일신라기 와당

로 보이는 화문이 화판의 판근부와 함께 조각되어 있다. 그런데 연자 외곽의 화문은 일찍이 통일신라기의 울산 영축사지 와당(도면 2)6)에서도 검출된 바 있어 고려시기에 다시금 등장한 연화문의 속성임을 파악할 수 있다.

연화문의 외곽으로는 2조의 원권대가 마련되어 있고, 화염문이 시작되는 지점에도 원권대가 시문되어 있다. 원권대와 원권대 사이에는 초화문이 장식되어 있고, 나뭇잎7)은 하단 중앙에서 'V'자 형태로 벌어지고 있다. 엽문의 위와 두광의 상단 중앙에는 활짝 핀 꽃이 조각되어 있고, 꽃과 꽃 사이에는 엽문

---

6)   울산박물관, 2014, 『靈鷲 통일신라 울산 불교문화의 중심 울산 영축사 –출토유물 자료집-』, 50쪽.
7)   본고에서는 '葉文'으로 기술하고자 한다.

도면 3 | 홍천 물걸리사지 출토 고려시기 암막새

이 아래에서 위로 장식되어 있다. 여기에서의 엽문은 바람에 흔들리듯 입체적으로 표현되어 있어 마치 상감청자에서 보는 것과 같은 회화적 이미지를 느낄 수 있다[8].

두광 아래에는 타원형의 신광이 내·외곽으로 구성되어 있다. 두광과 달리 초화문으로 장식되어 있는데 내곽은 엽문, 외곽은 화문이 주류를 이루고 있다. 엽문은 두광의 화판에 비해 좀 더 입체적으로 조각되어 있음을 살필 수 있다.

두광과 신광의 외곽으로는 '키'모양의 거신광이 자리하고 있다. 전체적으로 위를 뾰족하게 표현하였고, 내부에는 화염문이 장식되어 있다. 두광과 신광에 접한 화염문은 나선형이나 'U'자형으로 처리하여 정형성을 보이고 있다. 신광 부위의 화염문은 대체로 사선방향으로 조각되었고, 두광 위의 화염문은 위나 안쪽으로 시문되어 불이 피어오르는 형상을 취하고 있다. 화불 및 비천상 등의 조각은 화염문 내에서 살필 수 없다.

광배의 좌측편이 떨어져 나가 거신광의 전체 형태는 볼 수 없으나 다행히 우측편이 남아 있어 복원은 가능한 실정이다. 받침대를 포함한 광배의 전체 높

---

8) 와당에 이처럼 생동감 있게 조각된 엽문은 고려시기의 홍천 물걸리사지 암막새(도면 3, 國立春川博物館, 2007, 『洪川 物傑里寺址 學術調査報告書』, 81쪽 그림 7-1)에서도 찾아볼 수 있다. 여기서는 나뭇잎이 단독적으로 장식된 것이 있는 반면, 물새와 함께 회화적으로 조각된 것도 살필 수 있다.

이는 136.5cm 정도이
고, 두께는 3~3.8cm,
너비는 76.5cm이
다. 받침대의 높이는
13.8cm이다.

　한편, 철조약사불좌
상의 후면 광배(도면
4)[9]는 비로자나불좌상
에 비해 위아래가 세장
하고 날렵함을 살필 수
있다. 광배는 두광과 신
광, 거신광 등으로 이
루어져 있으며, 전체적
인 문양 구성에서는 후
자의 광배와 큰 차이
가 발견되지 않는다. 다
만, 연화문과 신광의 평

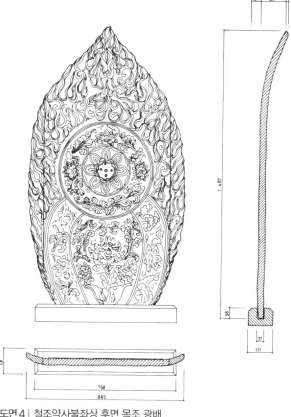

도면 4 | 철조약사불좌상 후면 목조 광배

면 형태, 화염문의 세부 문양 등에서 차이를 보이고 있어 기술해 보고자 한다.

　연화문은 화판과 간판, 자방 등으로 이루어져 있다. 화판의 평면은 柳葉形
이고, 세선문을 4중으로 중첩시켜 표현하였다. 간판은 흔히 볼 수 없는 파상
문으로 형식화 되어 있다. 자방 내부에는 1+4과의 연자가 배치되어 있고, 자
방 내외부에는 화문이 시문되어 있다. 연자를 감싸고 있는 화문의 경우 10엽
으로 조각되어 있어 비로자나불좌상 광배와 차이를 보이고 있다.

　신광의 평면 형태는 비로자나불좌상 광배의 경우 동체 가운데를 중심으로

---

9)　文化公報部 文化財管理局, 1988, 『長谷寺 實測調査報告書』, 108쪽.

상하의 곡면도가 동일한 반면, 약사불좌상의 광배는 동체 최대경이 어깨부근에 있으면서 위아래의 폭이 달라져 마치 토기호를 연상시키고 있다[10].

두광 위에 시문된 화염문은 자연스럽지 못하고 다소 장식성이 강조되어 있음을 볼 수 있다. 아울러 비로자나불좌상 광배의 경우 화염문이 정형성을 보여주고 있는 것에 반해, 약사불좌상 광배는 그렇지 못하여 조각상의 차이를 살피게 한다.

받침대를 포함한 광배의 전체 높이는 148.7cm이고, 너비는 84.5cm이다.

Ⅲ. 목조 광배의 편년적 검토

철조비로자나불좌상과 철조약사불좌상의 후면 광배에는 전술하였듯이 연화문과 초화문, 화염문 등이 장식되어 있다. 하지만 초화문 및 화염문을 통한 광배의 시기적 편년은 자료의 영성함으로 인해 검토가 쉽지 않다. 반면, 연화문을 통한 편년 설정은 와당 및 동종, 금고[11], 청자 등에 시문된 연화문의 자료가 상대적으로 풍부하여 시기 구분이 비교적 수월한 편에 속하고 있다. 따라서 본고에서는 연화문의 화판 및 간판 등을 중심으로 두 광배의 제작 시기를 살펴보고자 한다.

1. 樹枝文과 葉文의 사례 검토

철조비로자나불좌상 목조 광배의 연화문을 보면 우선 눈에 띄는 것이 화판 내의 나뭇잎 문양[12]이다. 잎의 생김새로 보아 침엽수 보다는 활엽수의 이파리

---

10) 이러한 두 가지 형식의 신광은 이미 통일신라기부터 살펴볼 수 있다.

11) 금구, 쇠북 등으로 불리기도 한다.

12) 본고에서는 '葉文'으로 기술하고자 한다.

로 살펴지고 있다.

이처럼 연화문의 화판 내에 樹枝文[13])이나 葉文이 시문된 사례는 고려시기의 홍천 물걸리사지나 안성 장릉리사지 출토 와당에서 확인할 수 있다. 하지만 이러한 와례가 고려 전 시기에 걸쳐 순수 연화문[14])이나 보상화문, 귀목문 등에 비해 많은 수가 제작된 것은 아니었다. 이는 연화문의 또 다른 아류로서 이의 시원은 고구려의 연화 인동문 와당으로 추정해 볼 수 있다.

고구려 와당의 경우 연화문 사이의 간판(사진 3)[15])이나 화판(사진 4)[16]) 내에서 수지문처럼 생긴 忍冬文을 어렵지 않게 살필 수 있다. 이 때 문양은 줄기 상부에 꽃봉오리와 같은 타원형의 珠文이 장식되어 고려시기의 수지문과 약간의 차이를 보이기도 한다. 아울러 가지의 경우도 수지문에 비해 짧게 표현되어 있다. 백제 무령왕릉의 연화인동 문전[17])이나 고구려 고분벽화에 보이는

사진3 | 전 평양 출토 고구려 와당

사진4 | 전 평양 출토 고구려 와당

13) 나뭇가지 형태의 문양을 의미한다. 예컨대 고려시기에 일반적으로 관찰되는 어골문을 연상시킨다.
14) 화판 내에 아무런 장식이 없는 연화문 와당을 의미한다.
15) 경희대학교 중앙박물관, 2005, 『고구려와당』, 사진 55.
16) 경희대학교 중앙박물관, 2005, 『고구려와당』, 사진 58.
17) 百濟文化開發硏究院, 1983, 『百濟瓦塼圖錄』, 294쪽 사진 563.

사진 5 | 안압지 출토 연화문계 수지문 신라 와당

인동문에 비해 문양의 간략화를 엿볼 수 있다.

이러한 고구려의 인동문은 7세기 중반 무렵 신라로 제와술이 전파되면서 수지문으로 바뀌고 있음을 볼 수 있다. 즉, 안압지에서 수습된 단판 6엽 연화문 와당(사진 5)[18]을 보면 하나의 화판에 수지문이 약하게 타날되어 있음을 살필 수 있다. 문양은 중앙의 줄기를 중심으로 좌우에 5개의 가지문이 가지런하게 시문되어 있으나 고구려 와례에서 확인되는 줄기 상부의 꽃봉오리와 같은 타원형의 주문은 표현되지 않았다. 이 문양은 마치 고려시기의 평기와에서 살필 수 있는 수지문(어골문)을 연상시키고 있다.

신라 와당에서 관찰되는 수지문은 통일신라기에 접어들면서 와당 및 평기와에도 부분적으로 시문되고 있다. 즉, 多慶瓦窯址에서 수습된 평기와(사진 6)[19]를 보면 등면 전체에 수지문이 중복 타날되어 있음을 살필 수 있다. 신라

---

18) 國立慶州博物館, 2000, 『新羅瓦塼』, 38쪽. 1+4과의 연자 배치에 자방은 평면화되어 있다. 화판은 연화돌대문을 연상시킨다. 화판의 제작기법에서 보령 천방사지 출토 와당과의 친연성을 보여주고 있다(공주대학교박물관, 2005, 『發掘遺蹟과 遺物』, 311쪽).

19) 國立慶州博物館, 2000, 『新羅瓦塼』, 189쪽 사진 601. 통일신라기에 등장하여 조선

| 사진 6 | 多慶 와요지 출토 통일신라 수지문 기와 | 사진 7 | 국립중앙박물관 소장 통일신라 섬토문 와당 |

안압지 와당에서 관찰되는 가지문에 비해 정형성은 떨어지나 수지문의 유행을 암시케 하는 중요한 자료라 생각된다. 아울러 수지문은 국립중앙박물관 소장 섬토문 와당(사진 7)[20]에서도 일부나마 찾아볼 수 있다. 이곳에서의 경우 수지문은 와당의 상단 중앙에 나뭇잎처럼 시문되어 있다.

이렇게 볼 때 가지나 나뭇잎을 연상시키는 와당의 문양은 일찍이 고구려에서 제작되어 신라에 전파되었고, 통일신라기까지 그 제와술이 전승되었음을 확인할 수 있다. 그리고 통일신라기의 다경와요지에서 살필 수 있는 바와 같이 수지문은 평기와의 등면에도 타날되어 향후 고려시기 수지문(어골문) 기와의 유행을 알리고 있다.

고려시기에 접어들면 葉文이나 수지문의 경우 와당 문양에서 어렵지 않게 찾아지고 있다. 예컨대 인제 한계사지 출토 와당(도면 5)[21]을 보면 화판에 수

시기에 이르기까지 평기와 등 문양으로 널리 사용되었다.

20) 國立慶州博物館, 2000, 『新羅瓦塼』, 321쪽 사진 1056.

21) 江原大學校博物館, 1985, 『寒溪寺』, 73쪽 그림 11-③. 자방은 귀목문으로 이루어졌고, 화판에는 수지문이 타날되었다. 와당의 전체 지름은 16.8cm, 자방 지름 4.4cm, 두께 3.3cm, 수지문 길이 3.6~4.1cm이다. 와당의 제작 시기는 고려시기로 추정되었다(江原大學校博物館, 1985, 『寒溪寺』, 42쪽). 하지만 자방이 귀목으로

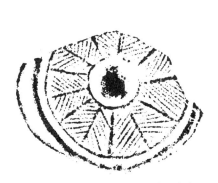

도면5 | 인제 한계사 출토 고려 수지문 와당　　　　도면6 | 서산 보원사지 출토 수지문 와당

지문이 빽빽하게 타날되어 있음을 볼 수 있다. 중앙의 줄기를 중심으로 가지
문을 "W"자 형태로 교차시켜 문양을 형성하고 있다. 그리고 서산 보원사지
출토 와당(도면 6)[22]은 신라 안압지 출토 와당과 마찬가지로 화판 내부에 수
지문을 장식해 놓았다. 하지만 안압지 수지문의 경우가 정형적이고 획일적으
로 시문된 반면, 보원사지 수지문은 회화적으로 표현되어 문양상의 차이를 보
여주고 있다.

　이 외 홍성 월산리유적 및 안성 장릉리사지에서도 수지문 와당을 살필 수
있다. 월산리유적에서는 두 형식의 와례(도면 7 · 8)[23]가 수습되었는데 화판,

....

　　이루어졌다는 점에서 홍성 월산리유적 출토 와례에 비해 後造된 12세기 이후의 것으
　　로 생각된다.
22) 국립부여문화재연구소, 2010, 『瑞山 普願寺址 I』, 71쪽. 와당은 건물지 3에서 출토
　　되었다. 와당의 전체 지름은 15.4cm이고, 두께는 1.9cm이다. 수지문 와당은 건물
　　지 5에서도 수습되었고, 제작 시기는 고려시기로 추정되었다(국립부여문화재연구소,
　　2010, 『瑞山 普願寺址 I』, 463쪽).
23) 中央文化財硏究院 · 韓國土地公社, 2001, 『洪城 月山里遺蹟』, 190쪽 도면 53-⑦
　　·191쪽 도면 54-①. 전자의 와당은 남쪽 담장지 내측기단 하부에서 수습되었으며,

도면 7 | 홍성 월산리유적 출토 수지문 와당 1　　　도면 8 | 홍성 월산리유적 출토 수지문 와당 2

자방, 간판 등에서 차이를 보이고 있다. 첫 번째 형식은 인제 한계사지 출토 와례와 친연성을 보이는 것으로 화판의 외연이 없이 수지문만 시문되어 있다. 그러나 자방 내에 연자가 표현된 점, 그리고 수지문이 서로 연결되지 않고 독립적으로 배치되어 있다는 점에서 한계사지 와당과 구별되고 있다.

　두 번째 형식은 화판의 평면 형태 및 자방의 표현 등에서 서산 보원사지 출토 와례와 친연성을 보이고 있다. 특히 6건물지 동쪽 외곽에서 수습된 와당은 자방 내의 화문과 외곽의 단선문, 화판 평면 등에서 보원사지 출토 와례와 유사성이 살펴지고 있다. 다만, 간판이 좀 더 형식화 되었고, 주연부에 연주문이 시문되지 않았다는 점에서 보원사지 출토 와례보다는 後造되었을 것으로 생각된다. 따라서 와당의 제작 시기는 11세기 이후로 추정할 수 있다.

자방은 작고 1+6과의 연자가 배치되어 있다. 수지문은 한계사지 출토 수지문 와당과 달리 별도 타날되었으며, 간판은 이중의 '∨'문으로 이루어졌다. 와당의 지름은 15.4cm, 두께 1.5cm, 자방 지름 4.3cm이다. 후자의 와당은 6건물지 동쪽 외곽에서 수습되었다. 수지문은 보원사지 출토 와례와 친연성을 보이고 있으나 간판에서 차이를 보이고 있다. 와당의 지름은 15.7cm, 두께 1.5cm, 자방 지름 4.4cm이다. 월산리유적에서 수습된 연화문 와당은 고려 초기에 제작된 것으로 추정되었다(中央文化財研究院·韓國土地公社, 2001, 『洪城 月山里遺蹟』, 175쪽).

도면9 | 안성 장릉리사지 2호 건물지 출토
수지문 와당

도면11 | 일본 파상궁 소장 고려 동종의 당좌
(956년 주조)

이에 비해 안성 장릉리사지 출토 와당(도면 9)[24]의 수지문은 회화적이면서 풍만하게 표현되어 있다. 전체적인 도상에서 서산 보원사지 및 홍성 월산리유적의 수지문 와당보다 풍성한 느낌을 주고 있다. 화판 평면은 '♡'형으로 이루어졌고, 자방 내부에는 1+7과의 연자가 배치되어 있다. 연자 외곽으로는 7개의 화문과 단선문이 장식되어 있다. 화판의 평면과 주연의 연주문, 수지문의 형태로 보아 이 와당의 제작 시기는 10~11세기로 추정해 볼 수 있다.

고려시기 와당에서 관찰되는 수지문은 그 편년에 있어 아직까지 검토된 바가 없다. 그런데 일본 波上宮에 소장되어 있는 고려시기 동종의 당좌(도면 10 · 11)[25]를 보면 마치 연화문 와당처럼 화판 내에 수지문이 시문되어 있음을 확인할 수 있다. 문양의 특성으로 보아 서산 보원사지 및 홍성 월산리유적 출토 수지문 와당과 친연성을 보이고

24) 中央文化財研究院, 2008, 『安城 長陵里寺址』, 36쪽 도면 13-⑪.
25) 奈良文化財研究所 · 飛鳥資料館, 2004, 『新羅鐘 · 高麗鐘 拓本實測圖集成』, 48~49쪽.

있다. 이 동종은 명문 기록으로 보아 '顯德 3年'인 956년에 제작되었음을 알 수 있다.

따라서 수지문 와당은 '현덕 3년'명 동종으로 보아 고려 초기부터 등장하였음을 알 수 있다. 물론 이러한 편년안이 모든 수지문 와당의 제작이 10세기 중엽에 이루어졌음을 의미하는 것은 결코 아니다26). 하지만 기년명의 유물을 통해 와당의 상한 및 하한 시기를 판단할 수 있다는 점에서 매우 중요한 자료가 아닐 수 없다.

한편, 수지문과 비슷한 것으로 나뭇잎을 연상시키는 葉文이 있다. 이 문양은

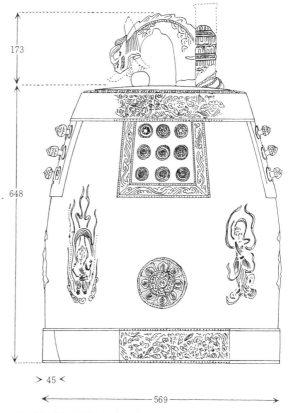

도면 10 | 일본 파상궁 소장 고려 동종

고려시기의 와당에서도 일부 살펴지는 것으로서 홍천 물걸리사지 출토 와당 (도면 12)27)을 예시할 수 있다. 화판은 단판 8엽으로 상하 중복되어 볼륨감의

---

26) 이는 와당 외에 공반 출토된 청자나 토기 등과의 비교를 통해 좀 더 확실한 편년을 얻을 수 있을 것이라 생각된다.

27) 國立春川博物館, 2007, 『洪川 物傑里寺址 學術調査報告書』, 91쪽 그림 17-1. 여기에서는 葉文을 草花文系로 분류하였고, 제작 시기는 고려 전기로 추정하였다(國立春川博物館, 2007, 『洪川 物傑里寺址 學術調査報告書』, 69~70쪽). 이와 같은 형식의 와당은 물걸리사지에서 여러 종류가 검출된 바 있다.

도면 12 | 홍천 물걸리사지 출토 엽문 와당   도면 13 | 국립광주박물관 소장 '태안2년'(1086)명
                                                동종의 당좌

차이를 보여주고 있으며28), 판단부는 후육하게 표현되어 있다. 화판 내부에
는 바람에 휘날리는듯한 나뭇잎이 입체적으로 장식되어 있다. 주연부에는 연
주문대가 시문되어 있고, 자방 내부에는 4열의 연자가 배치되어 있다.

  이처럼 엽문은 연화문이나 보상화문과 달리 고려 전기의 와당에서 극히 일
부만 검출되고 있다. 아울러 이의 편년을 알 수 있는 기년명의 기와가 지금까
지 한 점도 수습된 바 없어 이의 정확한 제작 시기조차 확인할 수 없다. 다만,
국립광주박물관 소장 '太安二年'명 동종(도면 13)29)에 이와 친연성이 있는 문
양이 시문되어 있어 이를 중심으로 편년을 검토해 보고자 한다.

  엽문은 동종의 당좌에서 확인되고 있다. 물걸리사지 출토 와례와 같이 단판
8엽이고, 화판 내에는 나뭇잎이 장식되어 있다. 방향에 따라 나뭇잎의 형태가
달라지고 있어 입체적으로 표현되었음을 알 수 있다. 주연부에는 연주문대가

---

28) 이러한 상하 중복의 화판은 통일신라기 안압지(國立慶州博物館, 2000, 『新羅瓦塼』,
   59쪽 사진 168)에서도 관찰된 바 있으나 고대 와당에서는 그 존재가 극히 드물다.
29) 奈良文化財研究所·飛鳥資料館, 2004, 『新羅鐘·高麗鐘 拓本實測圖集成』, 111쪽.

시문되어 있다.

전체적으로 보아 자방에서 만 차이가 날 뿐, 화판과 주연부의 형태는 물걸리사지 출토 와당과 친연성이 찾아진다. 동종에 기록된 '太安二年'이 1086년임을 볼 때 물걸리사지 출토 엽문 와당의 제작 시기는 11세기 4/4분기 무렵으로 추정할 수 있다.

2. 목조 광배의 편년

장곡사 상대웅전 내부에는 세 구의 불상이 봉안되어 있고, 이 중 철조비로자나불좌상 및 철조약사불좌상 후면에는 나무로 만들어진 광배가 위치하고 있다. 현재 광배는 적색 및 청색 등으로 채색이 이루어져 있다.

두 개의 광배에서 살펴지는 연화문은 평면 형태 및 자방, 간판 등에서 큰 차이를 보이고 있다. 문양으로 보아 철조비로자나불좌상의 광배가 철조약사불좌상의 그 것에 비해 상대적으로 일찍 제작되었음을 추정해 볼 수 있다. 하지만 광배에 대한 편년 검토가 학계를 중심으로 그 동안 거의 진행된 바 없어 이들의 제작 시기에 대해서는 정확히 알려진 것이 없다.

따라서 본고에서는 연화문의 편년을 통해 광배의 제작 시기를 살펴보고자 한다. 이를 위해 광배 연화문과 친연성이 있는 고려시기의 동종 및 와당, 청자 등의 연화문에 대해서도 함께 알아보고자 한다. 아울러 연화문의 분석을 통해 두 광배의 선후관계에 대해서도 검토해 보도록 하겠다.

먼저 철조비로자나불좌상의 광배 연화문을 살펴보고자 한다.

연화문(도면 14)[30]은 단판 8엽으로 화판 내부에 엽문이 장식되어 있다. 화판의 평면 형태는 삼각형을 띠고 있으며, 화판 사이의 간판은 3중의 '∧'형으로 시문되어 있다. 자방은 화판에 비해 크게 제작되었으며, 내부에는 1+8과의 연자가 배치되어 있다. 자방 외곽으로는 꽃술을 8개로 구분하여 장식성을

---

30) 文化公報部 文化財管理局, 1988,『長谷寺 實測調査報告書』, 112쪽 중.

**도면14 | 철조비로자나불좌상 후면
목조 광배의 엽문**

돈보이게 하였다.

화판에서 살필 수 있는 가장 큰 특징은 葉文으로 이러한 문양은 '太安二年'(1086)명 고려 동종의 사례로 보아 적어도 11세기 4/4분기 무렵에는 존재하였음을 알 수 있다.

하지만 광배에 시문된 화판의 형태와 내부 속성을 종합해 보면 위의 편년보다 시기적으로 좀 더 후행할 수 있다는 가능성을 확인할 수 있다. 화판은 고깔모를 연상시키듯 평면이 柳葉形을 띠고 있다. 이러한 평면 형태는 삼국 및 통일신라시기의 와당에서는 거의 살필 수 없는 속성으로 고려시기 와당의 한 특성으로 이해할 수 있다.

고려시기 연화문 중 'ㅅ'형의 간판이 있으면서 화판 평면이 柳葉形을 보이는 사례는 대체로 12~13세기 이후의 유물에서 확인할 수 있다. 즉, 청자음각 운문유병(사진 8)[31]을 비롯해 청자상감운학문매병(사진 9)[32], 합천 영암사지(도면 15)[33]·강화 선원사지(도면 17)[34]·홍성 월산리유적 출토 와당(도면

31) 海剛陶磁美術館, 1990, 『海剛陶磁美術館』, 16쪽 사진 6. 연화문은 유엽형이며, 제작 시기는 12세기로 추정되었다.

32) 湖林博物館, 1992, 『湖林博物館所藏品選集-靑瓷 2-』, 73쪽 사진 55. 13세기로 편년되었다. 연화문은 동체 하부에서 살필 수 있다. 화판과 간판 모두 2중의 세선으로 표현되었다.

33) 경상문화재연구원·경상남도 합천군, 2011, 『陜川 靈巖寺址』, 74쪽 도면 42-13. 와당의 연화문은 일본 南部利英 소장 '大和六年'(1206)명 고려 동종(도면 16, 奈良文化財研究所·飛鳥資料館, 2004, 『新羅鐘·高麗鐘 拓本實測圖集成』, 236쪽)의 연화문과 비교해 볼 때 13세기로 추정할 수 있다

34) 東國大學校 博物館·江華郡, 2003, 『史蹟 259號 江華 禪源寺址 發掘調査報告書 Ⅱ』,

사진8 | 해강도자미술관 소장 청자음각운문유병

18)[35] 및 청주 운천동사지 출토 금
고(사진 10)[36], 그리고 청주 사뇌사
지 출토 동종(사진 11)[37], 국립부여
박물관 소장 동종(도면 19)[38], 일본
鶴岡八幡宮 소장 '至治四年'(1324)
명 동종(도면 20)[39] 등을 통해 살필

사진9 | 호림박물관 소장 청자상감운학문매병

<hr>

117쪽 유물도면 37-②. 강화 선원사의 창건이 1245년(고려 고종 32)이고, 자방 내
부에 귀목이 제작되었음을 볼 때 연화문은 13세기 이후에 제작되었음을 알 수 있다.

35) 中央文化財研究院, 2001, 『洪城 月山里遺蹟』, 190쪽 도면 53-④. 합천 영암사지 출
토 와당과의 비교를 통해 제작 시기는 13세기로 추정된다.

36) 박연서 선생님 제공. 금구의 뒷면에 '己巳六月日…'이라는 명문이 기록된 것으로 보
아 연화문은 1209년 혹은 1269년에 제작되었음을 추정할 수 있다(국립청주박물관,
1999, 『고려공예전』, 17쪽). 따라서 운천동사지 금고의 제작 시기는 13세기 무렵으
로 판단할 수 있다.

37) 박연서 선생님 제공. 합천 영암사지 출토 와례와의 비교를 통해 연화문의 제작 시기는
12~13세기로 추정할 수 있다.

38) 奈良文化財研究所·飛鳥資料館, 2004, 『新羅鐘·高麗鐘 拓本實測圖集成』, 367쪽.
이 동종은 14세기로 편년되었다.

39) 奈良文化財研究所·飛鳥資料館, 2004, 『新羅鐘·高麗鐘 拓本實測圖集成』, 278쪽.

도면 15 | 합천 영암사지 출토 와당

도면 16 | 일본 南部利英 소장 '大和六年'
(1206)명 고려 동종

도면 17 | 강화 선원사지 출토 와당

도면 18 | 홍성 월산리유적 출토 와당

사진 10 | 청주 운천동사지 출토 청동 금고 고면

사진 11 | 청주 사뇌사지 출토 동종 당좌

도면 19 | 국립부여박물관 소장 고려 동종   도면 20 | 일본 鶴岡八幡宮 소장 고려 동종

수 있다.

　이들 연화문은 화판이 상하 중복되어 있거나 자방이 귀목 형태이며, 화판 내부에는 수술 등이 일부 시문되어 있다. 그리고 청주 운천동사지 청동 금고와 같이 양각선을 이용하여 화판선을 중복되게 표현한 것도 찾아볼 수 있다.

　철조비로자나불좌상 목조 광배의 편년은 '∧'형태의 3중 간판을 통해서도 유추해 볼 수 있다. 삼국시기이후 조선시기에 이르기까지 화판과 화판 사이의 간판은 'T'자형이 주류를 이루고 있으며, 그 외 '∧', '▽', 'O', '◇'형 등을 볼 수 있다. 특히 통일신라기에는 고구려 및 백제의 제와술이 상호 결합되면서 아주 다양한 형식의 간판이 등장하게 되었다.

　철조비로자나불좌상의 목조 광배에서 확인되는 '∧'형의 3중 간판은 장식화 되었음을 알 수 있고, 이러한 형태의 간판은 기년명의 고려시기 동종에서도 어렵지 않게 살필 수 있다.

　즉, 일본 愛知縣 江南市 曼陀羅寺 소장 동종(도면 21)[40] 및 국립중앙박물

---

40) 奈良文化財研究所 · 飛鳥資料館, 2004, 『新羅鐘 · 高麗鐘 拓本實測圖集成』, 254 · 256
　　쪽. 이 동종은 고종 21년(1234)에 제작되었다.

도면21 | 일본 曼陀羅寺 소장 고려 동종
　　　당좌의 연화문

도면22 | 국립중앙박물관 소장 고려 동종
　　　당좌의 연화문

관 소장 동종(도면 22)[41]의 당좌 연화문을 보면 삼각형 혹은 유엽형의 화판
사이에 3중의 '∧'형 간판이 시문되어 있음을 볼 수 있다. 특히 이들 연화문의
자방 내부에는 화문이 장식되어 있고, 국립중앙박물관 소장 동종의 연화문처
럼 자방 외곽에서도 비슷한 화문을 찾아볼 수 있다.

　　고려 동종에서 관찰되는 이상의 여러 특징들은 전술하였듯이 장곡사 비로
자나불좌상의 광배 연화문에서도 큰 차이 없이 살펴지고 있다. 이러한 문양의
상호 회통은 결론적으로 동일 시기의 장식 속성으로 파악해 보아도 큰 무리는
없을 것이라는 결과를 낳게 한다.

　　이상에서 살펴본 바와 같이 장곡사 상대웅전 중앙에 배치된 철조비로자나
불좌상의 광배 연화문은 화판 및 간판의 형태, 그리고 이들과 조합된 자방 내
외의 화문 등으로 인해 적어도 12~13세기 무렵에는 제작되었을 것으로 생각
된다.

　　물론 화판 내부에 장식된 엽문은 와당 및 동종 당좌의 연화문 등을 통해 11

---

41) 奈良文化財研究所 · 飛鳥資料館, 2004, 『新羅鐘 · 高麗鐘 拓本實測圖集成』, 324 · 326
　　쪽. 이 동종은 13세기 전반으로 편년되었다.

세기 후반에는 등장하였을 것으로 생각된다. 그러나 이 시기에는 삼각형 혹은 유엽형의 화판과 3중의 'ᄉ'형 간판 등이 함께 시문되지 않았음을 볼 때 엽문의 경우 12~13세기까지 고려시기 문양으로 꾸준하게 제작되었음을 추정해 볼 수 있다.

다음으로 철조약사불좌상 후면의 광배 편년에 대해 살펴보고자 한다. 전술하였듯이 이 광배는 연화문 및 신광, 그리고 화염문의 세부 형태 등에서 철조비로자나불좌상의 광배와 차이를 보이고 있다. 여기에서는 두광에 표현된 연화문을 중심으로 검토해 보고자 한다.

먼저 연화문을 살펴보면 화판의 경우 4중의 세선문을 이용하여 문양을 세장하게 표현해 놓고 있다. 이러한 화판 형태는 와당이나 청자, 고려불화 등에서는 거의 찾아보기 어렵고, 고려 동종의 연화문 당좌에서 그 편린을 살필 수 있다.

즉, 국립중앙박물관 소장 동종(도면 23)[42]의 연화문을 보면 세선으로 화판을 구성하고 있어 철조약사불좌상의 목조 광배와 친연성이 찾아지고 있다. 하지만 전자의 화판이 유엽형이 아닌 보주형을 띠고 있다는 점에서 후자보다는 선행하는 연화문으로 판단할 수 있다.

따라서 약사불좌상의 광배 연화문은 위의 동종보다 후행하는 13세기 후반 이후로 시기 구분이 가능하다. 특히 화판의 3중 세선

도면 23 | 국립중앙박물관 소장 고려 동종(1238년)

---

42) 奈良文化財研究所 · 飛鳥資料館, 2004, 『新羅鐘 · 高麗鐘 拓本實測圖集成』, 261쪽. 이 동종은 고종 25년(1238)에 제작되었다.

도면 24 | 국립중앙박물관 소장 고려 동종   도면 25 | 국립부여박물관 소장 고려 동종

문(도면 24·25)[43]은 13세기 이후의 고려 동종에서 어렵지 않게 살필 수 있다. 그리고 철조약사불좌상의 광배에서 관찰되는 세장유엽형의 화판은 13세기 이후의 제주 법화사지(사진 12)[44] 및 남원 실상사(도면 26)[45] 출토 와당과 청자상감목단문 접시(사진 13)[46] 등에서도 찾아볼 수 있다.

　이렇게 볼 때 철조약사불좌상의 목조 광배에 시문된 연화문은 13세기 이후 고려 사회에 널리 유행하였던 세장 유엽형의 화판 형태였음을 알 수 있다. 아울러 화판에서 관찰되는 4중의 세선문은 여느 소판의 연화문과 비교해 편년상 후행하고 있음도 유추할 수 있다.

　위와 같은 편년 설정은 한편으로 세장유엽형의 화판이 4중선 및 3중선으

---

43) 奈良文化財研究所·飛鳥資料館, 2004, 『新羅鐘·高麗鐘 拓本實測圖集成』, 315·350쪽.
44) 西歸浦市·濟州大學校博物館, 1997, 『法華寺址』, 220쪽 사진 62-③. 이 와례는 법화사지의 두 번째, 세 번째 시기의 것으로 생각되며, 제작은 1269년 이후로 판단된다.
45) 국립부여문화재연구소, 2006, 『實相寺 Ⅱ』, 150쪽. 제주 법화사지 출토 와당과의 비교를 통해 13세기 이후의 것으로 편년할 수 있다.
46) 湖林博物館, 1992, 『湖林博物館所藏品選集-靑瓷 2-』, 98쪽 사진 73. 청자는 13세기 전반으로 편년되었다.

사진 12 | 제주 법화사지 출토 와당

도면 26 | 남원 실상사 출토 와당

로 제작된 고려 동종과의 교차 편년을 통해서도 확인되었다. 특히, 화판 사이에 조각된 파상문의 간판은 극도의 형식화가 이루어졌다는 점에서 고려 전기의 연화문 속성으로는 결코 생각되지 않는다.

사진 13 | 호림박물관 소장 청자상감목단문 접시

따라서 철조약사불좌상 후면의 목조 광배는 철조비로자나불좌상의 그것보다 후행하는 13세기 후반~14세기의 작품으로 추정할 수 있다. 이는 한편으로 약사불좌상의 광배 제작에 비로자나불좌상의 광배가 모델이 되었음도 충분히 고려할 수 있다.

이러한 판단은 광배의 전체적인 평면 형태와 두광, 신광, 거신광에 시문된 장식, 그리고 화염문의 형태 등을 통해 확인할 수 있다. 광배에 시문된 초화문이나 광배를 구성하는 판재 3개의 조합 등은 두 점 모두 대동소이하다고 볼 수 있다. 다만, 화염문의 시문 방식에 있어 비로자나불좌상 광배의 경우 중복됨이 없이 정형적으로 조각되어 있는 반면, 약사불좌상의 광배는 부분적으로 중복되면서 두광 상부의 화염문이 장식적으로 표현되어 있어 약간의 차이를 보이고 있다.

Ⅳ. 맺음말

청양 칠갑산에 자리하고 있는 장곡사는 약사신앙의 성지로서 상·하대웅전 내에 철조약사불좌상 및 금동약사불좌상 등이 봉안되어 있다. 특히, 상대웅전에는 약사불 외에 철조비로자나불좌상 및 철조아미타불좌상 등도 함께 봉안되어 있다.

상대웅전의 불상 중 비로자나불좌상 및 약사불좌상 후면에는 나무로 제작된 목조 광배가 한 구씩 설치되어 있다. 광배는 받침대와 배신으로 이루어져 있으며, 전체 높이는 최소 1m 이상이다. 배신은 세 개의 판재로 이루어져 있으며, 불상을 감싸안듯 부채꼴 모양으로 제작되어 있다.

광배는 두광과 신광, 거신광 등으로 구분되어 있고, 두광에는 주로 연화문이 장식되어 있다. 아울러 신광에는 초화문, 거신광에는 화염문이 화려하게 시문되어 있다. 현재는 이들 광배에 전체적으로 채색이 이루어져 세부적인 문양 관찰이 어려운 부분도 있다.

광배에 표현된 시문기법으로 보아 이들은 현대의 공예품으로 생각되지 않는다. 하지만 장곡사 목조 광배에 대한 연구가 그 동안 학계를 중심으로 거의 이루어지지 않아 이의 편년에 대해서는 아직까지 확실하게 밝혀진 것이 없다.

따라서 본고는 장곡사 상대웅전 내 목조 광배의 편년을 검토하기 위해 두광에 시문된 연화문을 중심으로 살펴보았다. 객관적인 제작 시기를 추출하기 위해 고려시기의 동종 및 금고, 와당 등에 대해서도 함께 비교해 보았다.

그 결과 철조비로자나불좌상의 광배 연화문은 고려 초기의 수지문·엽문 와당 및 동종 당좌와의 비교를 통해 12~13세기에 제작된 것으로 추정해 보았다. 그리고 이러한 편년 설정에는 화판의 평면 형태가 유엽형이라는 점도 중요한 요인이 되었다.

아울러 철조약사불좌상의 광배 연화문은 화판이 세장유엽형이면서 4중의 세선문으로 조합된 점, 그리고 형식화된 간판 등으로 인해 13세기 후반~14세기에 제작된 것으로 판단되었다. 또한 철조약사불좌상의 광배는 화염문 등의 시문기법으로 보아 철조비로자나불좌상의 광배를 모방하여 제작되었음도 확인하게 되었다.

이렇게 볼 때 장곡사 상대웅전 내의 목조 광배는 고려 후기 이후에 만들어졌음을 알 수 있다. 이는 불상의 편년과 어느 정도 시기차를 두고 있기 때문에 후대에 별조되어 설치되었음도 충분히 고려할 수 있다.

참고문헌

---

1. 사료

『三國遺事』, 『三國史記』, 『新增東國輿地勝覽』, 『東文選』 등

2. 국내자료

1) 단행본 및 보고서

고은, 1993, 『신왕오천축국전』, 동아출판사

김동현, 1998, 『한국 목조건축의 기법』, 발언

金善基, 2012, 『益山 金馬渚의 百濟文化』, 서경문화사

김성경 편, 1986, 『중국불교의 여로』 상

김왕직, 2012, 『알기쉬운 한국건축 용어사전』, 동녘

김희경, 1994, 『한국의 미술 2 탑』, 열화당

윤덕향, 1992, 『옛절터』, 대원사

장경희, 2009, 『고궁의 보물』, 국립고궁박물관

정각, 1992, 『인도와 네팔의 불교성지』, 불광출판부

정양모, 1998, 『고려 청자』, 대원사

조원창, 2004, 『百濟 建築技術의 對日傳播』, 서경문화사

조원창, 2011, 『백제의 토목 건축』, 서경문화사

조원창, 2012,『기와건물지의 조사와 해석』, 서경문화사

조원창, 2013,『백제사지 연구』, 서경문화사

조원창, 2014,『백제 사원유적 탐색』, 서경문화사

秦弘燮, 1992,『韓國의 佛像』, 一志社

최완수, 1984,『불상연구』, 지식산업사

황수영 외, 1982,『韓國佛像三百選』

벤자민 로울랜드 지음·이주형 옮김, 1996,『인도미술사 굽타시대까지』, 예경

강릉대학교 박물관

江陵大學校 博物館·江陵市, 1996,「神福寺址 試掘調査 報告」『江陵 文化遺蹟 發掘調査 報告書(試掘 및 緊急 收拾調査)』

강원고고문화연구원

原州市·江原考古文化研究院, 2014,『原州 法泉寺Ⅱ-Ⅲ구역 발굴조사 보고서-』

강원대학교박물관

江原大學校博物館, 1985,『寒溪寺』

강원문화재연구소

江原文化財研究所·神興寺, 2004,『陳田 發掘調査 報告書』

江原文化財研究所·江陵市, 2006,『江陵 屈山寺址 發掘調査 報告書』

江原文化財研究所·江陵市, 2007,『江陵 神福寺址』

江原文化財研究所·原州市, 2009,『原州 法泉寺I 第 I區域 發掘調査 報告書』

경기도박물관 외

경기도, 2002,『부활하는 조선 최대의 국찰 회암사』

京畿道博物館 외, 2002,『高達寺址 I』

京畿道博物館·安城市, 2002,『奉業寺』

경기도 외, 2003, 『檜巖寺Ⅱ 7·8단지 발굴조사 보고서』

경기도 외, 2009, 『檜巖寺Ⅲ 5·6단지 발굴조사 보고서』

경남문화재연구원

陜川郡·慶南文化財研究院, 2009, 『陜川 伯岩里 石燈 周邊 整備事業敷地內 陜川
　　　伯岩里 廢寺址』

경북대학교박물관

慶北大學校博物館·軍威郡, 1993, 『華山麟角寺』

大邱直轄市·慶北大學校 博物館, 1993, 『夫人寺 三次 發掘調査 報告書』

경상문화재연구원

경상문화재연구원·경상남도 합천군, 2011, 『陜川 靈巖寺址』

경상북도문화재연구원

慶尙北道文化財研究院, 2004, 『예천 동본리 공동주택 신축부지내 醴泉 東本里遺蹟』

경상북도문화재연구원, 2007, 『安東 造塔里寺址』

경희대학교 중앙박물관

경희대학교 중앙박물관, 2005, 『고구려와당』

공주대학교박물관

公州大學校 博物館·公州市, 1995, 『九龍寺址』

公州大學校 博物館·忠淸南道 公州市, 1999, 『舟尾寺址』

公州大學校 博物館·忠淸南道 公州市, 1999, 『水源寺址』

공주대학교박물관, 2005, 『發掘遺蹟과 遺物』

관동대학교박물관

관동대학교박물관, 1992, 『中央高速道路 建設區間內 文化遺蹟發掘調査報告書』

국강고고학연구소

한국농어촌공사 · 국강고고학연구소, 2015, 「서천 종촌지구 농업용저수지 둑높이기 사업부지 내 유적」

국립가야문화재연구소

국립가야문화재연구소 · 창녕군, 2011, 『창녕 술정리사지 동 · 서삼층석탑 발굴조사보고서』

국립경주문화재연구소

國立慶州文化財研究所 · 慶州市, 1997, 『感恩寺』
國立慶州文化財研究所, 2004, 『慶州 天官寺址 發掘調査報告書』
국립경주문화재연구소, 2006, 『芬皇寺 출토유물』
국립경주문화재연구소, 2013, 『傳仁容寺址 발굴조사 보고서 I』
국립경주문화재연구소, 2013, 『四天王寺 II 回廊內廓 발굴조사보고서』
국립경주문화재연구소 · 경주시, 2015, 『芬皇寺 發掘調査報告書 II』

국립경주박물관

國立慶州博物館, 2000, 『新羅瓦塼』

국립공주박물관

國立公州博物館, 1988, 『百濟瓦當特別展』
國立公州博物館 외, 1993, 『南穴寺址』

국립광주박물관

國立光州博物館 · 元曉寺, 1983, 『元曉寺』
國立光州博物館, 1998, 『국립광주박물관』

국립문화재연구소

文化財硏究所, 1992, 『莞島 법화사지』

文化財研究所·慶州古蹟發掘調査團, 1986,『掘佛寺 遺蹟發掘調査報告書』

국립문화재연구소, 2008,『開城 高麗宮城』

국립문화재연구소, 2012,『한국 고대건축의 기단 경북·경남·대구·울산 편』

국립문화재연구소, 2013,『한국 고대건축의 기단 II 경기·강원·충북·충남·전
　　　북·전남편』

국립부여문화재연구소

扶餘文化財研究所·益山郡, 1994,『獅子菴 發掘調査報告書』

扶餘文化財研究所·高敞郡, 1995,『禪雲寺東佛庵 발굴 및 마애불 실측조사 보고서』

國立扶餘文化財研究所, 1996,『彌勒寺 遺蹟發掘調査報告書II』

國立扶餘文化財研究所, 1999,『實相寺 發掘中間報告』

國立扶餘文化財研究所, 2002,『王興寺 發掘中間報告 I』

국립부여문화재연구소, 2006,『實相寺 II 發掘調査報告書』

국립부여문화재연구소, 2010,『瑞山 普願寺址 I』

국립부여문화재연구소, 2010,『扶餘軍守里寺址 I -木塔址·金堂址 發掘調査報告
　　　書-』

국립부여문화재연구소, 2011,『扶餘 定林寺址』

국립부여문화재연구소, 2012,『瑞山 普願寺址 II』

국립부여문화재연구소, 2012,『王興寺址 IV』

국립부여박물관

國立扶餘博物館, 2010,『百濟瓦塼』

국립중앙박물관

國立博物館, 1961,『感恩寺址發掘調査 報告書』

國立博物館, 1969,『金剛寺』

국립중앙박물관, 1991,『불사리장엄』

국립진주박물관

慶尙南道·國立晋州博物館, 1986, 『陜川竹竹里廢寺址』

국립창원문화재연구소

國立昌原文化財硏究所, 2002, 『山淸 斷俗寺址 發掘調査 報告書』

국립청주박물관

국립청주박물관, 1999, 『고려공예전』
국립청주박물관, 2001, 『남한강 문물』

국립춘천박물관

國立春川博物館, 2007, 『洪川 物傑里寺址 學術調査報告書』

기전문화재연구원

畿甸文化財硏究院·韓國道路公社, 2003, 『元香寺』
京畿道博物館·京畿文化財團 附設 畿甸文化財硏究院·驪州郡, 2002, 『高達寺址 I』
京畿文化財團 附設 畿甸文化財硏究院·驪州郡, 2007, 『高達寺址 II』

기호문화재연구원

기호문화재연구원·경기고속도로(주), 2010, 『烏山 紙串洞遺蹟』
기호문화재연구원, 2012, 「칠장사 혜소국사비 주변 정밀발굴조사 학술자문회의
    자료」

단국대학교

단국대학교 매장문화재연구소·파주시, 2006, 『파주 혜음원지 발굴조사 보고서
    -1차~4차-』
단국대학교 석주선기념박물관, 2015, 『고려행궁 혜음원』

대구대학교 박물관

大邱直轄市·大邱大學校 博物館, 1989,『符仁寺址一次發掘調査報告書』

大邱直轄市·大邱大學校 博物館, 1991,『符仁寺址二次發掘調査報告書』

동국대학교박물관

東國大學校博物館, 2003,『史蹟 259號 江華 禪源寺址 發掘調査 報告書Ⅰ·Ⅱ』

동국문화재연구원

동국문화재연구원·우영개발, 2013,『안동 운흥동 247-58번지 유적』

동아대학교박물관

東亞大學校博物館, 1985,『陜川 靈巖寺址 Ⅰ』

목포대학교박물관

木浦大學校博物館·靈巖郡, 1999,『靈巖 道岬寺 Ⅰ』

목포대학교박물관·영암군, 2000,『道岬寺 Ⅱ』

木浦大學校博物館·靈巖郡, 2001,『道岬寺』

문화재관리국 문화재연구소(문화재청)

文化財管理局 文化財研究所, 1982,『皇龍寺』

文化公報部 文化財管理局, 1988,『長谷寺 實測調査報告書』

文化公報部 文化財管理局, 1989,『麻谷寺 實測調査報告書』

文化財管理局 文化財研究所, 1992,『鳳停寺 極樂殿 修理工事報告書』

文化財廳, 2001,『國寶篇 文化財大觀(建造物)』

文化財廳 외, 2004,『蒼嶺寺』

백제문화개발연구원

百濟文化開發研究院, 1983,『百濟瓦塼圖錄』

백제문화재연구원

보령시·백제문화재연구원, 2011,『聖住寺址 -7次 發掘調査 報告書-』
보령시·백제문화재연구원, 2012,『聖住寺址 -8次 ·8次연장 發掘調査 報告書-』
보령시·백제문화재연구원, 2013,『聖住寺址 -9次 發掘調査 報告書-』

부산박물관

釜山直轄市立博物館, 1993,『釜山萬德寺址』
釜山廣域市立博物館, 1998,『釜山萬德寺址 Ⅱ』
福泉博物館, 2007,『釜山萬德寺址 Ⅲ』

부산여자대학박물관

부산여자대학박물관, 1987,『居昌壬佛里天德寺址』

불교문화재연구소

문화재청·(재)대한불교조계종 유지재단 문화유산발굴조사단, 2004,『한국의 사
　　　찰문화재 전국사찰문화재일제조사 충청남도|대전광역시』
월정사·대한불교조계종 유지재단 문화유산발굴조사단, 2004,『五臺山 月精寺
　　　석조보살좌상 주변지역 문화유적 시·발굴조사보고서』
월정사·대한불교조계종 유지재단 문화유산발굴조사단, 2005,『五臺山 月精寺
　　　석조보살좌상 주변지역 발굴조사 보고서 Ⅱ』
佛敎文化財硏究所·(주)아주인베스트먼트, 2010,『용인 공세동 불당골 사지 및
　　　사기막골 요지』
佛敎文化財硏究所·군위군, 2010,『麟角寺 -軍威麟角寺 2·3·4차 발굴조사 보
　　　고서 Ⅱ』
佛敎文化財硏究所·군위군, 2011,『麟角寺 -軍威麟角寺 5차 발굴조사 보고서』
佛敎文化財硏究所·연천군, 2011,『漣川 深源寺址 遺蹟』
佛敎文化財硏究所·대한불교조계종 연곡사, 2013,『구례 연곡사』

佛敎文化財硏究所·대한불교조계종 천관사, 2013,『장흥 천관사 주불전지 정비
　　사업부지 내 유적』
佛敎文化財硏究所·대한불교조계종 부인사, 2013,『대구 부인사Ⅱ(추정 경판고
　　지)』
佛敎文化財硏究所, 2014,「남원실상사 양혜당 및 보적당 신축예정부지 내 유적
　　발굴조사」

서울문화유산연구원
도봉구·서울문화유산연구원, 2014,『道峯書院』

서울역사박물관
서울역사박물관, 2011,『북한산 삼천사지 발굴조사보고서』

순천대학교박물관
光陽市·順天大學校博物館, 2006,『光陽 玉龍寺址Ⅱ-塔碑殿址 發掘調査-』

영남문화재연구원
嶺南文化財硏究院 외, 1996,『八公山北地藏寺 -大雄殿址 發掘調査-』

원광대학교 마한·백제문화연구소
南原市·圓光大學校 馬韓·百濟文化硏究所, 2001,『南原 實相寺 百丈庵 試掘 및
　　金堂址周邊 發掘調査報告書』

월정사 성보박물관
月精寺 聖寶博物館, 2000,『月精寺 八角九層石塔의 재조명』

울산박물관
울산박물관, 2014,『靈鷲 통일신라 울산 불교문화의 중심 울산 영축사 -출토유
　　물 자료집-』

이화여자대학교박물관

梨花女子大學校博物館, 1983, 『彌勒里寺址 3次發掘調査報告書』.

전남대학교박물관

全南大學校 博物館, 1984, 『雲住寺』

全南大學校 博物館·和順郡, 1988, 『雲住寺 Ⅱ』

全南大學校 博物館·和順郡, 1990, 『雲住寺 Ⅲ』

全南大學校 博物館·和順郡, 1994, 『雲住寺 Ⅳ』

전북대학교박물관

全羅北道·全北大學校博物館, 1986, 『萬福寺 發掘調査報告書』

제주대학교박물관

西歸浦市, 1983, 『法華寺址 發掘調査 報告書』

濟州大學校博物館·西歸浦市, 1992, 『法華寺址』

濟州道·濟州大學校博物館, 1993, 『尊者庵址-發掘調査中間報告-』

濟州道·濟州大學校博物館, 1996, 『尊者庵址』

西歸浦市·濟州大學校博物館, 1997, 『法華寺址』

중앙문화재연구원

中央文化財研究院·韓國土地公社, 2001, 『洪城 月山里遺蹟』

中央文化財研究院, 2007, 『利川 葛山洞遺蹟』

中央文化財研究院, 2008, 『安城 長陵里 골프장豫定敷地內 安城 長陵里寺址』

중앙승가대학교 불교사학연구소

中央僧伽大學校 佛敎史學研究所, 2001, 「星州 深源寺址 發掘調査 指導委員會 資
　　料」

중앙승가대학교 불교사학연구소, 2003, 「연천군 심원사지 시·발굴조사 지도위
　　원회 자료」

중앙일보「계간미술」

中央日報「季刊美術」, 1993, 『寺院建築』
中央日報「季刊美術」, 1994, 『韓國의 美 ⑩ 佛像』

청주대학교박물관

淸州大學 博物館, 1978, 『彌勒里寺址發掘調査報告書』.
淸州大學 博物館, 1979, 『彌勒里寺址 2次發掘調査報告書』.
淸州大學校 博物館, 1992, 『中原彌勒里寺址 -4次發掘調査報告書-』.
淸州大學校 博物館, 1993, 『中原彌勒里寺址 5次發掘調査報告書 大院寺址 · 彌勒
        大院址』
淸州大學校博物館, 1985, 『淸州 雲泉洞寺址 發掘調査報告書』
淸州大學校博物館, 1986, 『淸州 興德寺址 發掘調査報告書』

충남대학교박물관

忠淸南道 · 忠南大學校博物館, 1978, 「彌勒院址 發掘調査」 『大淸댐 水沒地區 發
        掘調査報告書』
忠南大學校博物館 · 論山市, 1993, 『開泰寺I』

충북대학교박물관

忠北大學校博物館 · 文化財管理局 文化財硏究所, 1979, 『大淸댐 水沒地區 發掘調
        査報告書-忠淸北道篇』

충주산업대학박물관

충주산업대학박물관, 1996, 『忠州靑龍寺址發掘調査報告書』

충청남도역사문화연구원

忠淸南道歷史文化院 · 扶餘郡, 2005, 『扶餘 無量寺 舊址 I』
忠淸南道歷史文化院 · 唐津郡, 2006, 『唐津 安國寺址』

忠淸南道歷史文化硏究院, 2009, 『扶餘 無量寺 舊址 Ⅱ』

忠淸南道歷史文化硏究院·牙山市, 2009, 『牙山 龍潭寺 建物址』

충청남도·충청남도역사문화연구원, 2009, 『충청남도 문화재대관 1』

忠淸南道歷史文化硏究院, 2011, 『天安 奉先弘慶寺址 시굴조사 보고서』

충청남도역사문화연구원·청양군, 2013, 『靑陽 道林寺址 2차 발굴조사 보고서』

충청남도역사문화연구원·예산군, 2014, 『禮山 伽倻寺址Ⅰ시·발굴조사 보고서』

충청남도역사문화연구원·금산군, 2014, 『錦山 彌勒寺』

충청남도역사문화연구원·논산시, 2015, 『論山 開泰寺址 3차 시굴조사 보고서』

예산군·충청남도역사문화연구원, 2015, 『禮山 伽倻寺址Ⅱ2차 발굴조사 보고서』

충청대학박물관

충청대학박물관, 2000, 「일명사지 시굴 및 발굴조사」『과천 관악산 관악·일명사
　　　지 시굴 및 발굴조사보고서』

충청대학박물관·충주시, 2006, 『충주 숭선사지(시굴 및 1~4차 발굴조사 보고
　　　서)』

忠淸大學 博物館·永同郡, 2008, 『永同 寧國寺』

충청대학박물관·제천시, 2008, 『堤川 長樂寺址 1~3차 발굴조사 보고서』.

충청대학박물관·충주시, 2011, 『충주 숭선사지 5차 발굴조사 보고서』

충청대학박물관, 2014, 『충청대학교 박물관 30년』

한강문화재연구원

한강문화재연구원 외, 2010, 『서울 진관동 유적Ⅲ』

한국문화재보호재단

韓國文化財保護財團·大田廣域市, 2000, 『大田 普門寺址 Ⅰ』

한림대학교박물관

原州市·翰林大學校博物館, 2000, 『居頓寺址 發掘調査 報告書』

한백문화재연구원

한백문화재연구원·연천군 선사문화관리사업소, 2009,『연천 심원사지』
파주시·한백문화재연구원, 2010,『파주 혜음원지 5차 발굴조사 보고서』
CJ건설주식회사·한백문화재연구원, 2011,『여주 연라리유적』
파주시·한백문화재연구원, 2014,『파주 혜음원지 -6·7차 발굴조사 보고서-』

한신대학교박물관

한신大學校博物館, 2003,『龍仁 麻北里 寺址』

한울문화재연구원

안양시·한울문화재연구원, 2013,『安養寺址』

해강도자박물관

海剛陶磁美術館, 1990,『海剛陶磁美術館』

호남문화재연구원

湖南文化財研究院, 2004,『高敞 烟起寺址』

호림박물관

湖林博物館, 1991,『湖林博物館所藏品選集 -靑瓷 I-』
湖林博物館, 1992,『湖林博物館所藏品選集 -靑瓷 II-』
湖林博物館, 1996,『湖林博物館所藏品選集 -靑瓷 III-』

호암갤러리

호암갤러리, 1993,『高麗, 영원한 美 高麗佛畵特別展』
호암갤러리, 1995,『大高麗國寶展 위대한 문화유산을 찾아서(1)』

기타

江原大學校 附設 産業技術研究所, 1984,『江原道 春城郡 淸平里 淸平寺 實測調

査報告書』, 春城郡

考古美術同人會, 1966, 「高麗法泉寺 智光國師 塔碑殿址調査概要」『考古美術資料』第11輯

무진종합건축사사무소, 2001, 『거돈사지 3층석탑 정밀실측 및 수리공사보고서』, 원주시

새한건축文化研究所, 1992, 『法泉寺址 石物實測 및 地表調査 報告書』, 原州郡

세종대왕기념사업회, 2002, 『한국고전용어사전』 3

(주)한국색채문화사, 1994, 『韓國佛教美術大典 ③ 佛教建築』

청주시 외, 2005, 『흥덕사지의 어제와 오늘』

2) 논문

강순형, 2000, 「월정사보탑 사리장치 특징 –전신사리경에 따른」『月精寺 聖寶博物館 學術叢書❶』, 月精寺 聖寶博物館

권영숙, 2000, 「월정사 팔각구층석탑 발견 수라향합낭 소고」『月精寺 聖寶博物館 學術叢書❶』, 月精寺 聖寶博物館

金南允, 1996, 「高麗 前期의 法相宗과 海麟」『江原佛教史研究』, 小花

金泰根, 2003, 「麗州 元香寺址 出土 막새瓦의 研究」, 東國大學校 碩士學位論文.

김홍식, 2005.9, 「조선후기 잡상의 명칭과 자리에 대한 연구」『建築歷史研究』제14권 3호 통권 43호

도의철, 2013, 「강릉 굴산사지(사적 제448호) 가람의 고고학적 성과와 고려 굴산사」『한국선학』 제36호, 한국선학회

박경식, 2014, 「마곡사 5층석탑에 관한 소고」『마곡사 5층석탑 상륜부의 금동보탑-현황과 활용방안』

朴萬洪, 2007, 「高麗 浮屠殿 形成과 建築變遷에 관한 研究」, 명지대학교 석사학위논문

박만홍·김왕직, 2007, 「浮屠殿 형성 및 변화에 관한 연구」『大韓建築學會論文集 計劃系』 제23권 제10호(통권228호)

朴銀卿, 1988, 「高麗瓦當紋樣의 編年 硏究」『考古歷史學志』 4집, 東亞大學校博物館

배상현, 2009, 「智光 海麟과 法泉寺 -智光國師玄妙塔碑의 내용을 중심으로-」『原州 法泉寺I 第I區域 發掘調査 報告書』, 江原文化財硏究所·原州市

白弘基, 1984, 「溟州 崛山寺址 發掘調査 報告書」『考古美術』 161호, 考古美術同人會

尹那瑛, 2010, 「高麗와 朝鮮의 마루장식기와 硏究」, 홍익대학교 대학원 미술사학과 석사학위논문

윤홍로, 1993.6, 「궁전건물의 잡상」『건축역사연구』 제2권 1호 통권 3호

이승연, 2010, 「신라말~고려전기 선종사원의 상원영역 형성에 관한연구 -法堂의 출현과 전개과정을 중심으로-」, 성균관대학교 대학원 건축학과 박사학위논문

이승연, 2015, 「신라말~고려시대 선종사원의 배치변화에 관한 연구」『韓國考古學報』 제96집

李裕群, 2003, 「中國北朝時期的石窟寺綜合考察」, 『中國의 石窟 雲岡·龍門·天龍山石窟』, 國立昌原文化財硏究所

이은창, 1962, 「靑陽 長谷寺 上大雄殿의 方塼」, 『미술사학연구』 3, 한국미술사학회

정영호, 2000, 「한국미술사상 월정사 팔각구층석탑의 의의」『月精寺 聖寶博物館 學術叢書❶』, 月精寺 聖寶博物館

정은우, 2014, 「마곡사 5층석탑 상륜부의 금동보탑 연구」『마곡사 5층석탑 상륜부의 금동보탑 -현황과 활용방안』.

정해두·장석하, 2010.2, 「석탑 탑구(塔區)의 역할 및 변천에 관한 연구」『건축역사연구』 제19권 1호 통권 68호

조원창, 2000, 「百濟 瓦積基壇에 대한 一硏究」『韓國上古史學報』 33

조원창, 2002, 「百濟 二層基壇 築造術의 日本 飛鳥寺 傳播」『百濟硏究』 35, 忠南大學校 百濟硏究所

조원창, 2003, 「寺刹建築으로 본 架構基壇의 變遷 研究」『百濟文化』32집, 公州
　　　大學校 百濟文化研究所

조원창, 2006, 「百濟 混築基壇의 研究」『건축역사연구』46, 建築歷史學會

조원창, 2006, 「新羅 瓦積基壇의 型式과 編年」『新羅文化』28, 新羅文化研究所

秦弘燮, 1974, 「韓國의 眼象紋樣」, 『東洋學』4, 檀國大東洋學研究所

천득염·지승용, 1998.6, 「韓國의 靑銅塔에 관한 研究」『建築歷史研究』제7권 2
　　　호 통권 15호

최명윤, 2000, 「보물 제 139호 석조보살좌상 보존처리작업 중간보고」『月精寺
　　　八角九層石塔의 재조명』, 月精寺 聖寶博物館

崔聖銀, 1980, 「高麗初期 溟州地方 石造菩薩像에 대한 考察」『佛教美術』5, 東國
　　　大學校博物館

崔仁善, 1997, 「光陽 玉龍寺 先覺國師 道詵의 浮屠殿址와 石棺」『蕉雨 黃壽永博
　　　士 八旬頌祝紀念論叢』, 韓國文化史學會

韓基汶, 1991, 「高麗 歷代 國師·王師의 下山所의 存在樣相과 그 機能」『歷史教育
　　　論集』제16집

홍대한, 2013, 「麻谷寺 五層石塔의 樣式과 建立時期 研究 ‐라마양식 석탑구분에
　　　대한 문제제기를 중심으로‐」, 『동아시아문화연구』

홍대한, 2015, 「法泉寺 智光國師玄妙塔과 塔碑 研究」『동아시아문화연구』제60집

홍사준, 1971, 「월정사8각9층석탑 해체복원약보」『고고미술』112, 한국미술사
　　　학회

황나영, 2010, 「법천사 지광국사 현묘탑원 연구」, 서울대학교 대학원 고고미술
　　　사학과 석사학위논문

3. 일본자료

1) 단행본 및 보고서

奈良文化財研究所·飛鳥資料館, 2004, 『新羅鐘·高麗鐘 拓本實測圖集成』

야마구치 즈이호·야자키 쇼켄 지음/이호근·안영길 옮김, 1990, 『티베트불교
　　사』, 民族社
朝鮮古蹟研究會, 昭和15年六月, 「第二 平壤清岩里廢寺址の調査(概報)」『昭和13
　　年度古蹟調査報告』

4. 중국자료

1) 단행본 및 보고서

文物出版社, 2007, 『朝陽北塔』
劉大可, 2005, 『中國古建築瓦石營法』, 中國建築工業出版社
劉敦楨 著·鄭沃根·韓東洙·梁鎬永 共譯, 2004, 『중국고대건축사』, 도서출판 세
　　진사
劉致平, 1989, 『中國建築類型及結構』, 中國建築工業出版社
蕭默, 1989, 『敦煌建築研究』, 文物出版社
郭學忠, 2001, 『中國名塔』, 中國撮影出版社
樓慶西, 2005, 『中國古建築塼石藝術』
云岡石窟文物保管所, 1991, 『中國石窟 云岡石窟 一』, 文物出版社
云岡石窟文物保管所, 1994, 『中國石窟 云岡石窟 二』, 文物出版社

2) 논문

陳耀東, 1992, 「青海塔爾寺」, 『建築歷史研究』, 中國建築工業出版社

사진, 도면 인용 목록

1. 국내자료

강원대학교박물관

江原大學校博物館, 1985, 『寒溪寺』, 72쪽 그림 10-⑤(연화문 와당)/73쪽 그림 11-③(수지문 와당)

강원문화재연구소

江原文化財研究所·神興寺, 2004, 『襄陽 陳田寺址 發掘調査 報告書』, 76쪽 도면 22-①(연화문 와당)

江原文化財研究所·原州市, 2009, 『原州 法泉寺 I 第 I區域 發掘調査 報告書』, 51 쪽 도면 10 중(부도전지 유구 배치도)/55쪽 도면 12(지광국사현묘탑 기초부)/58쪽 도면 13(북건물지 평·단면도)/61쪽 도면 15(서건물지 평·입면도)/64쪽 도면 17(동건물지 평·입면도)/77쪽 도면 29(남서건물지(건물지 5호)와 건물지 6호의 중복 상태)/283~285쪽(부도전지 석축 1호 및 지표수습 연화문전)/521쪽 사진 84-177(조형 잡상)

경기도 외

경기도 외, 2003, 『檜巖寺 II 7·8단지 발굴조사 보고서(본문)』, 86쪽 그림 24 상단(추정 영당지)

경기도 외, 2009, 『檜巖寺Ⅲ 5·6단지 발굴조사 보고서』, 31쪽 그림 7(보광전지
및 월대 서면 가구기단)/78쪽 그림 34(5단지 '라'건물지 결구기단 단면
도)/91쪽 7042(잡상 하부 암키와)/337쪽 6786(범자문 암막새)/352쪽
7000(인물형잡상)/357쪽 7036(어형 잡상)

경기도박물관 외

京畿道博物館·京畿文化財團 附設 畿甸文化財研究院·驪州郡, 2002, 『高達寺址
Ⅰ』, 41쪽 도면 12(가람배치도)

京畿道博物館·安城市, 2002, 『奉業寺』, 73쪽 도면 2(가람배치도)

경기문화재단부설 기전문화재연구원

京畿道博物館·京畿文化財團 附設 畿甸文化財研究院·驪州郡, 2002, 『高達寺址
Ⅰ』, 41쪽 도면 12(가람배치도)

畿甸文化財研究院·韓國道路公社, 2003, 『元香寺』, 19쪽(가람배치도)

경남문화재연구원

慶南文化財研究院, 2009, 『陜川 伯岩里 廢寺址』, 81쪽 도면 22-50(조형 잡상)

경상문화재연구원

경상문화재연구원·경상남도 합천군, 2011, 『陜川 靈巖寺址』, 74쪽 도면 42-
13(와당)

경희대학교 중앙박물관

경희대학교 중앙박물관, 2005, 『고구려와당』, 사진 55(전 평양 출토 고구려 와
당)/사진 58(전 평양 출토 고구려 와당)

국립경주문화재연구소

國立慶州文化財研究所·慶州市, 1997, 『感恩寺 發掘調査報告書』, 92쪽 삽도 24

중(감은사지 금당지 가구기단 단면도)/104쪽 삽도 35(감은사지 강당지 서편 건물지 결구기단 단면도)

국립경주문화재연구소, 2013, 『四天王寺 II 回廊內廓 발굴조사보고서』, 94쪽 도면 12 및 80쪽 도면 6(사천왕사지 동탑지 평·단·입면도 및 서탑지 전석 혼축가구기단 복원도)

국립경주문화재연구소, 2013, 『傳仁容寺址 발굴조사 보고서I』, 사진 8(경주 전 인용사지 건물지 14 전경과 사적식 와적기단)

국립경주박물관

國立慶州博物館, 2000, 『新羅瓦塼』, 38쪽(안압지 출토 신라 와당)/131쪽 사진 422(경주 갑산사지 출토 와당)/189쪽 사진 601(多慶 와요지 출토 통일신라 수지문 기와)/321쪽 사진 1056(국립중앙박물관 소장 통일신라 섬토문 와당)/392쪽 사진 1292(경주 숭복사지 출토 연목와)

국립광주박물관

國立光州博物館·元曉寺, 1983, 『元曉寺』, 90쪽 도면 2(추정 천불전지 평면도)

國立光州博物館, 1998, 『국립광주박물관』, 60쪽 사진 114(금동소탑)

국립문화재연구소

국립문화재연구소, 2008, 『開城 高麗宮城』, 42쪽 사진 19-① 및 91쪽 사진 64-③, 192쪽 사진 160-②(용두형 잡상)/138쪽 사진 106-②(어형 잡상)/191쪽 사진 159-②(괴수형 잡상)/192쪽 사진 160-①(원통형 대각과 수키와)

국립문화재연구소, 2012, 『한국 고대건축의 기단 경북·경남·대구·울산 편』, 98쪽(사천왕사지 동탑지 전면기단 우측 지대석 평·단면도)/101쪽(사천왕사지 서탑지 북면 상층기단 지대석 평면도)

국립문화재연구소, 2013, 『한국 고대건축의 기단 II 경기·강원·충북·충남·전북·전남 편』, 28쪽(고달사지 원종대사혜진탑비 비각지 이중기단)/53쪽

(거돈사지 금당지 가구기단 단면도)/77쪽(법주사 팔상전 가구기단 단면도)/80쪽(법주사 대웅보전 가구기단 단면도)/106쪽(충주 숭선사지 서회랑지 가구기단 입·단면도)

국립부여문화재연구소

국립부여문화재연구소, 2006, 『實相寺 II』, 150쪽(와당)

국립부여문화재연구소, 2010, 『瑞山 普願寺址 I』, 71쪽 하단(와당)

국립부여문화재연구소, 2012, 『瑞山 普願寺址 II』, 45쪽 도면 7(가람배치도)/330쪽 도면 85-248(건물지 21 부전유구 출토 연화문전)/331쪽 도면 86-249(건물지 21 부전유구 출토 연화문전)

국립중앙박물관

국립중앙박물관, 1991, 『불사리장엄』, 93쪽 상단 사진(이성계 발원 사리구의 라마탑형 사리기)

국립진주박물관

慶尙南道·國立晉州博物館, 1986, 『陜川竹竹里廢寺址』, 31쪽 그림 10 중(금당지 전석혼축가구기단 평면 및 입면 복원도)/68쪽 그림 25-②(금당지 기단 출토 전)

국립청주박물관

국립청주박물관, 1999, 『고려공예전』, 19쪽(국립청주박물관 소장 '정우'명 청동금구)

국립춘천박물관

國立春川博物館, 2007, 『洪川 物傑里寺址 學術調查報告書』, 81쪽 그림 7-1(고려시기 암막새)/86쪽 그림 12-2(와당)/91쪽 그림 17-1(와당)

기호문화재연구원

<사진 제공>
오산 지곶동사지 항공사진

단국대학교

단국대학교 매장문화재연구소, 2006, 『파주 혜음원지 발굴조사보고서 -1차~4
　　차-』, 409쪽 사진 143(어형 잡상)/410쪽 사진 144-399(조형 잡상)
단국대학교 石宙善紀念博物館·한백문화재연구원, 2015, 『고려행궁 혜음원』,
　　17쪽(혜음원지 가람배치도)

대한불교조계종 문화유산발굴조사단(佛敎文化財硏究所)

대한불교조계종 제4교구본사 월정사·(재)대한불교조계종 유지재단 문화유산발
　　굴조사단, 2004, 『五臺山 月精寺 석조보살좌상 주변지역 문화유적 시·발
　　굴조사보고서』, 29쪽 도면 4(지하 가구기단 단면 및 토층도)/31쪽 도면
　　5(월정사 구 하상 상면 출토 성송원보와 숭령중보)/74쪽 도면 30-3(구 하
　　상면 폐기 구덩이 출토 귀목문 와당)/74쪽 도면 30-4(월정사 출토 청자음
　　각초화문과형병)/77쪽 도면 31(지하 가구기단 및 석조보살좌상 대좌 보
　　강시설 평·단·입면도)/79쪽 도면 32-2(백자편)/119쪽 사진 33-1(현 월
　　정사8각9층석탑 및 지하 가구기단)·33-2(지하 가구기단 및 석조보살좌
　　상 대좌 보강시설 평·단면도)/120쪽 사진 34 상단(지하 가구기단 구지표
　　면 상면 성토다짐토)/121쪽 사진 35-1·2(현 월정사8각9층석탑 지대석
　　아래의 강회 축기부)
佛敎文化財硏究所·군위군, 2010, 『麟角寺 - 軍威麟角寺 2·3·4차 발굴조사 보
　　고서 I』, 53쪽 도면 7(인각사 구지 가람배치도)
<사진 제공>
월정사 8각9층석탑 주변 조사 후 전경/지하 가구기단 지대석 아래의 축기부/지하
　　가구기단의 지대석과 면석, 갑석/지하 가구기단의 갑석 세부

동국대학교박물관

東國大學校博物館, 2003,『史蹟 259號 江華 禪源寺址 發掘調査 報告書』, 34
　　　　쪽 원색도판 62(연화복합문전)/117쪽 유물도면 37-②(와당)/129쪽 유
　　　　물도면 49-②(잡상 하부 암키와)/137쪽 유물도면 57-②(연화복합문
　　　　전)/425쪽 유물도판 77-①·④·⑧(인물형 잡상)·유물도판 77-⑥(조형
　　　　잡상)/426쪽 유물도판 78-⑤(조형 잡상)/427쪽 유물도판 79-①(인물형
　　　　잡상)·유물도판 79-④(괴수형 잡상)·유물도판 79-⑥·⑦(조형 잡상)

동아대학교박물관

東亞大學校博物館, 1985,『陜川 靈巖寺址 I』, 77쪽 도면 15(일명 서금당지
　　　　평·단면도)

무진종합건축사사무소

무진종합건축사사무소, 2001,『거돈사지 3층석탑 정밀실측 및 수리공사보고
　　　　서』, 원주시, 163쪽(거돈사지 가람배치도)/178쪽(거돈사지 3층석탑과 臺
　　　　地基壇 도면)/183쪽(거돈사지 3층석탑 臺地基壇 단면도)

문화공보부 문화재관리국

文化公報部 文化財管理局, 1988,『長谷寺 實測調査報告書』, 108쪽(장곡사 상대
　　　　웅전 내 철조약사불좌상 후면 목조 광배)/112쪽(장곡사 상대웅전 내 철조
　　　　비로자나불좌상 후면 목조 광배)
文化公報部 文化財管理局, 1989,『麻谷寺 實測調査報告書』, 300쪽(마곡사 상륜
　　　　부 금동보탑 도면)

문화재관리국 문화재연구소

文化財管理局 文化財研究所, 1982,『皇龍寺 遺蹟發掘調査報告書 I(도판편)』, 도
　　　　면 4(황룡사지 목탑지)

文化財管理局 文化財研究所, 1992, 『鳳停寺 極樂殿 修理工事報告書』, 230쪽(극락전 전면 가구기단 입면도)

백제문화재연구원
<사진 제공>
서천 비인 탑성이5층석탑과 축기부 세부, 보령 성주사지 항공사진

새한건축문화연구소
새한建築文化研究所, 1992, 『法泉寺址 石物實測 및 地表調査 報告書』, 原州郡, 42쪽(부도전지 북건물지 기단 도면)

서울역사박물관
서울역사박물관, 2011, 『북한산 三川寺址 발굴조사보고서』, 그림 10(삼천사지 부도전지 평면도)/398쪽 그림 35 중(부도전지 북건물지 가구기단)

순천대학교박물관
光陽市·順天大學校博物館, 2006, 『光陽 玉龍寺址 Ⅱ -塔碑殿址 發掘調査-』, 4쪽 원색사진 4(옥룡사지 도선국사 부도전지 내부의 석곽과 석관)

울산박물관
울산박물관, 2014, 『靈鷲 통일신라 울산 불교문화의 중심 울산 영축사 -출토유물 자료집-』, 50쪽(영축사지 출토 통일신라기 와당)

월정사 성보박물관
月精寺 聖寶博物館, 2000, 『月精寺 八角九層石塔의 재조명』, 유리원판사진(1929년의 월정사 8각9층석탑과 전면의 석조보살좌상)

전북대학교박물관
全羅北道·全北大學校博物館, 1986, 『萬福寺 發掘調査報告書』, 圖面 3(가람배치

도)/插圖 22-1(와당)

제주대학교박물관

西歸浦市 · 濟州大學校博物館, 1997, 『法華寺址』, 219쪽 사진 61-③(와당)

중앙문화재연구원

中央文化財研究院, 2001, 『洪城 月山里遺蹟』, 190쪽 도면 53-④(와당) · 도면
    53-⑦/191쪽 도면 54-①(와당)
中央文化財研究院, 2008, 『安城 長陵里寺址』, 36쪽 도면 13-⑪(와당)/66쪽 圖
    面 29-⑤ · ⑥(와당)

中央日報「季刊美術」

中央日報「季刊美術」, 1994, 『韓國의 美 ⑩ 佛像』, 사진 168(월정사 8각9층석탑
    앞 석조보살좌상)/사진 169(강릉 신복사지 3층석탑과 석조보살좌상)

청주대학교 박물관

청주대학교박물관, 1985, 『淸州雲泉洞寺址 發掘調査報告書』, 도면 4(가람배치도)
淸州大學校 博物館, 1986, 『淸州 興德寺址 發掘調査報告書』, 109쪽 圖面 6(금당
    지 평면도)

충청남도역사문화연구원

忠淸南道歷史文化院, 2006, 『唐津 安國寺址』, 132쪽 도면 55-④(조형 잡
    상)/241쪽 도판 111-① · ②(조형 잡상) · 도판 111-③ · ④(괴수형 잡상)

충청대학박물관

충청대학 박물관 · 충주시, 2006, 『충주 숭선사지』, 247쪽 도면 2(가람배치도)/
    256쪽 도면 13(서회랑지 평면도)
충청대학박물관, 2014, 『충청대학교 박물관 30년』, 85쪽 아래 사진(숭선사지 출
    토 연목와)/175쪽(충청대학교 박물관 소장 와당)

(주)한국색채문화사

(주)한국색채문화사, 1994, 『韓國佛敎美術大典 ❸ 佛敎建築』, 187쪽 오른쪽 사
　　진(신복사지 3층석탑 및 전면 석조보살좌상)

한림대학교박물관

翰林大學校博物館, 2000, 『居頓寺址』, 366쪽 사진 240(조형 잡상)

한백문화재연구원

한백문화재연구원, 2011, 『여주 연라리유적』, 49쪽 도면 2(유구배치도)

한얼문화유산연구원

<사진 제공>
평택 용이동 평적식 와적기단

해강도자미술관

海剛陶磁美術館, 1990, 『海剛陶磁美術館』, 16쪽 사진 6(청자음각운문유병)

호림박물관

湖林博物館, 1992, 『湖林博物館所藏品選集 −靑瓷 2−』, 73쪽 사진 55(청자상감
　　운학문매병)/98쪽 사진 73(청자상감목단문 접시)
湖林博物館, 1996, 『湖林博物館所藏品選集 −靑瓷3−』, 113쪽 사진(호림박물관
　　소장 청자퇴화국화문표형소병)

호암갤러리

호암갤러리, 1993, 『高麗, 영원한 美 高麗佛畵特別展』, 14쪽 도판 1-1(觀經變相
　　圖<일본 西福寺 소장>)
호암갤러리, 1995, 『大高麗國寶展 위대한 문화유산을 찾아서(1)』, 24쪽 상단 사
　　진(일본 大恩寺 소장 觀經變相圖)/65쪽 도판 61(雅集圖 對聯 불화)/117

쪽 도판 114(전 인종 장릉 출토 청자소문과형병)/174쪽 도판 188(호암미
술관 소장 라마탑형 사리기 사진)/204쪽 도판 220(국립청주박물관 소장
銅製陽刻龍樹殿閣文 圓形鏡 사진)

기타

高銀, 1993, 『신왕오천축국전』, 동아출판사, 50쪽(나란다대학 유적의 사리불탑
　　사진)/194쪽(부다가야 대탑의 보리수 불탑 사진)/242쪽(마야보디 사원
　　불탑 사진)
김성경 편, 1986, 『중국불교의 여로』상, 30쪽(북경 불아사리탑 내부 라마탑형 칠
　　보금탑 사진)/331쪽(중국 개봉 相國寺 팔각전 사진)
김희경, 1994, 『한국의 미술 2 탑』, 열화당, 17쪽(인도 산치탑 도면)
박경식, 2014, 「마곡사 5층석탑에 관한 소고」『마곡사 5층석탑 상륜부의 금동보
　　탑-현황과 활용방안』, 15쪽(영하회족자치구 오충의 108탑 사진)/15쪽
　　하단 좌측(돈황석굴의 승탑 사진)
윤덕향, 1992, 『옛절터』, 대원사, 28쪽 상단 사진(황룡사지 9층목탑지 상·하층
　　대지기단)/94~95쪽(죽죽리사지 금당지 전석혼축가구기단 사진)
최완수, 1984, 『불상연구』, 지식산업사, 88쪽(2세기대 인도의 불상 조각 사진)
崔仁善, 1997, 「光陽 玉龍寺 先覺國師 道詵의 浮屠殿址와 石棺」『蕉雨 黃壽永博士
　　八旬頌祝紀念論叢』, 395쪽 도면 1(옥룡사지 도선국사 부도전지 평·단면
　　도)/399쪽 도면 5(옥룡사지 도선국사 부도전지 석관 내부의 인골 평면도)
황나영, 2010, 「법천사 지광국사 현묘탑원 연구」, 서울대학교 대학원 고고미술사
　　학과 석사학위논문, 107쪽 도 31 재인용(개성 영통사지 부도전지 평면도)
벤자민 로울랜드 지음·이주형 옮김, 1996, 『인도미술사 굽타시대까지』, 예경,
　　137쪽(탁실라 박물관 소장 소석탑 사진)

2. 일본자료

朝鮮古蹟研究會, 昭和15年六月, 「第二 平壤清岩里廢寺址の調査(概報)」『昭和13

年度古蹟調査報告』, 圖版 第10(청암리사지 가람배치)

奈良文化財研究所 · 飛鳥資料館, 2004, 『新羅鐘 · 高麗鐘 拓本實測圖集成』, 48
~49쪽(일본 波上宮 소장 고려 동종)/ 111쪽(국립광주박물관 소장 '태안
2년'<1086>명 동종)/196쪽(일본 금강정사 소장 고려 동종 당좌)/236
쪽(일본 岩手縣 盛岡市 南部利英 소장 '大和六年'<1206>명 고려 동
종)/254 · 256쪽(일본 愛知縣 江南市 曼陀羅寺 소장 고려 동종)/261쪽
(국립중앙박물관 소장 고려 동종)/278쪽(일본 神奈川縣 鎌倉市 鶴岡八幡
宮 소장 고려 동종)/315쪽(국립중앙박물관 소장 고려 동종)/322쪽(국립
광주박물관 소장 고려 동종)/324 · 326쪽(국립중앙박물관 소장 고려 동
종)/350쪽(국립부여박물관 소장 고려 동종)/367쪽(국립부여박물관 소장
고려 동종)

3. 중국자료

文物出版社, 2004, 『2003 中國重要考古發現』, 118쪽 상단(남경 대행궁 지구 내
동진시기 도로의 전축기단 사진)

文物出版社, 2007, 『朝陽北塔』, 95쪽 圖三六(중국 조양북탑 지궁 내부 석경당의
연화문 도면)/156쪽 圖五三(조양북탑 도면)

云岡石窟文物保管所, 1991, 『中國石窟 云岡石窟 一』, 文物出版社, 사진 14(운강
석굴 제 2굴 탑파 조각)

云岡石窟文物保管所, 1994, 『中國石窟 云岡石窟 二』, 文物出版社, 사진 94(운강
석굴 제 11굴 탑파 조각)/사진 97(운강석굴 제 11굴 탑파 조각)

樓慶西, 2005, 『中國古建築塼石藝術』, 275~276쪽(북경 대정각사 금강보좌탑
<明 1473년> 도면 및 세부 사진)/278~279쪽(북경 벽운사 금강보좌탑
사진)/283쪽(내몽고 呼和浩特 금강보좌사리탑 사진)/290쪽(북경 서황사
靜淨化城塔 사진)

蕭默, 1989, 『敦煌建築研究』, 文物出版社, 157쪽 圖 103(돈황석굴 제 257굴 내
벽화 도면)/165쪽 圖 111-1(돈황석굴 제 285굴 지굴 내 벽화 도면)/166

쪽 圖112-1(酒泉 출토 라마탑형 소석탑)/166쪽 圖 112-2(투르판지역 발
견 벽화 도면)/166쪽 圖112-4(북경 호국사 불탑 도면)/171쪽 圖 117(돈
황석굴 제428굴 내 금강보좌탑 벽화 도면)/209쪽 圖 144-4(돈황석굴 내
제 158굴의 당대 가구기단 도면)/원색도판 二(북주시기 금강보좌탑 사진)

柴澤俊, 1999, 『柴澤俊古建築文集』, 文物出版社, 237쪽(산서성 代縣城 내 圓果
寺 阿育王塔 도면)/241쪽(산서성 五臺山 塔院寺 大白塔 도면)

吳山 著·박대남 譯, 1996, 『중국역대장식문양 2』, 345쪽 하단 탁본(사천성 성도
양자산 2호묘 출토 한대 화상전의 가구기단 도면)

劉大可, 2005, 『中國古建築瓦石營法』, 中國建築工業出版社, 206쪽(북경 故宮
角樓 琉璃宝頂 도면)

劉敦楨 著·鄭沃根·韓東洙·梁鎬永 共譯, 2004, 『중국고대건축사』, 도서출판 세
진사, 408쪽 그림 149-2(북경 묘응사 백탑 도면)

陳耀東, 1992, 「靑海塔爾寺」 『建築歷史硏究』, 中國建築工業出版社, 64쪽 圖
3-23(청해 塔爾寺 門塔 도면)/65~66쪽(청해성 湟中縣 塔爾寺의 如意八
塔 도면)